DASH:

Woningbouw-tentoonstellingen / Housing Exhibitions

Delft Architectural Studies on Housing

Editorial

The many housing exhibitions of the past 100 years attest to the ongoing search for the ideal home. Housing exhibitions are an excellent example of research by design. They are manifestos that try to give answers to current social issues and introduce new ideals, but at the same time they also present concrete housing designs. The temporary or permanent presence of the object itself – the dwelling or the residential building – makes the housing exhibition an exceptional instrument. Actually building these experimental designs at full size not only makes them visible, but also enables them to be visited, by both peers and laymen. And finally, they are subjected to the ultimate test: actual habitation.

This issue of *DASH* provides an overview of housing exhibitions from the past, present, and future. Their corresponding reflections and manifestos are also considered in further detail. Many themes still appear to be very current, and a number of ideals appear again and again in different forms.

The Internationale Bauausstellung (IBA) in Hamburg, which is still open, is organized around a number of themes. Some of these themes are familiar from previous exhibitions, such as the adaptable home, affordable housing and the urban-planning anchoring of housing and residential buildings. But there are also themes that have emerged in recent years, such as the sustainable home (minimal use of energy and materials) and homes on the water (climate change). IBA Hamburg is the final part of the project documentation in this issue of *DASH*, which shows a wide panorama of approaches in ten different projects. Of these ten projects, nine can still be seen, and are still inhabited.

A number of essays examine the motivations and positions of some of the most influential housing exhibitions. Two exhibitions from the early 1930s, the time of the Great Depression, provided a platform for architects to show solutions for homes that could later 'grow', after having initially been built using minimal resources. This is an idea that remains remarkably current, considering the ongoing financial crisis. And in 1930, the Stockholm exhibition introduced a new approach to housing that has exerted a great influence for decades, both in Sweden and far beyond. The famous Hansaviertel in Berlin (Interbau, 1957) is still known as an exemplary showcase of various housing types, but it also turns out to have propagated an explicitly political programme. In the early 1990s, the BouwRAI neighbourhoods in Almere tried once again to turn residential building into an architectural statement.

In the two interviews, this thread is extended to the present, and into the future. MoMA's continuing tradition in New York of exhibiting full-size homes is investigated, and the plans for the (now cancelled) IBA 2020 in Berlin give insight into the housing issues that are relevant today.

The housing exhibition seems to be a phenomenon that has not lost anything in terms of topicality. There is no other physical or virtual alternative that truly allows visitors and residents to experience a sense of spaciousness and functionality. The exhibitions that were researched and documented in this issue of *DASH* together form a testament to the ongoing importance of this type of research, especially at a time when new forms of development, construction and housing are once again receiving a great deal of attention.

With this current issue, *DASH* is making an appeal for new exhibitions that will give this quest both direction and form.

During the preparation of this issue of DASH*, our colleague Karin Theunissen passed away. Karin contributed to* DASH *from the very beginning, as the guest editor of the first issue, and afterwards by contributing to the plan documentation. In the search for a title for this series, it was Karin Theunissen who suggested the name 'DASH'. Her final contribution to* DASH *is this issue's plan description of the Documenta Urbana (1982) in Kassel.*

Her dedication and her critical, curious attitude were of great value to us all, and to DASH.

Redactioneel

De vele woningbouwtentoonstellingen van de afgelopen 100 jaar getuigen van de voortdurende zoektocht naar de ideale woning. Woningbouwtentoonstellingen zijn een schitterend voorbeeld van ontwerpend onderzoek. Het zijn manifesten, die antwoord proberen te geven op actuele maatschappelijke vraagstukken en nieuwe idealen introduceren, maar parallel opgaan met concrete woningbouwontwerpen. De tijdelijke of permanente aanwezigheid van het object zelf – de woning of het woongebouw – maakt de woningbouwtentoonstelling tot een uitzonderlijk instrument. Het op ware grootte realiseren van experimentele ontwerpen maakt deze niet alleen zichtbaar, maar ze kunnen ook bezocht worden door zowel vakgenoten als leken. En uiteindelijk worden ze onderworpen aan de ultieme proef: daadwerkelijke bewoning.

Deze *DASH* geeft een overzicht van woningbouwtentoonstellingen uit het verleden, in het heden en in de toekomst. De daarbij behorende reflecties en manifesten worden aan een nadere beschouwing onderworpen. Veel thema's blijken nog grote actualiteitswaarde te hebben; een aantal idealen komt in verschillende gedaanten steeds weer terug.

De op dit moment in Hamburg opengestelde Internationale Bauausstellung (IBA) is georganiseerd rond een aantal thema's. Ze zijn bekend uit eerdere tentoonstellingen, zoals de veranderbare woning, de betaalbare woning en de stedenbouwkundige verankering van woning en woongebouw, maar er zijn ook thema's die juist de laatste jaren zijn opgekomen, zoals de duurzame woning (minimaal energie- en materiaalverbruik) en de woning op het water (klimaatverandering). IBA-Hamburg is het sluitstuk van de projectdocumentatie in deze *DASH*, die in tien projecten een breed panorama van benaderingen toont. Van deze tien projecten zijn er negen nog steeds te zien en bewoond.

Een aantal essays onderzoekt de drijfveren en stellingnames van enkele van de meest invloedrijke woningbouwtentoonstellingen. Twee tentoonstellingen uit het begin van de jaren 1930, de tijd van de grote depressie, boden een podium aan architecten om oplossingen te tonen voor woningen die, in eerste instantie met minimale middelen gerealiseerd, later konden groeien. Het is een gedachte die in de huidige financiële crisis ongekend actueel is. De Stockholm-tentoonstelling introduceerde in 1930 een nieuwe benadering van de woningbouw die decennia lang in Zweden en ver daarbuiten grote invloed heeft gehad. Het befaamde Hansaviertel in Berlijn (Interbau, 1957) staat nog steeds bekend als staalkaart van woningtypen, maar blijkt ook een nadrukkelijk politiek programma te hebben uitgedragen. De Bouw-RAI- wijken in Almere probeerden begin jaren 1990 de woningbouw weer tot een architectonische opgave te maken.

In de twee interviews wordt de lijn doorgetrokken naar heden en toekomst. De nog steeds voortdurende traditie van het MoMA in New York om woningen op ware grootte te exposeren, wordt onder de loep genomen; de plannen voor de (inmiddels afgeblazen) IBA 2020 in Berlijn geven inzicht in woningbouwvraagstukken die op dit moment aan de orde zijn.

De woningbouwtentoonstelling blijkt een fenomeen dat niet aan actualiteit heeft ingeboet. Er is geen fysiek of virtueel alternatief voorhanden om bezoekers en bewoners ruimtelijkheid en functionaliteit werkelijk te laten ervaren. De in deze *DASH* onderzochte en gedocumenteerde tentoonstellingen vormen met elkaar een bewijs van het blijvende belang van deze vorm van onderzoek, zeker in een tijd waarin nieuwe vormen van ontwikkelen, bouwen en wonen weer volop aandacht krijgen.

Met dit nummer wil *DASH* een pleidooi houden om door middel van nieuwe tentoonstellingen deze zoektocht richting en inhoud te geven.

Tijdens de totstandkoming van dit nummer van DASH *is onze collega Karin Theunissen overleden. Karin heeft vanaf het begin aan* DASH *bijgedragen, als gastredacteur van het eerste nummer en daarna door mee te werken aan de plandocumentaties. Bij het zoeken naar een titel voor de reeks was het Karin Theunissen die de naam* DASH *voorstelde. De laatste bijdrage van haar hand is de planbeschrijving in dit nummer van de Documenta Urbana (1982) in Kassel.*

Haar inzet en kritische, nieuwsgierige houding zijn van grote waarde geweest voor ons en voor DASH.

Frederique van Andel

Woningbouw in tijden van crisis
Housing in Times of Crisis

De groeiwoning als antwoord?
Is the 'Growing House' the Answer?

Woonkamer in 'Das wachsende Haus' van Martin Wagner, Berlijn, 1932
Living room in 'Das wachsende Haus' by Martin Wagner, Berlin, 1932

Als we terugblikken op de geschiedenis van (woning)bouwtentoonstellingen zien we tegelijkertijd een geschiedenis van de woningbouwarchitectuur en het daarmee samenhangende woningbouwvraagstuk. De tentoonstellingen kunnen gezien worden als spiegel van de maatschappelijke ontwikkelingen in die tijd, waarbij architecten probeerden antwoord te geven op kwesties, die op het snijvlak van heden en toekomst lagen.

Belangrijke ontwikkelingen in de woningbouw volgen veelal uit een periode van maatschappelijke misère – de beste ideeën worden vaak uit nood geboren. Bouwtentoonstellingen hebben een niet te onderschatten rol gespeeld in het promoten van die ideeën. Nieuwe ideeën en oplossingen konden hier vrij ontstaan omdat – zonder directe opdrachtgever en bewoner – gezocht kon worden naar de uithoeken van het mogelijke, op bouwtechnisch gebied, maar juist ook op cultureel-maatschappelijk gebied.

In 1932, de tijd waarin de wereld zich in economisch zwaar weer bevond, werden in Berlijn en Wenen twee opmerkelijke bouwtentoonstellingen georganiseerd: 'Sonne Luft und Haus für Alle!' en 'Das wachsende Haus'. Beide tentoonstellingen probeerden een antwoord te geven op de gevolgen van de financiële crisis voor de woningbouw.

Huisvesting voor arbeiders

Al eerder hadden tentoonstellingen een bijdrage geleverd aan het op de agenda zetten van sociaal-maatschappelijke vraagstukken. Eind achttiende eeuw, toen in Europa de Industriële Revolutie haar intrede deed en er veel nieuwe fabrieken werden opgericht in de voorheen nog relatief kleine dorpen en steden, kwam er een snel proces van urbanisatie op gang. De mensen stroomden massaal van het platteland naar de stad op zoek naar werk. Dit leidde tot een rampzalige huisvestingsproblematiek: de mensen woonden in overbevolkte krottenwijken, in slechte behuizing, doorgaans zonder sanitair. De leefomstandigheden van deze compleet nieuwe laag van de bevolking – de arbeidersklasse – moest onder de loep genomen worden.

In 1851, op de eerste alom bekende wereldtentoonstelling in Hyde Park, Londen, waar Joseph Paxton zijn beroemde Crystal Palace bouwde, werd schoorvoetend begonnen aan het op de agenda zetten van de misstanden in de leefomstandigheden van arbeiders. Buiten het officiële tentoonstellingsterrein, zodat iedereen haar gratis kon bezoeken, werd op een stuk land grenzend aan Crystal Palace, een arbeiderswoning voor vier families tentoongesteld – het Prince Albert's Model Lodging House, ontworpen door Henry Roberts.[1] In de loop van de volgende decennia volgden nog vele tentoonstellingen, waarin langzaam maar zeker terrein werd gewonnen voor de verbetering van de woonsituatie van de arbeider. Bijvoorbeeld in de 'Hessische Landesausstellung für freie und angewandte Kunst' in Darmstadt (1908), waar door de Ernst-Ludwig-Verein, een aparte afdeling voor *Kleinstwohnungskunst* werd ingericht.[2] Gefinancierd door zes industriële ondernemingen uit de regio werden enkele arbeiderswoningen gebouwd, die demonstreren hoe met een beperkt bouwbudget een doelmatige gezinswoning voor arbeiders gerealiseerd kon worden. Joseph Maria Olbrich, die zeven jaar eerder in Darmstadt voor de tentoonstelling 'Ein Dokument Deutscher Kunst' [3] enkele villa's ontwierp, bouwde voor deze expositie de kleine arbeiderswoning, Haus Opel, die gesponsord was door autofabrikant Wilhelm von Opel.

In 1908 worden ook in München en Stuttgart tentoonstellingen georganiseerd. Op de 'Bauausstellung' in Stuttgart worden door grote industriële firma's verschillende arbeiderswoningen getoond, die als prototype moeten gelden voor toekomstige tuinsteden. Zo bouwde de firma Gminder hier een twee-onder-een-kap woning, naar een ontwerp

When we look back at the history of housing exhibitions, we see a history of residential architecture, but also of the various other issues related to housing. The exhibitions can be seen as a mirror of the social developments of the age, where architects tried to answer questions that were on the cutting edge of the present and the future.

Major developments in housing often occur after a period of social misery – the best ideas are often born out of necessity. The role that building exhibitions have played in promoting such ideas cannot be underestimated. These exhibitions allowed new ideas and solutions to arise freely because the absence of direct clients or residents meant that the borders of the possible could be reconnoitred in terms of building technology, but also in cultural and social terms.

In 1932, an age when the world was once again enduring economic hardship, two remarkable building exhibitions were held in Berlin and Vienna: 'Sonne Luft und Haus für Alle!' and 'Das wachsende Haus', both of which endeavoured to respond to the impact that the financial crisis was having on housing.

Housing for Workers

Previous exhibitions had already helped to putting social issues on the agenda. At the end of the eighteenth century, as the Industrial Revolution was beginning in Europe and many new factories were being built in what had previously been relatively small towns and cities, a rapid process of urbanization was set in motion. People flocked en masse from the countryside to the city looking for work. This led to a disastrous housing problem: people lived in overcrowded slums, in low-quality housing and usually without plumbing. The living conditions of this completely new layer of the population – the working class – had to be examined.

A modest start to putting workers' sordid living conditions on the agenda was made in 1851 at the first World's Fair, held in London's Hyde Park, where Joseph Paxton built his famous Crystal Palace. Outside the official exhibition site (so that everyone could visit for free), a working-class house for four families was exhibited on a piece of land adjacent to Crystal Palace; it was called Prince Albert's Model Lodging House, and was designed by Henry Roberts.[1] Over the course of the next few decades, many other exhibitions followed, with the issue of improving workers' living conditions gradually gaining ground. For example at the 'Hessische Landesausstellung für freie und angewandte Kunst' in Darmstadt (1908), where the Ernst-Ludwig-Verein set up a separate section for *Kleinstwohnungskunst.*[2] Funded by six industrial companies in the region, several workers' homes were built to demonstrate how an effective family home for workers could be achieved within a limited construction budget. For this exhibition, Joseph Maria Olbrich, who seven years earlier had designed several villas for the exhibition 'Ein Dokument Deutscher Kunst' [3] in Darmstadt, built a small working-class house called 'Haus Opel', which was sponsored by the automaker Wilhelm von Opel.

In 1908, exhibitions were also held in Munich and Stuttgart. At the 'Bauausstellung' in Stuttgart, large industrial firms showcased various workers' homes, which were meant to be seen as prototypes for garden cities of the future. The Gminder company, for example, built a semi-detached home that was designed by Theodor Fischer. During the exhibition this house was built several times in the Gmindersdorf neighbourhood near Stuttgart, but its presentation at the exhibition in Stuttgart was the first time it was shown to the general public. In Munich, a small worker's home was presented on the grounds of the 'Kunst-Gewerbe-Ausstellung'; this home had already been designed by Richard Riemerschmid for the garden city of Hellerau, near Dresden.[4]

van Theodor Fischer; tijdens de tentoonstelling is deze woning al meerdere malen gebouwd in de wijk Gmindersdorf bij Stuttgart, maar werd hier voor het eerst aan het grotere publiek voorgesteld. In München wordt op het terrein van de 'Kunst-Gewerbe-Ausstellung' onder andere een kleine arbeiderswoning gepresenteerd, die Richard Riemerschmid eerder had ontworpen voor de tuinstad Hellerau, bij Dresden.[4]

Werkbund en woningnood

In 1907 werd op initiatief van Hermann Muthesius naar aanleiding van de derde 'Deutsche Kunst-Gewerbe-Ausstellung' in Dresden (1906), de Deutsche Werkbund opgericht. Tot de oprichters behoren 12 ondernemingen, waaronder de Wiener Werkstätte en de Deutsche Werkstätten für Handwerkskunst uit Dresden, en 12 kunstenaars, onder wie Theodor Fischer, Josef Hoffmann, Richard Riemerschmid, Peter Behrens en Joseph Maria Olbrich. Deze laatste twee architecten behoorden ook tot de kunstenaarskolonie in Darmstadt. Het voornaamste doel van de Werkbund was de veredeling van de commerciele productie door de verbinding van kunst, industrie en nijverheid, om zo voor Duitsland een betere concurrentiepositie in de wereldeconomie te realiseren. Al snel ontstonden vergelijkbare organisaties in de rest van Europa: de Österreichischer Werkbund (1912), de Schweizerischer Werkbund (1913) en in Engeland de Design and Industries Association (1915).

De eerste grote tentoonstelling waarmee de Werkbund het grote publiek opzocht was de Werkbund-tentoonstelling in Keulen (1914) – een soort samenvatting van alle artistieke prestaties tot dan toe. Maar ook de woningbouwopgave kreeg een belangrijke plek. Aan de noordzijde van het tentoonstellingsterrein werd een voorbeelddorp gebouwd, het Niederrheinisches Dorf. Hier werden onder andere een dorpskerk, twee boerderijtypen en verschillende arbeiderswoningen gebouwd. Georg Metzendorf, die de leiding had over de bouw van het 'dorp' bouwde hier het Essener Arbeiterswohnhaus.[5] Met deze voorbeelden wilde ook de Werkbund bijdragen aan de verbetering van de leefomstandigheden van arbeiders. De tentoonstelling zou tot eind oktober duren, maar werd wegens het uitbreken van de Eerste Wereldoorlog vroegtijdig afgebroken.

Na de oorlog heerste er grote werkloosheid en was de woningnood extreem hoog – daarmee bleef de sociale opgave van de betaalbare kleine gezinswoning hoge prioriteit hebben. Onder invloed van de Moderne Beweging wordt nu de oplossing gezocht in de reductie van het woonoppervlak, rationalisatie van de plattegrond en ruimtebesparende meubels, maar ook in het uitproberen van nieuwe productietechnieken om zo goedkope woningen in serie te kunnen produceren. Om deze thema's bij een breed publiek onder de aandacht te brengen, wordt door de Duitse Werkbund het plan opgevat om de Werkbundleden en andere (internationale) architecten, de gelegenheid te geven hun ideeën in de praktijk te brengen in de vorm van een expositie van blijvende woningen. Dit resulteerde in 1927 in de Werkbund-tentoonstelling 'Die Wohnung' en de bouw van de later wereldberoemd geworden Weissenhofsiedlung. Klein zijn de meeste woningen op de Weissenhofsiedlung niet geworden. Alleen J.J.P. Oud, Ludwig Mies van der Rohe en Peter Behrens probeerden werkelijk tegemoet te komen aan de opgave van de *Kleinstwohnung*. Wel is er flink geëxperimenteerd met nieuwe bouwtechnieken – Walter Gropius bouwde bijvoorbeeld twee woningen die grotendeels bestonden uit geprefabriceerde elementen. Geïnspireerd door de Weissenhofsiedlung ontstonden in de rest van Europa, in Brno, Breslau (Wroclaw), Basel, Zürich, Praag en Wenen, al ras vergelijkbare tentoonstellingen met bijbehorende voorbeeldwoningbouw, georganiseerd door de verschil-

Werkbund and the Housing Shortage

In 1907, at the initiative of Hermann Muthesius, and inspired by the third 'Deutsche Kunst-Gewerbe-Ausstellung' in Dresden (1906), the Deutsche Werkbund (German Association of Craftsmen) was founded. Among the founders were 12 companies, including the Wiener Werkstätte and the Deutsche Werkstätten für Handwerkskunst from Dresden, as well as 12 artists, including Theodor Fischer, Josef Hoffmann, Richard Riemerschmid, Peter Behrens and Joseph Maria Olbrich. These latter two architects were also members of the artists' colony in Darmstadt. The main purpose of the Werkbund was to promote commercial production via connections in the fields of art, trade and industry, so as to make Germany more competitive in the global economy. Similar organizations also soon arose in the rest of Europe: the Österreichischer Werkbund (1912), the Schweizerischer Werkbund (1913), and the Design and Industries Association in England (1915).

The first major exhibition where the Werkbund reached out to the general public was the Werkbund exhibition in Cologne (1914); it was a kind of summary of all of the artistic achievements that had been realized to date. But the issue of housing also took on an important role. A model village was built on the north side of the exhibition grounds, the Niederrheinisches Dorf. It included a village church, two types of farm and various workers' houses. Georg Metzendorf, who presided over the construction of the 'village', built the Essen Arbeiterswohnhaus here.[5] With these examples, the Werkbund was also making its contribution to improving the living conditions of workers. The exhibition was meant to last until the end of October, but was prematurely ended due to the outbreak of the First World War.

After the war, the unemployment rate was high and the housing shortage was extremely dire, and thus the social issue of affordable and small-family housing remained a high priority. Under the influence of modernism, the solution was sought in reducing the size of homes, standardizing the floor plans and using space-saving furniture, but also in terms of trying out new production techniques in order to produce affordable housing in series. To bring these issues to the attention of a wider audience, the German Werkbund came up with a plan to the give Werkbund members and other (international) architects the chance to try out their ideas in practice, in the form of an exhibition of permanent housing. This resulted in the 1927 Werkbund exhibition 'Die Wohnung' and the construction of the Weissenhof Siedlung, which would later become well known around the world. Few of the homes in the Weissenhof Siedlung were in fact small; only J.J.P. Oud, Ludwig Mies van der Rohe and Peter Behrens actually tried to meet the challenge of the *Kleinstwohnung*. But they did display a great deal of experimentation with new building techniques; Walter Gropius, for example, built two houses that consisted largely of prefabricated elements. Inspired by the Weissenhof Siedlung, many similar exhibitions arose in the rest of Europe, for example in Brno, Breslau (Wroclaw), Basel, Zurich, Prague and Vienna; all of these exhibitions featured model homes, and were organized by the various sister organizations of the Werkbund. These new modern residential neighbourhoods were all launched with a great deal of publicity.

The Wachsende Wohnung in Cologne

Two years after the great successes in Stuttgart, a much smaller and very much more modest exhibition was organized by the German Werkbund in Cologne, which focused on the interior: 'Die wachsende Wohnung' (1929). The basic idea behind this exhibition was: 'It is not necessary or desirable, in fact it is even completely wrong, to buy

lende zusterorganisaties van de Werkbund. De nieuwe moderne woonwijken werden stuk voor stuk gelanceerd met veel publiciteit.

De *Wachsende Wohnung* in Keulen

Maar dan, twee jaar na de grote successen in Stuttgart, wordt door de Duitse Werkbund in Keulen ook een veel kleinere en heel bescheiden tentoonstelling georganiseerd, die zich concentreerde op het interieur: 'Die wachsende Wohnung' (1929). De grondgedachte achter deze tentoonstelling luidde: 'Het is niet nodig of gewenst, het is zelfs volledig verkeerd om bij de start van een huishouden een complete woninginrichting aan te schaffen, zoals dat nu gebruikelijk is. De woning is er niet voor om compleet ingericht te worden, maar om de mensen een dak en een thuis te bieden'.[6] Dit mag wel een volledig andere benadering genoemd worden, dan de moderne en compleet ingerichte tentoonstellingswoningen in Stuttgart. Op een nogal betuttelende toon werd de mensen duidelijk gemaakt, dat je in eerste instantie toch niet meer nodig hebt dan een bed, een tafel met stoelen, een kast en met een beetje geluk een luie stoel – met de tijd kon het interieur dan worden uitgebreid. In verschillende interieuropstellingen werden de opeenvolgende woonfases getoond aan het publiek. Dat na sluiting van de tentoonstelling, nog geen maand later, de Wall Street Crash een wereldwijde economische crisis zou inluiden, was toen nog niet bekend, maar je zou bijna denken dat de organisatoren de mensen alvast wilden voorbereiden op de magere jaren die komen zouden. In dit perspectief moeten dan ook de volgende twee tentoonstellingen gezien worden.

Martin Wagner – de groeiwoning

De architect Martin Wagner was in 1926 *Stadtbaurat* (stadsbouwmeester) van Berlijn geworden. Zijn idee om, door middel van typisering, normering en rationalisering, de woningnood te lijf te gaan, had hij al op grote schaal toegepast bij de bouw van een aantal Berlijnse Grosssiedlungen, zoals de Hufeisensiedlung, Zehlendorf en Siemensstadt. Minder bekend is Wagner's experiment met de bouw van de Splanemannsiedlung in Berlijn. Samen met architect Wilhelm Primke werkte hij hier aan het eerste *plattenbau*-project in Duitsland. Het experiment lukte en in 1930 werden de twee- en drielaagse woningen opgeleverd. De betonnen vloeren en wanden werden nog wel op de bouwplaats, en niet elders, in mallen gestort om daarna met een kraan op de juiste plek gehesen te worden.

Vanuit Wagner's expertise op het gebied van rationalisatie en prefabricatie is het daarom niet verwonderlijk dat hij, tijdens de precaire situatie van de bouwindustrie in die tijd (de wereldwijde crises had een enorme terugval veroorzaakt in de woningbouwproductie) oproept om de ontwikkeling van voorgefabriceerde bouwonderdelen te forceren en zich als geestelijk vader van het 'anti-crisis-huis' ontpopt: 'Het kapitaalgebrek zal ons dwingen de etappenbouw te ontwikkelen. Vanuit deze gedachtegang, stel ik voor om de onvrijwillige, maar daarom niet per se onvruchtbare "creatieve pauze" in de bouwwereld te benutten om het idee van de "groeiwoning" uitgebreid te doordenken en verder te ontwikkelen, ' aldus Wagner.[7]

Tijdens de Deutsche Bauausstellung van 1931 in Berlijn worden in 'Halle II' nog optimistisch 1:1 modellen getoond van rijk ingerichte, ruim opgezette villa's van onder andere Marcel Breuer, Lilly Reich en Mies van der Rohe, maar ook toen was al te zien dat de opgave zich wederom verschoof naar de minimale woning: zowel in de vorm van het gezinshuis in een laagbouw woonwijk, bijvoorbeeld het *Reihenhaus -Flachbautype* (eenlaagse rijwoning) van Hugo Häring, als in de vorm van kleine woningen in appartementengebouwen.[8]

complete furnishings for a home when a new household is just beginning, which is currently the case. The house is not there to be completely furnished, but rather to offer people a home and a roof over their heads.'[6] This can rightly be seen as a completely different approach to the one that was proposed by the modern and fully equipped homes exhibited in Stuttgart. In a rather patronizing tone, it was made clear to people that they needed nothing more, at least initially, than a bed, a table with chairs, a wardrobe and, with a bit of luck, a comfortable lounge chair. The furnishings could be expanded over time, and the successive furnishing phases were displayed to the public in various interior arrangements. When the exhibition ended, it was not yet known that only a month later, the Wall Street crash would usher in a global economic crisis, but one could almost sense that the organizers wanted to prepare people for the lean years to come. It is from this perspective that the following two exhibitions should be considered.

Martin Wagner – The Growing House

In 1926, architect Martin Wagner had become the *Stadtbaurat* (city architect) of Berlin. His idea of tackling the housing shortage via standardization and rationalization had been widely used in the construction of some of Berlin's Grosssiedlungen, for example the Hufeisen Siedlung, Zehlendorf and Siemensstadt. Less well known is Wagner's experiment with the construction of the Splanemann Siedlung in Berlin. Together with architect Wilhelm Primke, he worked here on the first *Plattenbau* project in Germany. The experiment succeeded, and in 1930 these two- and three-storey buildings were completed. The concrete floors and walls were set into moulds while already on site, and were then hoisted by crane into the right position.

Considering Wagner's expertise in the field of rationalization and prefabrication, it is therefore not surprising that during this precarious period for the construction industry (the global crises had caused an enormous downturn in housing production), he wanted to make the development of prefabricated building components compulsory, and emerged as the spiritual father of the 'anti-crisis house': 'The lack of capital,' Wagner said, 'will force us to develop component-based construction. From this perspective, I propose using this involuntary, but not necessarily infertile "creative lull" in the construction industry to think seriously about the idea of the "growing house" and to develop it further.'[7]

During the Deutsche Bauausstellung of 1931 in Berlin, 'Halle II' still optimistically showcased 1:1 models of richly furnished, spacious villas designed by architects such as Marcel Breuer, Lilly Reich and Mies van der Rohe, but even then it was clear that the focus had again shifted back to the 'minimum home': both in the form of the family house in a low-rise residential area, for example the *Reihenhaus-Flachbautype* (a one-storey terraced house) by Hugo Häring, as well as in the form of small homes in apartment buildings.[8]

In the fall of 1931, Martin Wagner founded the research group Das wachsende Haus (The growing house). The participants were expected to investigate the still-theoretical idea of the 'expandable house' based on standardization of the floor plan and the use of industrial prefabrication for construction. A number of prominent architects participated in this group, including Otto Bartning, Walter Gropius, Hugo Häring, Ludwig Hilbersheimer, Erich Mendelsohn, Hans Scharoun, Bruno Taut and landscape architect Leberecht Migge. Hans Poelzig, who had previously collaborated with Wagner on the design of the exhibition grounds for the Deutsche Bauausstellung, then organized a competition in which more than 1,000 architects participated, including

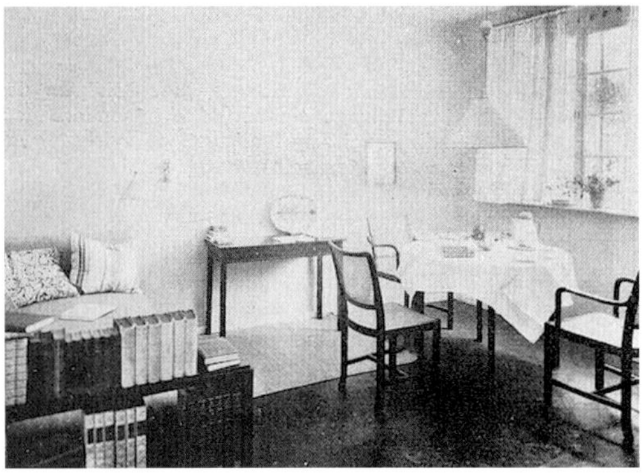

Interieuropstellingen 'Die wachsende Wohnung', Keulen, 1929. Resp. fase I (1^e-4^e jaar), fase II (4^e-8^e jaar) en fase III (8^e-12^e jaar)

Interior layouts for 'Die wachsende Wohnung', Cologne, 1929. Resp. phase I (1st – 4th year), phase II (4th – 8th year) and phase III (8th - 12th year)

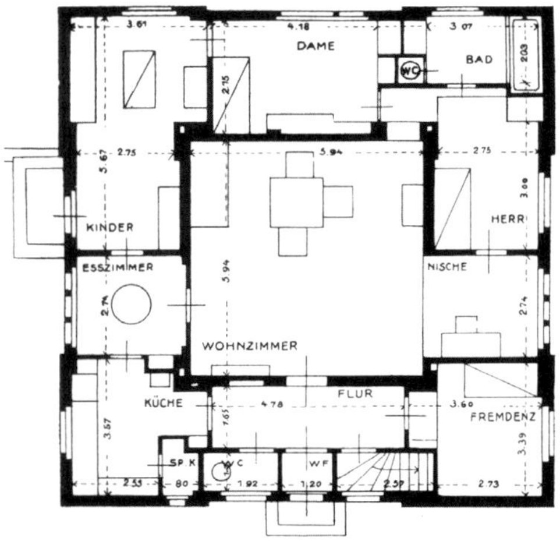

Plattegrond *Haus am Horn*, Georg Muche, 1923
Floor plan for *Haus am Horn*, Georg Muche, 1923

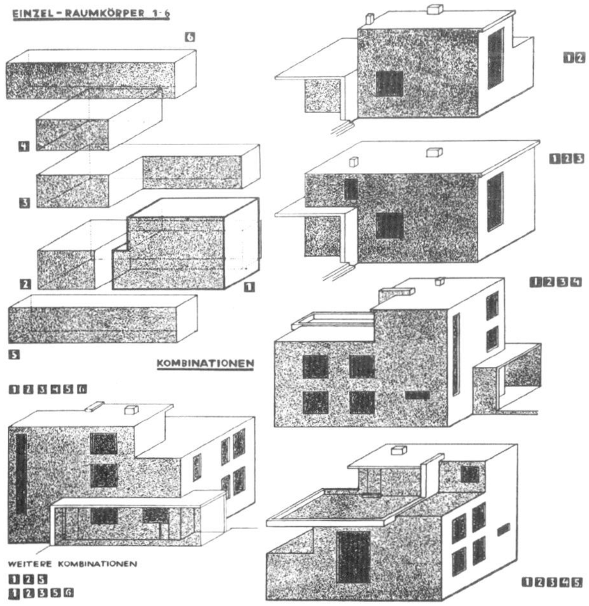

***Typenserienhaus (Baukasten im grossen)*, Walter Gropius**
Typenserienhaus (Baukasten im grossen), Walter Gropius

Luchtfoto van 'Das wachsende Haus' op de bouwtentoonstelling 'Sonne, Luft und Haus für alle!', Berlijn, 1932
Aerial view of 'Das wachsende Haus' at the 'Sonne, Luft und Haus für alle!' building exhibition, Berlin, 1932

In de herfst van 1931 richtte Martin Wagner de onderzoeksgroep Das wachsende Haus ('de groeiwoning') op. Van de deelnemers werd verwacht dat ze het in eerste instantie nog theoretische idee van het 'aanbouwhuis' zouden onderzoeken op basis van typisering van de plattegrond en industriële prefabricatie van de bouw. Aan de werkgroep nam een rij bekende architecten deel, onder wie Otto Bartning, Walter Gropius, Hugo Häring, Ludwig Hilbersheimer, Erich Mendelsohn, Hans Scharoun, Bruno Taut en ook tuinarchitect Leberecht Migge. Hans Poelzig, die eerder met Wagner had samengewerkt aan het ontwerp van het tentoonstellingsterrein voor de Deutsche Bauausstellung, organiseerde vervolgens een prijsvraag waar meer dan 1000 architecten aan meededen, onder wie ook een groep voormalige studenten van Poelzig, die zich hadden verenigd in de discussiekring Gruppe Junger Architekten.[9] Het hoge aantal inzendingen was niet alleen een indicatie van een groeiend bewustzijn voor de opgave, maar ook voor de toenemende werkloosheid onder architecten.[10] Naast de mogelijkheden van uit- en aanbouwen van de woning moesten de deelnemers de bouwkosten van het huis zo beperkt mogelijk houden en bovendien moest de bouw voor 80 procent buiten de bouwplaats uitgevoerd kunnen worden.

Zon, lucht en een huis voor iedereen!

Op het terrein waar een jaar eerder de Deutsche Bauausstellung had plaatsgevonden, werd in zomer van 1932 de tentoonstelling 'Sonne, Luft und Haus für Alle!', een tentoonstelling over de mogelijkheden van vrijetijdsbesteding in de grote stad georganiseerd. De Deutsche Bauausstellung was gedacht als permanente tentoonstelling, maar dit idee kon door de gevolgen van de crisis niet doorgezet worden. In plaats daarvan zou nu elk jaar een 'bouwmaand' georganiseerd worden. 'Sonne, Luft und Haus für Alle!' was de eerste, maar ook enige tentoonstelling die vanuit dit idee ontstond. Verdere pogingen vielen in het water vanwege de machtsovername door de nationaalsocialisten, het jaar daarop.[11]

Martin Wagner kreeg de leiding over de afdeling van het 'aanbouwhuis', dat hij omdoopte tot het 'groeiende huis', de term die gehanteerd werd in zijn onderzoeksgroep. Een aantal ontwerpen van de onderzoeksgroep, waaronder de winnaars van de prijsvraag, werd als voorbeeld opgebouwd. Wagner's eigen ontwerp bestond uit een houten kern, die schil voor schil, als jaarringen, uitgebreid kon worden met geprefabriceerde elementen. In de laatste bouwfase zou het huis aan drie zijden door een glazen kas worden omsloten, die als warmte-, wind- en geluidsbuffer moest dienen. Aan deze drie zijden opent het huis zich naar de door Leberecht Migge ontworpen tuin, waarmee het een ruimtelijke en 'biologische' eenheid vormde – een eettuin, een werktuin en een gymnastiektuin, grensden respectievelijk aan de eethoek, de werkruimte en de badkamer. Het idee lijkt afgeleid te zijn van Georg Muche's *Haus am Horn*, dat bestaat uit een grote hoofdkubus als woonkamer, die al naar gelang de behoefte kan groeien met omliggende, kleinere ruimten.[12]

Tijdens de 'Bauhausausstellung' (1923) liet Walter Gropius daar zijn ideeën voor seriematige woningbouw zien. Onder de titel *Typenserienhaus* toonde Gropius een systeem van verschillende grote blokken, ofwel woonmodules (*Baukasten im grossen*), bedoeld om variabele twee- tot drielaagse woningen mee te bouwen. Gebaseerd op dit idee wordt ten behoeve van de tentoonstelling het Haus am Horn gebouwd, het eerste concrete architectuurvoorbeeld dat voortkwam uit de Bauhaus-school. Op de expositie 'Sonne, Luft und Haus für Alle!' volgen ook de ontwerpen van Ulrich & Schalow en Von Veltheim & Müller-Rehm het principe van een woonkern die rondom

a group of Poelzig's former students who had joined together in the discussion circle known as the *Gruppe Junger Architekten*.[9] The high number of entries was not only an indication of a growing awareness of the problem, but also of the increasing unemployment among architects.[10] In addition to utilizing the possibilities of expanding and augmenting the homes, the participants also had to keep the home's construction costs as low as possible, and ensure that 80 per cent of the construction process could take place off-site.

Sun, Sky and a House for Everyone!

On the site where the Deutsche Bauausstellung had taken place a year earlier, the exhibition 'Sonne, Luft und Haus für Alle!' was held in the summer of 1932; this exhibition was about the possibilities for leisure in the big city. The Deutsche Bauausstellung was conceived of as a permanent exhibition, but the crisis meant that this idea could not be realized. Instead, a 'building month' would take place every year; 'Sonne, Luft und Haus für Alle!' was the first and only exhibition that arose from this idea. Further attempts failed because the National Socialists seized power the following year.[11]

Martin Wagner became the head of the department of the 'expandable house', which he renamed the 'growing house', the term that was used in his research. Several of the research group's designs, including those that won the competition, were in turn built as model homes. Wagner's own design consisted of a wooden core that could be expanded upon layer by layer, much like tree rings, using prefabricated elements. In the final stage of construction, the house would be enclosed on three sides by a glass greenhouse, which would serve as a buffer against heat, wind and noise. These three sides of the house opened onto the garden, designed by Leberecht Migge, which allowed the building to achieve a spatial and 'biological' unity – an eating garden, a working garden and a gymnastics garden were bordered respectively by the dining area, the work area and the bathroom. The idea seems to have been inspired by Georg Muche's *Haus am Horn*, which consists of a large main cube as the living room, which could 'grow' by adding smaller surrounding rooms as needed.[12]

During the 'Bauhausausstellung' (1923) Walter Gropius presented his ideas for serial housing. Under the title *Typenserienhaus*, Gropius showed a system consisting of several large blocks, or living modules (*Baukasten im grossen*), which could be used to build variable two- or three-storey homes. This idea was realized during the 'Haus am Horn' exhibition, which was the first real example of architecture to emerge from the Bauhaus school. At the 'Sonne, Luft und Haus für Alle!' exhibition, the designs by Ulrich & Schalow and Von Veltheim & Müller-Rehm also adhered to the principle of a residential core, around which other residential functions could be added.

The award-winning design, Das Anbau-Haus (the expandable house) by Cascard & Canthal, was an elongated house that developed in two stages. The home designed by Otto Bartning was inspired by shipbuilding. Using the Werfhuis ('dock house') system, the home, which would be prefabricated at a shipyard, could take on any desired size and shape, and be completed in only a few days. Walter Gropius's design was actually built as well, and he was delighted that his idea of 'homes being serially manufactured piece by piece at stationary workplaces, like a *Baukasten im grossen* (a large-scale construction kit) to build variable types of houses, will finally become a reality'.[13] The floor plan of his growing house has an L-shape, with the large 'box' containing a kitchenette, living room and bedroom, bolstered by a smaller 'box' for the bathroom and storage space. A conservatory/greenhouse is also attached to the main residential module. This design

wordt uitgebreid met overige woonfuncties.

Het bekroonde ontwerp – Das Anbau-Haus ('het aanbouwhuis) van Cascard & Canthal – was een langwerpig huis dat zich in twee etappes liet ontwikkelen. Het huis van Otto Bartning was geïnspireerd op de scheepsbouw. Met het 'Werfhuis-systeem' kon de woning, door prefabricatie op een scheepswerf, in elke gewenste grootte en vorm', en slechts in een paar dagen tijd, woongereed opgeleverd worden. Walter Gropius' ontwerp wordt ook gebouwd en hij is verrukt over het feit dat zijn idee, dat '(...) woningen in stationaire werkplaatsen in onderdelen seriematig gefabriceerd worden, om daaruit variabele typen samen te stellen als een *Baukasten im grossen* ("een bouwdoos in het groot"), nu eindelijk werkelijkheid zal worden'.[13] De plattegrond van zijn groeiende huis heeft een L-vorm met in de grote 'doos' een kookhoek, woonruimte en slaapruimte, en daartegenaan een kleine 'doos' met badkamer en bergruimte. Een serre, annex groeikas is tegen de grote woonunit geschoven. De woning kon maar liefst uitgroeien tot een vijfkamerwoning. Hugo Häring's ontwerp werd niet gebouwd, maar in zijn verklarende tekst bij het ontwerp stelde hij dat '(...) niet alleen het doel van eenvoudige aanbouwmogelijkheden verwezenlijkt is, maar dat ook veranderingen in het reeds gebouwde gerealiseerd kunnen worden. Het doel van groeien moet niet alleen gericht zijn op het toevoegen van nieuwe bouwdelen, maar ook op het groeien van de ruimten in de basiswoning'.[14] Zo kon in zijn ontwerp bijvoorbeeld de keuken, de woonkamer, maar ook de bergruimte vergroot worden.

Leberecht Migge's ontwerp ging nog veel verder. Zijn ontwerp voor een groeiend huis was onlosmakelijk verbonden met een groeiend woonlandschap.[15] Hij zag de woning als een organisch bestanddeel van het cultuurlandschap. De basiswoningen werden tegen lange muren aangebouwd, die beschutting moest bieden tegen zon en wind. De muren maakten onderdeel uit van het verkavelingspatroon van een stad-land-wijk, zoals Migge het zelf noemde en vormden samen met de woningen het nieuwe cultuurlandschap.[16]

Moestuinen en zelfvoorziening

Wat opvalt, is dat bij vele ontwerpen voor *Das wachsende Haus*, de architecten ook zochten naar manieren om de bewoners zelf in hun levensonderhoud te laten voorzien, door kweekkassen in het huis te integreren of moestuinen rondom de woning aan te leggen – geen gek idee in tijden van economische crisis. Het ontwerp van Migge werd in de tweede etappe onder andere uitgebreid met een Gewächshaus, maar ook Walter Gropius, Paul Mebes, Max Taut en vele anderen integreerden een kas in hun ontwerp.

In de jaren 1910 en 1920 werd bij de bouw van de nieuwe tuinsteden vaak ook al rekening gehouden met een mogelijke autarkie voor bewoners. De diepe achtertuinen van bijvoorbeeld Gartenstadt Staaken (1914-1917),[17] ontworpen door Paul Schmitthenner, waren bedoeld als moestuin, maar ook de door Leberecht Migge ontworpen tuinen van Gartenstadt Marienbrunn, kregen die bestemming. Marienbrunn werd gebouwd naar aanleiding van de 'Baufachausstellung' in Leipzig (1913) op enige afstand van de tentoonstellingslocatie en met een kleine spoorlijn met het tentoonstellingsterrein verbonden. Diverse architecten mochten in de woonwijk referentieprojecten bouwen om hun prestaties te kunnen tonen, onder wie Herman Muthesius. Het stedenbouwkundig plan was met straten in de vorm van cirkelsegmenten duidelijk geïnspireerd op de ideeën van Ebenezer Howard. Migge's ideeën over zelfvoorziening resulteerden in 1918 in het boek *Jedermann Selbstversorger!* ('iedereen zelfvoorzienend!'), waarin hij propageert dat de relatie tussen tuin en woonwijk omge-

can be expanded into a five-bedroom house. Hugo Häring's design was not actually built, but in his explanatory text for the design, he said that 'not only the goal of simple construction possibilities has been realized, but also the fact that changes can be made to houses that have already been built. The purpose of "growing" should not only focus on adding new components, but also on growing the spaces in the main residential module.'[14] In his design, for example, the kitchen, the living room and even the storage space could all be enlarged.

Leberecht Migge's design went much further. His design for a growing house was inextricably linked to a growing residential landscape.[15] He saw the house as an organic component of the cultural landscape. The basic houses were built against long walls, which were to provide shelter from the sun and wind. The walls formed part of the allotment pattern of an urban-rural district, as Migge called it, and together with the new homes, this would form the new cultural landscape.[16]

Vegetable Gardens and Self-Sufficiency

What is striking is that in many of the designs for Das wachsende Haus, the architects were also looking for ways to make the residents themselves self-sufficient, for example by integrating greenhouses into the home, or by placing vegetable gardens around the house; this was a wise idea in times of economic crisis. In the second stage, Migge's design was expanded with a *Gewächshaus,* but Walter Gropius, Paul Mebes, Max Taut and many others had also integrated greenhouses in their designs.

During the 1910s and 1920s as well, the self-sufficiency of residents was often a factor in the construction of the new garden cities. For example, the deep back gardens of Gartenstadt Staaken (1914-1917),[17] designed by Paul Schmitthenner, were intended as vegetable gardens; the gardens designed by Leberecht Migge for Gartenstadt Marienbrunn were also meant for the same purpose. Marienbrunn was built for the 'Baufachausstellung' that was held in Leipzig (1913), some distance away from the exhibition grounds; this area was connected to the main exhibition grounds via a small railway. Several architects, including Herman Muthesius, were given the opportunity to show their achievements by building reference projects in this neighbourhood. The urban plan, with its streets in the form of circular segments, was clearly inspired by the ideas of Ebenezer Howard. Migge's ideas about self-sufficiency resulted in the 1918 book *Jedermann Selbstversorger!* (Everyone self-sufficient!), in which he suggests that the relationship between garden and residential area be reversed: the garden should not be added as an extra function, but instead should be used as an integral structural component.[18]

In Vienna as well, the idea of (partial) autarky was seen as part of the solution to the prevailing poverty. Josef Frank, who in 1932 was working on the construction of the Wiener Werkbundsiedlung,[19] contrasted the urban Superblocks that were being built under the housing programme of Das Rote Wien against the ideal of the one-family house with a (vegetable) garden. Adolf Loos built the model district Am Heuberg (1921-1924), where the houses were built according to the patented principle of *Haus mit einer Mauer* (house with a wall).[20] The walls separating the homes were the only load-bearing elements, which meant that inside, adjustments could easily be made over the course of time. By extending the house-separating wall, further construction could take place in both the front and back. The houses all had a *Nutzgarten* (production garden), which contained space for barns and stables for keeping animals, and behind this area the plots extended even further into a space that was designed to be used as a vegetable garden.

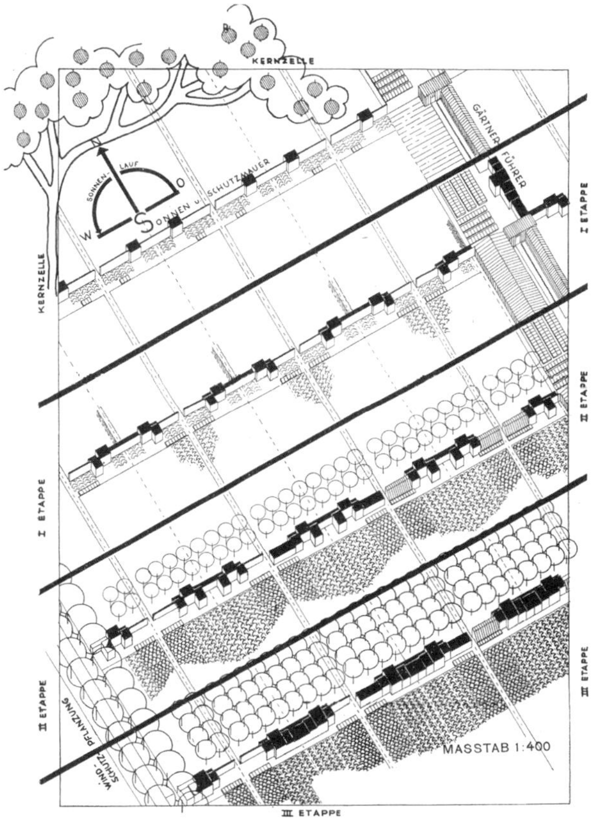

Stadslandschap van Leberecht Migge
Urban landscape by Leberecht Migge

Westgevel van 'Das wachsende Haus' van Martin Wagner, Berlijn, 1932
The western façade of 'Das wachsende Haus' by Martin Wagner, Berlin, 1932

Zicht vanuit de tuin op de werkkamer in 'Das wachsende Haus' van Martin Wagner
View from the garden to the office in 'Das wachsende Haus' by Martin Wagner

Het ontwerp van Otto Bartning voor 'Das wachsende Haus' (Werfhuis-systeem), Berlijn,1932
The design by Otto Bartning for 'Das wachsende Haus' (Werfhuis / dock house system), Berlin ,1932

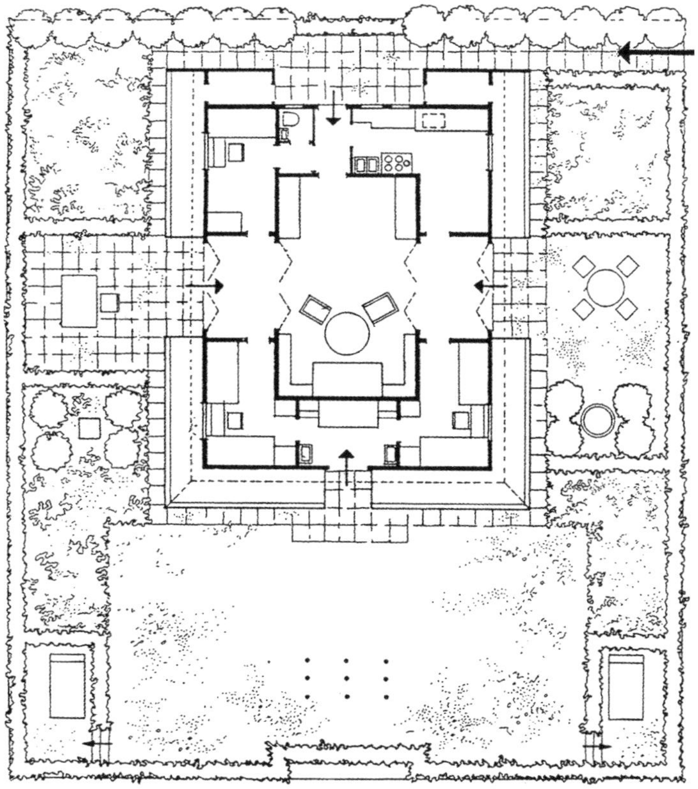

Plattegrond van het ontwerp van Martin Wagner voor 'Das wachsende Haus', Berlijn, 1932
Floor plan of Martin Wagner's design for 'Das wachsende Haus', Berlin, 1932

Plattegronden en uitbreidings-opties van Otto Bartning voor 'Das wachsende Haus'
Floor plans and expansion options by Otto Bartning for 'Das wachsende Haus'

keerd moet worden. De tuin moest niet als voorziening worden toegevoegd, maar juist als structuurbepalende basis ingezet worden.[18]

Ook in Wenen leefde het idee van (gedeeltelijke) autarkie als medeoplossing voor de heersende armoede. Josef Frank, die in 1932 bezig was met de bouw van de Wiener Werkbundsiedlung,[19] stelde tegenover de binnenstedelijke Superblocks, die in het kader van het woningbouwprogramma van *Das Rote Wien* gebouwd werden, het ideaal van de eengezinswoning met (moes)tuin. Adolf Loos bouwde de voorbeeldwijk Am Heuberg (1921-1924), waarbij de woningen volgens zijn gepatenteerde principe van het *Haus mit einer Mauer* ('huis met één muur') gebouwd werden.[20] Alleen de woningscheidende muren waren dragend, waardoor binnenin, in de loop der tijd, gemakkelijk aanpassingen gemaakt konden worden. Door verlenging van de woningscheidende muur kon er zowel aan de voorzijde als de achterzijde uitgebreid worden. De woningen beschikten allen over een *Nutzgarten*, met daarin plek voor schuren en stallen voor het houden van kleinvee, maar daarachter strekte de kavel zich nog verder uit en was bedoeld om te benutten als moestuin.

Het groeiende huis in Wenen

De tentoonstelling in Berlijn leidde nog in hetzelfde jaar tot een soortgelijk initiatief in Wenen. De resultaten van een prijsvraag ten behoeve van *Das wachsende Haus* werden gepresenteerd op de bouwbeurs in Wenen.[21] Ook hier was het doel een kleine, eigen woning te ontwerpen, die al naar gelang de veranderende behoeften en vermogens van de bezitter door de uitbouw van nieuwe wooneenheden uitgebreid kon worden, maar in elk stadium een voltooid geheel vormde.[22] Het accent lag bij deze prijsvraag vooral op de economische aspecten en minder op de architectonische uitwerking, zoals bij Wagner's initiatief. De oppervlakte van het met prefab elementen te ontwerpen basishuis mocht niet groter zijn als 30 m^2 en de uitgebouwde versie mocht de 80 m^2 niet overschrijden. Daarnaast werd nog gestimuleerd om met rationele constructiemethoden te experimenteren, wat in de Weense bouwpraktijk, die 38 cm dikke, massief bakstenen muren voorschreef, zelden mogelijk was. Het bouwbudget werd vastgesteld op 5000 Schilling, exclusief de kelder en het fundament.

Voor de prijsvraag werden in totaal 147 ontwerpen ingediend en een deel van de ontwerpen werd op de Weense bouwbeurs getoond door middel van 1:1 modellen van de kernhuizen. De bekende Oostenrijkse kring van architecten, onder wie Adolf Loos en Josef Frank deed niet mee – ze hadden het te druk met de Wiener Werkbundsiedlung – maar Josef Hoffmann en Oswald Haerdtl zagen wel kans aan beide projecten mee te doen. Ze dienden een gezamenlijk ontwerp in, waarbij het basishuis een tamelijk gesloten massa vormde, met aan de tuinzijde een pui met deuren naar het terras. Uitgaande van een smalle kavel was het huis berekend op een uitbreiding met een extra verdieping. Het houtskeletbouwhuis was van buiten en van binnen bekleed met heraklith-panelen.

Een wat complexer ontwerp was het huis van Leopold Ponzen. De draagconstructie bestond uit zeven voorgefabriceerde, stalen portalen die werden ingevuld met betonsteen. De woning kon aan beide zijden, zowel in de diepte als in de hoogte, meegroeien met de eigenaar en zo uitgroeien tot een volwaardige eengezinswoning. Het ontwerp voor het kernhuis van Erich Boltenstern had als bijzonderheid dat het vrijstaand, maar ook als twee-onder-een kapwoning toegepast kon worden. De uitbreiding in twee fasen was geheel gelijkvloers gedacht en er waren tijdens de uitbreiding geen grote ingrepen in het kernhuis nodig, wat niet van alle ontwerpen gezegd kon worden. De basiswoning

The Growing House in Vienna

The exhibition in Berlin in that same year led to a similar initiative in Vienna. The results of a competition held by *Das wachsende Haus* were presented at the building fair in Vienna.[21] Again, the goal was to design a small, private home that could be expanded by adding new modules at will, based on the shifting needs and capabilities of the inhabitants, yet that also formed a unified whole at every stage.[22] This competition focused more on the economic aspects and less on the actual architectural elaboration, which was more the case with Wagner's initiative. The surface area of the main housing unit, made of prefabricated elements, could be no larger than 30 m^2, and the extended version was not to exceed 80 m^2. The entrants were also encouraged to experiment with rational methods of construction, which was rarely possible in the world of Viennese building, where solid brick walls of 38 cm were required. The construction budget was set at 5,000 Schillings, not including the basement and foundation.

A total of 147 designs were submitted to the competition, and several of the designs were exhibited in the form of 1:1 models of the core houses. The prominent Austrian group of architects, including Adolf Loos and Josef Frank, did not participate – they were too busy with Vienna's Werkbund Siedlung – but Josef Hoffmann and Oswald Haerdtl did both decide to take part. They submitted a joint design in which the basic housing module formed a fairly closed-off mass, with a façade on the garden side that had doors opening to the terrace. Assuming that the plots would be narrow, the house was designed to be expanded upon in the form of an additional floor. The timber-frame house was lined on both the outside and the inside with Heraklith panels.

A more complex design was the home designed by Leopold Ponzen. The structure consisted of seven prefabricated steel portals which would be filled with concrete blocks. The house could grow on both sides, both in depth and in height, in step with the inhabitants' needs, and thereby become a complete house. Erich Boltenstern's design for the core house was unique in that it could be either a detached or a semi-detached house. The expansion in two phases all took place on the ground floor, and no major interventions were required in the core house during the expansion, which could not be said of all the submitted designs. The basic house was almost always very sober, often just a box with a door and a few windows. The design by Tamussino Hermann and Karl Lorenz was an exception, with its rounded corner on the entrance portal, which has been shifted forward. After the house was expanded, which was possible both vertically and horizontally, an expressive whole could be created.

Conclusion

A look back at the 1930s (the years of financial crisis), but also at other periods where the hardships had other causes, shows that the current issues in housing are not new. When financial resources are limited (but not only then), architects and other designers have shown a recurring fascination with the growing house, with customizable residential areas, and with the idea of self-reliance. In 1959, Frei Otto and his research group for lightweight building also experimented with the idea of the growing house, and referred to Martin Wagner as an example. Otto took the idea of the growing house a level further in the form of an 'adaptable city'.[23] In the late 1960s, Jaap Bakema built his 'growing houses' in the Eindhoven neighbourhood of 't Hool. The resident would be able to decide when one of the extensions would be built, in consultation with the technical department of the housing association. This extension might be a garage, a second living room,

Ontwerptekening van Adolf Loos, Siedlung am Heuberg, Wenen, 1921-1924
Design sketch by Adolf Loos, Siedlung am Heuberg, Vienna, 1921-1924

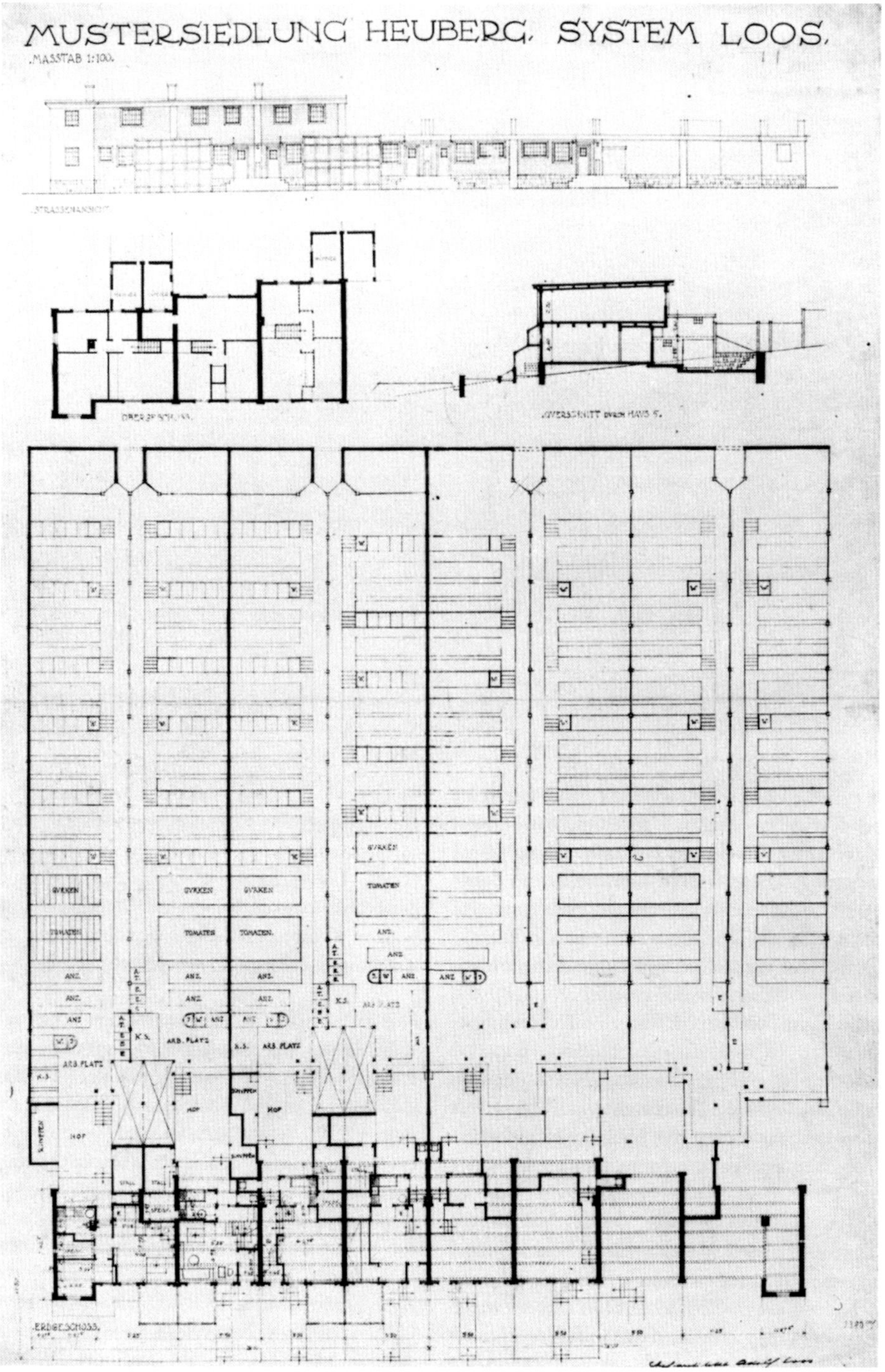

Omslag van het boek van Leberecht Migge, *Jedermann Selbstversorger!*, 1918
Cover of Leberecht Migge's book *Jedermann Selbstversorger!*, 1918

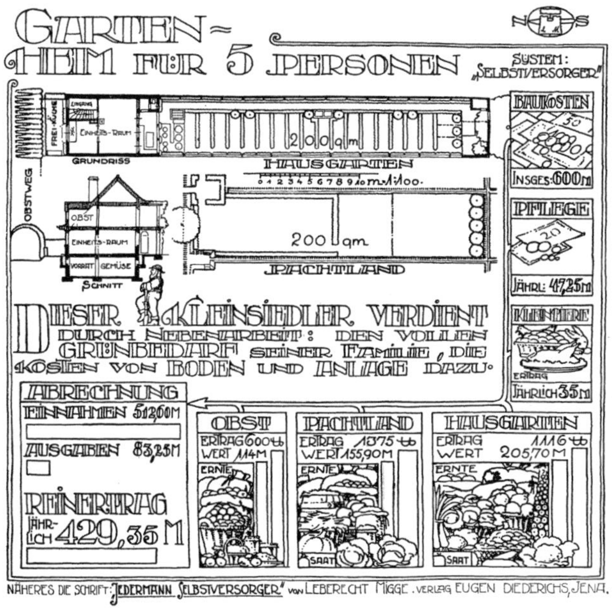

***Jedermann Selbstversorger!*, Schema van tuintypen**
Jedermann Selbstversorger!, diagram of garden types

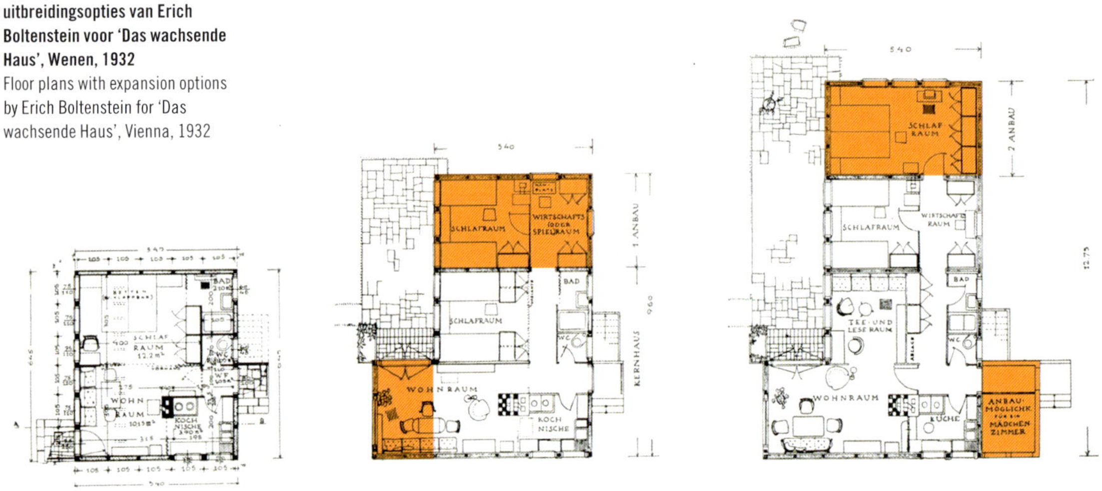

Plattegronden met uitbreidingsopties van Erich Boltenstein voor 'Das wachsende Haus', Wenen, 1932
Floor plans with expansion options by Erich Boltenstein for 'Das wachsende Haus', Vienna, 1932

Badkamer in het basishuis van Erich Boltenstein voor 'Das wachsende Haus'
Bathroom in the basic housing module by Erich Boltenstein for 'Das wachsende Haus'

Maquette van het ontwerp van Leopold Ponzen, 'Das wachsende Haus', Wenen, 1932
Scale model of Leopold Ponzen's design, 'Das wachsende Haus', Vienna, 1932

Plattegronden met uitbreidingsopties van Leopold Ponzen, 'Das wachsende Haus'
Floor plans with expansion options by Leopold Ponzen, 'Das wachsende Haus'

1:1 model van het basishuis van Leopold Ponzen op de bouwbeurs in Wenen, 1932
1:1 model of the basic housing module by Leopold Ponzen at the building exhibition in Vienna, 1932

was in bijna alle gevallen erg sober, veelal een doos met een deur en wat ramen. Het ontwerp van Hermann Tamussino en Karl Lorenz maakte hierop een uitzondering met de afgeronde hoek van het naar voren geschoven entreeportaal. Na uitbouw van de woning, wat zowel in de hoogte als in de breedte mogelijk was, ontstond een plastisch geheel.

Tot slot

Een terugblik op de jaren 1930 – de jaren van financiële crisis – maar ook op de perioden waarin de nood andere achtergronden kende, laat zien dat de actuele vraagstukken in de woningbouw niet nieuw zijn. Als de financiële middelen beperkt zijn, maar niet alleen dan, hebben architecten en andere ontwerpers een terugkerende fascinatie gehad voor groeiende huizen, aanpasbare woonwijken en het idee van zelfredzaamheid. Frei Otto experimenteerde in 1959 met zijn onderzoeksgroep voor lichtgewicht bouwen ook met groeiwoningen, waarbij hij Martin Wagner aanhaalde als voorbeeld. Otto trekt het idee van het groeiende huis bovendien naar een hoger schaalniveau in de vorm van een 'aanpasbare stad'.[23] Eind jaren 1960 bouwde Jaap Bakema in 't Hool in Eindhoven zijn 'groeiwoningen'. De bewoner mocht zelf het moment bepalen om één van de uitbreidingsmogelijkheden te bouwen in overleg met de technische dienst van de woningbouwvereniging. Dit kon een garage, een tweede woonvertrek, een studiekamer of nog enkele slaapkamers zijn – misschien wel alles in één keer. De woningen konden theoretisch groeien tot aan de erfgrens; dit is echter bij geen enkele woning gebeurd.[24]

In Lima, Peru werd tussen 1968 en 1975 de experimentele wijk PREVI (Proyecto Experimental de Vivienda) gebouwd, die ontstaan is naar aanleiding van een (inter)nationale prijsvraag, waaraan veel bekende architecten, zoals James Stirling, Christopher Alexander en Aldo van Eyck, maar ook lokale Peruaanse architecten deelnamen. De opdracht was om een modelwijk te ontwerpen voor 1500 mensen, die in de toekomst kon groeien en transformeren. Uiteindelijk zijn er 467 woningen gebouwd, die allemaal op één of andere manier met de bewoners kunnen mee evolueren, door middel van zelfbouw binnen een vooraf bepaalde structuur. Veel recenter, in 2003, nam Alejandro Aravena van Elemental het initiatief tot een bouwproject voor de allerarmsten. In Quinta Monroy, Iquique, Chili bouwde hij een rijvormige structuur met daarin smalle basiswoningen met voorzieningen en naast ieder basishuis een 'gat'. Door middel van zelfbouw konden de eigenaren dit gat vullen en het woonoppervlak verdubbelen. Het project was een groot succes en is meermaals herhaald in Chili, Mexico en Brazilië (São Paulo).

Qua zelfredzaamheid zijn de initiatieven jarenlang beperkt geweest tot kleine woongroepen of andersoortige idealistische gemeenschappen. Maar onder andere door het verschijnen van het boek van Carolyn Steel *Hungry City – How food shapes our lives* (2008), waarin ze een helder beeld schetst van de impact van de moderne voedselvoorziening op onze planeet, duiken er in de westerse wereld initiatieven op onder de noemer stadslandsbouw.[25] Het is nog niet zover dat volgens het gedachtengoed van Leberecht Migge – Jedermann Selbstversorger! ('iedereen zelfredzaam!') de woonwijken van de toekomst worden bepaald door moestuinen en andere autarkische intenties, maar het idee dat er een einde moet komen aan de lange weg die ons voedsel aflegt en het spoor van vervuiling dat hij daarmee achterlaat, is inmiddels wel geland.

a study room, or a few extra bedrooms – perhaps all at once. The houses could theoretically grow as far as the property boundary, but this never actually happened.[24]

In Lima, Peru, the experimental district known as PREVI (Proyecto Experimental de Vivienda) was built between 1968 and 1975. It came about as the result of an international competition in which many prominent architects took part, such as James Stirling, Christopher Alexander and Aldo van Eyck; local Peruvian architects also participated. The assignment was to design a model neighbourhood for 1,500 people, which could grow and transform in the future. Ultimately, 467 homes were built, all of which were able in one way or another to evolve along with the residents, by using self-assembly within a predetermined structure. Much more recently, in 2003, Alejandro Aravena of Elemental launched a project for the area's most impoverished people. In the Quinta Monroy region of Chile's Iquique, he built a row-shaped structure with narrow basic houses that had the key amenities, and beside each base house a 'gap'. Via self-building, the owners could fill in this gap and double their living space. The project was a great success and has been repeated several times in Chile, Mexico and Brazil (São Paulo).

In terms of self-sufficiency, for years the main initiatives have been limited to small 'living groups' or other idealistic communities. But in part due to the publication of Carolyn Steel's book *Hungry City – How Food Shapes Our Lives* (2008), in which she paints a clear picture of the impact that our modern food system is having on our planet, new initiatives have been appearing in the West that are classified as 'urban farming'.[25] These have not yet reached the point where, according to the ideas of Leberecht Migge – 'Jedermann Selbstversorger!' (Everyone self-sufficient!) – the residential neighbourhoods of the future will be characterized by vegetable gardens and other autarkic intentions, but the idea that an end has to come to the long road that our food currently travels and the trail of pollution that it is leaving, has since become well established.

The current economic crisis, as well as the issue of sustainability mentioned above, both call for an entirely new approach to housing. The solutions of the past seem exhausted, but the questions and solutions that were presciently discussed at building exhibitions during previous crises seem to show exceptionally strong parallels with what today's architects, builders and researchers have been presenting. The time seems ripe for a new housing exhibition about housing in times of crisis.

De huidige economische crisis en het al veel eerder opgeworpen vraagstuk van duurzaamheid dwingen tot een geheel nieuwe benadering van de woningbouw. Oplossingen uit het verleden lijken uitgewerkt, maar de vragen en oplossingen die in eerdere crises op pregnante wijze aan de orde werden gesteld op woningbouwtentoonstellingen blijken buitengewoon sterke parallellen te hebben met wat nu door architecten, bouwers en onderzoekers naar voren wordt gebracht. De tijd lijkt rijp voor een nieuwe woningbouwtentoonstelling over woningbouw in tijden van crisis.

Elemental / Alejandro Aravena, Quinta Monroy, Iquique, Chile, 2003
Elemental / Alejandro Aravena, Quinta Monroy, Iquique, Chile, 2003

Schets Jaap Bakema, groeiwoningen, 't Hool, Eindhoven
Sketch of Jaap Bakema, 't Hool, Eindhoven

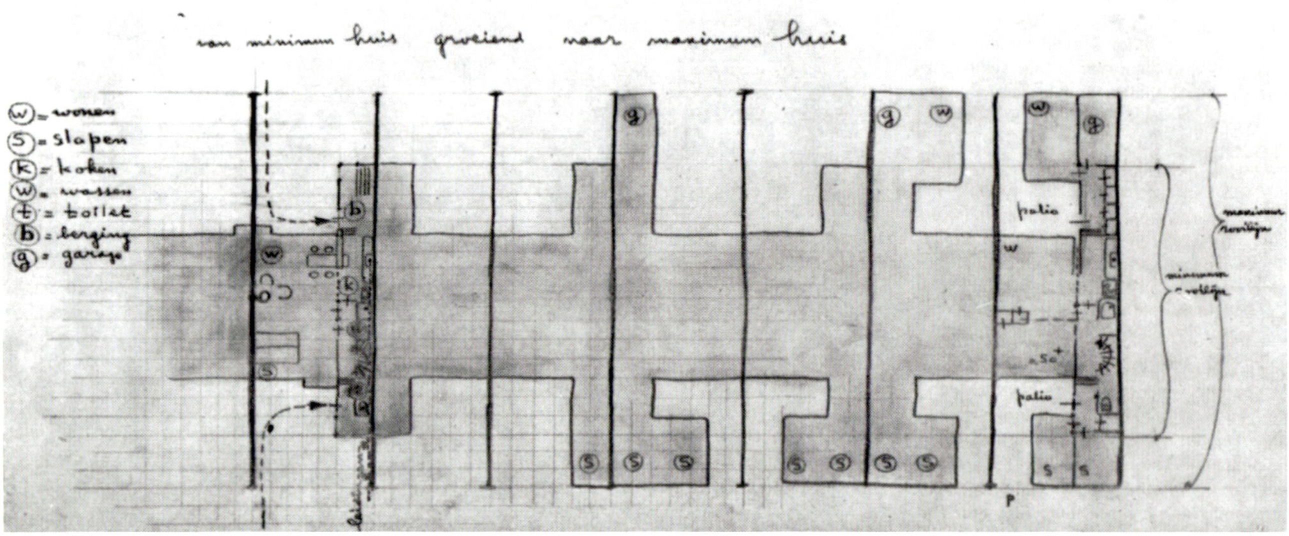

Noten

1 In 1844 benoemde de Society for Improving the Condition of the Labouring Classes Henry Roberts tot 'Eervol Architect'. Hij ontwierp meerdere vernieuwende woongebouwen voor de arbeidersklasse, bijv. de woningen in Lower Road, Pentonville, Londen (1844) en de modelwoningen in Streatham Street, Bloomsbury, Londen (1849-1851).

2 Zie hiervoor ook: Ernst-Ludwig-Verein, Darmstadt, *Praktische Wohnungsfürsorge in Hessen –Hessischer Zentralverein für Errichtung billiger Wohnungen* (Darmstadt: Ernst-Ludwig-Verein, 1908).

3 Zie hiervoor de plandocumentatie 'Ein Dokument Deutscher Kunst' op pagina 84-91 van deze *DASH*.

4 Tuinstad Hellerau is gebouwd op initiatief van meubelfabrikant Karl Schmidt, die oprichter was van de Deutsche Werkstätten für Handwerkskunst in Dresden, respectievelijk medeoprichter van de Deutsche Werkbund. Hellerau wordt gezien als de eerste tuinstad in Duitsland (1909-1913). Betrokken architecten waren o.a. Richard Riemerschmid, Hermann Muthesius, Heinrich Tessenow, Theodor Fischer en Mackay Hugh Baillie Scott.

5 Metzendorf paste het Essener Arbeiterswohnhaus ook toe op de Margerethenhöhe in Essen, zoals te lezen in: *Das neue niederrheinische Dorf auf der Deutschen Werkbundausstellung in Köln 1914* (Berlijn: Verlag von Ernst Wasmuth, 1914), 71. De Margarethenhöhe (1909-1938) is gebouwd op initiatief van Margarethe Krupp (1854-1931), de echtgenote van de ondernemer Friedrich Alfred Krupp uit Essen. Na zijn dood richtte ze in 1907 de Margarethe-Krupp-Stiftung für Wohnungsfürsorge op - een woningcorporatie voor sociale woningbouw. Georg Metzendorf kreeg de leiding over de bouw van de woonwijk.

6 'Die wachsende Wohnung', *Die Form* (1929), 387.

7 Martin Wagner, *Das wachsende Haus* (Berlin: Deutsches Verlaghaus Bong & Co, 1932), 2.

8 Zie hiervoor de plandocumentatie: 'Die Wohnung unserer Zeit' op pagina 92-101 van deze *DASH*.

9 De groep bestond o.a. uit: Egon Eiermann, Fritz Jaenecke, Richard Paulick en Hermann Zweigenthal, zie: Thomas Katzke, 'Netzwerken in Berlin – Die "gruppe Junger Architekten" 1926-1933', *Bauwelt* (2004), 12-13.

10 Gerd Kuhn, 'Aufbruch und Ernüchterung', in: Werner Möller (red.), *Die Welt spielt Roulette: zur Kultur der Moderne in der Krise 1927 bis 1932* (Frankfurt: Campus-Verlag, 2002), 117.

11 Johannes Cramer en Niels Gutschow, *Bauausstellungen: eine Architekturgeschichte des 20. Jahrhunderts* (Stuttgart/ Berlijn/Keulen/Mainz: Kohlhammer, 1984), 163.

12 Het Haus am Horn is ontworpen door Georg Muche ten behoeve van een prijsvraag, uitgeschreven door Bauhaus. Het architectenbureau van Walter Gropius, onder leiding van Adolf Meyer was verantwoordelijk voor de technische uitvoering.

13 Wagner, *Das wachsende Haus*, op. cit (noot 7), 65.

14 Ibid, 69.

15 Van Leberecht Migge verscheen in 1932: *Die wachsende Siedlung nach biologischen Gesetzen* (Stuttgart: Franckische Verlagshandlung, 1932).

16 Wagner, Das wachsende Haus, op. cit (noot 7), 88.

17 Zie hiervoor de plandocumentatie: 'Gartenstadt Staaken', *DASH – Wonen in een nieuw verleden* (Rotterdam: NAi-publishers, 2012), 84-93.

18 Leberecht Migge, *Jedermann Selbstversorger! Eine Lösung der Siedlungsfrage durch neuen Gartenbau* (Jena: Diederichs, 1918/1919).

19 Zie hiervoor de plandocumentatie: 'Die Wiener Werkbundsiedlung' op pagina 102-109 van deze *DASH*.

20 Burkhardt Rukschcio, *Adolf Loos* (Wenen: Graphische Sammlung Albertina, 1989), 539.

21 De prijsvraag werd georganiseerd door het *Österreichisches Kuratorium für Wirtschaftlichkeit* (ÖKW), de *Handelskammer, Wiener Messe* en de *Arbeitsgemeinschaft von Handel, Gewerbe und Industrie zur Förderung der privaten Wohnbautätigkeit.*

22 Max Eisler, 'Das "wachsende Haus" in Wien', *Moderne Bauformen* (1932), 289.

23 Werner Durth en Paul Sigel, *Baukultur – Spiegel gesellschaftlichen Wandels* (Berlijn: Jovis Verlag, 2009), 519.

24 J. Bakema, 'Split-level-eengezinsrijenhuis', Forum, nr. 2 (1962), 70-74.

25 Carolyn Steel, *Hungry City – How food shapes our lives* (Londen: Chatto & Windus, 2008).

Notes

1 In 1844, the Society for Improving the Condition of the Labouring Classes appointed Henry Roberts as 'Honourable Architect'. He designed many innovative residential buildings for the working class, for example the homes in Lower Road, Pentonville, London (1844), and the model homes in Streatham Street, Bloomsbury, London (1849-1851).

2 See also: Ernst-Ludwig-Verein, Darmstadt, *Praktische Wohnungsfürsorge in Hessen – Hessischer Zentralverein für Errichtung billiger Wohnungen* (Darmstadt: Ernst-Ludwig-Verein, 1908).

3 See the planning documentation 'Ein Dokument Deutscher Kunst' on page 84-91 of this issue of *DASH*.

4 Tuinstad Hellerau (Hellerau Garden City) was built on the initiative of the furniture manufacturer Karl Schmidt, who was the founder of the Deutsche Werkstätten für Handwerkskunst in Dresden, as well as the co-founder of the Deutsche Werkbund. Hellerau is considered the first garden city in Germany (1909-1913). The architects involved included Richard Riemerschmid, Hermann Muthesius, Heinrich Tessenow, Theodor Fischer and Mackay Hugh Baillie Scott.

5 Metzendorf also used the Essen Arbeiterswohnhaus at the Margerethenhöhe in Essen, as can be read in: *Das neue niederrheinische Dorf auf der Deutschen Werkbundausstellung in Köln 1914* (Berlin: Verlag von Ernst Wasmuth, 1914), 71. The Margarethenhöhe (1909-1938) was built on the initiative of Margarethe Krupp (1854-1931), wife of Essen-based entrepreneur Friedrich Alfred Krupp. After his death in 1907 she founded the Margarethe-Krupp-Stiftung für Wohnungsfürsorge, which was a housing cooperative for social housing. Georg Metzendorf was in charge of the construction of this neighbourhood.

6 'Die wachsende Wohnung', *Die Form* (1929), 387.

7 Martin Wagner, *Das wachsende Haus* (Berlin: Deutsches Verlaghaus Bong & Co, 1932), 2.

8 See the plan documentation: 'Die Wohnung unserer Zeit' on page 92-101 of this issue of *DASH*.

9 This group consisted of people including Egon Eiermann, Fritz Jaenecke, Richard Paulick and Hermann Zweigenthal; see: Thomas Katzke, 'Netzwerken in Berlin – Die "gruppe Junger Architekten" 1926-1933', Bauwelt (2004), 12-13.

10 Gerd Kuhn, 'Aufbruch und Ernüchterung', in: Werner Möller (ed.), *Die Welt spielt Roulette: zur Kultur der Moderne in der Krise 1927 bis 1932* (Frankfurt: Campus-Verlag, 2002), 117.

11 Johannes Cramer and Niels Gutschow, *Bauausstellungen: eine Architekturgeschichte des 20. Jahrhunderts* (Stuttgart/ Berlin/ Cologne/Mainz: Kohlhammer, 1984), 163.

12 The Haus am Horn was designed by Georg Muche for a competition held by the Bauhaus. Walter Gropius's architecture firm, led by Adolf Meyer, was responsible for the technical implementation.

13 Wagner, *Das wachsende Haus*, op. cit (note 7), 65.

14 Ibid, 69.

15 Leberecht Migge's book was published in 1932: *Die wachsende Siedlung nach biologischen Gesetzen* (Stuttgart: Franckische Verlagshandlung, 1932).

16 Wagner, *Das wachsende Haus*, op. cit (note 7), 65.

17 See the plan documentation: 'Gartenstadt Staaken', in: *DASH – Living in a New Past* (Rotterdam: NAi-publishers, 2012), 84-93.

18 Leberecht Migge, *Jedermann Selbstversorger! Eine Lösung der Siedlungsfrage durch neuen Gartenbau* (Jena: Diederichs, 1918-1919).

19 See the documentation plan: 'Die Wiener Werkbundsiedlung' on page 102-109 of this issue of *DASH*.

20 Burkhardt Rukschcio, *Adolf Loos* (Vienna: Graphische Sammlung Albertina, 1989), 539.

21 The competition was organized by the Österreichisches Kuratorium für Wirtschaftlichkeit (ÖKW), the Handelskammer, Wiener Messe and the Arbeitsgemeinschaft von Handel, Gewerbe und Industrie zur Förderung der privaten Wohnbautätigkeit.

22 Max Eisler, 'Das "wachsende Haus" in Wien', *Moderne Bauformen* (1932), 289.

23 Werner Durth and Paul Sigel, *Baukultur – Spiegel gesellschaftlichen Wandels* (Berlin: Jovis Verlag, 2009), 519.

24 J. Bakema, 'Split-level-eengezinsrijenhuis', *Forum*, no. 2 (1962), 70-74.

25 Carolyn Steel, *Hungry City – How Food Shapes Our Lives* (London: Chatto & Windus, 2008).

Lucy Creagh

De grenzen van architectuur
At the Limits of Architecture

De Woningbouwsectie van de Stockholm-tentoonstelling (1930)
The Housing Section of the 1930 Stockholm Exhibition

Carl Horvik, woonkamer en eetalkoof, Huis 40
Carl Hörvik, living room and dining alcove, House 40

In 1930 vond in Zweden de Stockholm-tentoonstelling plaats. Naast gebruiksvoorwerpen en toegepaste kunst werden hier ook complete woningen getoond. De tentoonstelling trok in vijf maanden tijd 4 miljoen bezoekers en wordt algemeen gezien als de doorbraak van het functionalisme in de Zweedse architectuur en design. Het initiatief voor de tentoonstelling werd genomen door de Svenska Slöjdföreningen. De leider van deze groep ontwerpers, Gregor Paulsson, was mede geïnspireerd door zijn bezoek in 1927 aan de Weissenhofsiedlung. De tentoonstellingspaviljoens, voornamelijk ontworpen door Gunnar Asplund, straalden een hoopvol optimisme uit, juist in een tijd waarin veel Zweden te maken hadden met werkloosheid en slechte woonomstandigheden. Sommige van de architecten die betrokken waren bij de Woningbouwsectie, publiceerden in 1931 het spraakmakende manifest acceptera, *waarin het functionalisme gepropageerd wordt als onontkoombare oplossing voor de problemen van de moderne tijd. In onderstaand artikel gaat Lucy Creagh nader in op hun bijdrage aan de tentoonstelling. – De redactie*

Tijdens een lezing, die Gregor Paulsson op 25 oktober 1928 hield voor de ledenvergadering van de Zweedse kunstnijverheidsvereniging Svenska Slöjdföreningen, identificeerde hij vier aandachtspunten voor de kunstnijverheidstentoonstelling die de vereniging in 1930 in Stockholm zou houden. Anders dan de grote tentoonstellingen van de negentiende eeuw, die alleen handel en cultuur representeerden, zou de Stockholm-tentoonstelling een specifiek sociaal-economisch programma hebben, bedoeld om productie en consumptie een bepaalde kant op te sturen. De vereniging was van plan samenwerkingsverbanden tussen ontwerpers en producenten te smeden, en nieuwe modellen voor massaproductie te ontwikkelen, die de kwaliteit en betaalbaarheid van alledaagse gebruiksvoorwerpen zouden vergroten. Het tweede aandachtspunt was dat het bereik van de tentoonstelling zou worden aangepast aan de behoeften en mogelijkheden van de nieuwe tijd. Er zouden niet langer alleen maar huishoudelijke artikelen en meubilair worden tentoongesteld, zoals op de Stockholm-tentoonstelling van 1909, maar er zou een scala aan gebruiksvoorwerpen worden belicht: van platenspelers tot verkeerslichten.[1]

Het derde punt betrof de manier van exposeren: de objecten zouden op een andere manier worden tentoongesteld. In plaats van de ad hoc curatoriële methoden en de fysieke opstellingen van de representatieve tentoonstellingen – plus de recentere tendens om een soort ‘museale formaliteit’ in tentoonstellingen van toegepaste kunst te introduceren – zou in 1930 voor een eenvoudige manier van tentoonstellen worden gekozen: de wijze waarop dergelijke artikelen ‘gewoon in de winkel liggen’.[2] Naast de voorwerpen die op fabrikant werden gegroepeerd, zou er een serie ‘collectieve’ exposities komen, gericht op het functioneel ontwerp van een bepaald huishoudelijk voorwerp, zoals stoelen, glazen, bestek en serviezen.[3] Sommige van deze goederen zouden al in productie zijn, andere speciaal voor de tentoonstelling ontworpen en vervaardigd, maar alle tentoongestelde objecten zouden zijn geselecteerd omdat hun prijs onder een bepaald maximumbedrag lag. Het vierde en misschien wel belangrijkste punt was dat het in 1930 om echte woningen zou gaan (in zijn lezing relateerde Paulsson alle objecten als hetzij *in* de woning, hetzij *erbuiten*).[4] Dus geen mock-ups in een tentoonstellingshal, maar een volledig ingerichte woning op ware grootte, zodat alle functionele, sociale en economische aspecten van de volkshuisvesting konden worden onderzocht op een manier die in Zweden nog niet eerder was vertoond.

De Woningbouwsectie (*Bostadsavdelningen*) vormde het hoogtepunt van de vernieuwingen op het gebied van bereik, middelen en doeleinden die Paulsson had voorgesteld voor de Stockholm-tentoon-

In 1930, the Stockholm Exhibition took place in Sweden. In addition to utensils and applied arts, the exposition included complete dwellings. Attracting 4 million visitors in five months, it is widely considered a breakthrough for functionalism in Swedish architecture and design. The exhibition was initiated by Svenska Slöjdföreningen or the Swedish Arts and Crafts Society. The leader of this designer's association, Gregor Paulsson, was partly inspired by his 1927 visit to the Weissenhof Siedlungen.

The exhibition pavilions, in most cases designed by Gunnar Asplund, radiated hope and optimism, despite the fact that Sweden was facing high unemployment and poor living conditions at the time. In 1931, some of the architects involved in the Housing Section published their controversial manifesto acceptera *propagating functionalism as the inevitable solution to the problems of the times. In the following article, Lucy Creagh takes a closer look at their exhibition contributions. – The Editors*

In a lecture delivered to the assembled membership of the Svenska Slöjdföreningen on 25 October 1928, Gregor Paulsson identified four key points of difference for the society's upcoming 1930 Stockholm Exhibition of Industrial Arts, Applied Arts, and Home Crafts. Unlike the great expositions of the nineteenth century, which were simply ‘representative’ of commerce and culture, the Stockholm Exhibition would have a defined socio-economic programme, pushing production and consumption in a specific direction. With the goal of improving the quality and affordability of everyday items of use, for 1930 the Society would broker collaborations between designers and manufacturers with the purpose of developing new models for mass production. Secondly, in a response to the new needs and capabilities of the age, the scope of the exhibition would be extended, moving beyond the limited repertoire of household objects and furnishings that had characterized previous events, such as the Stockholm Exhibition of 1909, to tackle nothing less than the total environment of useful objects, from gramophones to traffic lights.[1]

As well as this expanded field of exhibits, a third distinction would be the way these objects were displayed. From the haphazard curatorial methods and physical arrangements of the purely representative expositions, and a recent tendency to a ‘museum-like formality’ in applied arts exhibitions, for 1930 the exhibits would be arranged in a more straightforward manner, akin to the ‘the conditions that prevail in ordinary commerce’.[2] Juxtaposed with the exhibits organized according to manufacturer would be a series of ‘collective’ displays, each focusing on functional designs for a specific household essential, including chairs, glasses, cutlery and dinner services.[3] While some of these goods would already be in production, others would be designed and manufactured especially for the exhibition, but all would be chosen because they fell below a maximum threshold in terms of cost. The final, and perhaps most important distinction for 1930 would be that the home – the point of reference from which Paulsson in this lecture related all objects as being either ‘within’ or ‘outside of’ – would take on a real dimension in 1930.[4] The dwelling would no longer be a mocked-up representation inside an exhibition hall, but a fully-scaled, fully-furnished model home, through which the functional, social and economic aspects of housing could be investigated with a degree of specificity hitherto unattempted in Sweden.

The Housing Section (*Bostadsavdelningen*) was in effect a culmination of the innovations in scope, means and ends Paulsson proposed for the 1930 Stockholm Exhibition. In an effort to increase the quality and affordability of housing, there was a belief that the home, like any other consumer item, could be made subject to the laws of mass

stelling. Woningen konden, net als ieder ander gebruiksartikel, massaal worden geproduceerd ten behoeve van kwaliteit en betaalbaarheid. De Woningbouwsectie zou architecten koppelen aan fabrikanten en aannemers, zodat nieuwe methoden en materialen bij de productie van gestandaardiseerde massawoningbouw konden worden getest. Net zoals de bezoeker/consument via de collectieve exposities een momentopname van de markt gepresenteerd kreeg, zo zou ook de Woningbouwsectie een reeks oplossingen laten zien, die qua uitvoering en prijs aan minimale eisen voldeden en makkelijk konden worden vergeleken. Door de sociaal-economische voordelen van massaproductie toe te passen op het ontwerp van de individuele woning, deed de kans zich voor om de meest dringende sociale kwestie in Zweden aan te pakken. De woningmarkt werd gekenmerkt door een beperkte voorraad, slechte ruimtelijke voorzieningen, slechte technische faciliteiten en onevenredig hoge huurprijzen in vergelijking met de algemene kosten van levensonderhoud; de Zweedse woningen behoorden indertijd tot de slechtste van Europa.[5] De Woningbouwsectie wilde om die reden ingesleten oplossingen afzweren, nieuwe methoden voor de functionele organisatie van zowel de woning als de stad onderzoeken en de architectuur opstuwen tot aan de grenzen van wat op de vrije woningmarkt toelaatbaar was.

Richtlijnen

In oktober 1928 was de planning voor de Woningbouwsectie in volle gang. Paulsson had de algemene leiding over de tentoonstelling, Gunnar Asplund werd benoemd tot hoofdarchitect en Wolter Gahn als speciaal adviseur voor de exposanten. De stuurgroep van de Woningbouwsectie werd voorgezeten door de hoofdarchitect van consumentenorganisatie Kooperativa Förbundet, Eskil Sundahl, en bestond verder uit de oprichter en hoofdarchitect van de nationale woningcorporatie Hyresgästernas sparkasse - och byggnadsförening of HSB, Sven Wallander; de stadsingenieur en stedenbouwkundige van Malmö, Erik Bülow-Hube en de architecten Sigurd Lewerentz, Ture Ryberg en Hakon Ahlberg.[6] De belangrijkste bijdrage aan de realisatie van de Woningbouwsectie was zonder twijfel afkomstig van de jonge architecten Uno Åhren en Gunnar Sundbärg, respectievelijk 32 en 29 jaar oud toen de Stockholm-tentoonstelling in mei 1930 van start ging. De twee hielden de ontwikkelingen in Europa en vooral in Duitsland scherp in de gaten en coördineerden het onderzoek naar de typologische, geografische, economische en functionele parameters die als onderlegger dienden bij de besloten prijsvraag.

De prijsvraag zou gaan over twee gebouwtypen en de bijbehorende financiële plaatjes: het huurappartement en de kleine eigen woning of *egna hem*.[7] Vanaf het begin stond vast dat Stockholm als proeftuin zou fungeren, vanuit het idee dat alle grote Zweedse steden waardevolle lessen zouden kunnen trekken uit ontwerpen die voor de hoofdstad waren bedoeld. De ontwerpen moesten geschikt zijn voor stadswijken in ontwikkeling, zoals Ladugårdsgärdet, West-Kungsholmen en nieuwe villawijken zoals Bromma. Om objectieve gegevens te verzamelen over de woonomstandigheden in Stockholm, voerde de statisticus Einar Dahlgren in de herfst van 1928 onderzoek uit onder meer dan 3.600 mensen in 1.000 huishoudens. De informatie was afkomstig uit alle delen van de stad en er werd gekeken naar vijf specifieke kwesties: de grootte en de huur of de jaarlijkse kosten van appartementen en kleine huizen; het aantal personen per huishouden; de huur als percentage van het gezinsinkomen; dit percentage volgens verschillende sociale categorieën en als laatste de woondichtheid, berekend naar het aantal personen per bewoonbare kamer (*eldstäd*).[8] Uit de gegevens bleek dat kleinere appartementen uitgesproken overbevolkt waren en

production. The Housing Section would pair architects with manufacturers and builders to test the potential of new methods and materials, with the standardization of the dwelling and its repetition *en masse* as a given. Just as the collective displays would give the visitor-consumer a filtered snapshot of the market, the Housing Section would display a range of solutions, benchmarked according to certain minimum standards and price, presenting salient facts in a readily comparable format. Above all, the extension of the socio-economic benefits of mass production to the design of the individual dwelling represented an opportunity to tackle Sweden's most pressing social issue. With a housing market characterized by poor supply, poor spatial provisions, poor technical amenity, and disproportionately high rents compared to the general cost of living, Swedish homes were considered some of the worst in Europe at this time.[5] The intention of the Housing Section was to abandon habituated solutions, test new methods for the functionalist organization of both the dwelling and the city, and with an absolute realism in terms of costs, push architecture to the limits of what was permissible in a free housing market.

Guiding Principles

Planning for the Housing Section was in fact already well underway by October 1928. Under Paulsson as Commissioner General for the exhibition, Gunnar Asplund as lead architect and Wolter Gahn as special consultant to exhibitors, the steering committee for the Housing Section was chaired by Eskil Sundahl, chief architect of the consumer cooperative Kooperativa Förbundet. Joining Sundahl were Sven Wallander, founder and chief architect of the housing cooperative Hyresgästernas sparkasse- och byggnadsförening or HSB, Erik Bülow-Hübe, city engineer and town planner for Malmö, and the practitioners Sigurd Lewerentz, Ture Ryberg and Hakon Ahlberg.[6] It is clear, however, that the most significant contribution to the realization of the Housing Section was made by the young architects Uno Åhrén and Gunnar Sundbärg, aged 32 and 29 respectively when the Stockholm Exhibition opened in May of 1930. With a keen eye to developments in Europe, but particularly Germany, the pair coordinated the research that would establish the typological, geographical, economic and functional parameters for what would be an invited competition for proposals.

Two building types and their attendant financial models would be the subject of the competition: the rental apartment and owner-occupied cottage or *egna hem*.[7] On the basis that proposals for Stockholm would provide valuable lessons for all large Swedish towns, it was decided from the outset that the capital should be taken as a test case. It was stipulated that proposals should be suitable for application in areas of the city then under development, such as Ladugårdsgärdet, west Kungsholmen and new villa suburbs such as Bromma. To establish an objective understanding of housing conditions in Stockholm, a survey of more than 3,600 people from 1,000 households was undertaken in the autumn of 1928 by the statistician Einar Dahlgren. Information was gathered from across the city and analysed according to five specific issues: the size and rent or annual costs paid for apartments and cottages; the number of people in a household; rent as a percentage of household income; this percentage according to different social categories; and density of habitation, calculated according to the number of people per habitable room (*eldstäd*).[8] This data revealed that overcrowding was pronounced in smaller apartments, and that rent was disproportionately high for those on lower wages, with the very poorest workers paying over 45 per cent of their annual income in rent.[9]

From this statistical information Åhrén and Sundbärg distilled a set of household categories or 'need types' (behovstyper) that formed the

dat de huur als percentage van het inkomen onevenredig hoog was voor mensen met een laag inkomen: de allerarmste arbeiders betaalden meer dan 45 procent van hun jaarinkomen aan huur.[9]

Uit deze statistische gegevens distilleerden Åhren en Sundbärg een aantal huishoudenscategorieën of 'behoeftensoorten' (*behovstyper*), op basis waarvan de prijsvraag voor de Woningbouwsectie werd geformuleerd. Er werden 15 categorieën huurders van appartementen en 13 categorieën huiseigenaars geïdentificeerd, gerangschikt op basis van het aantal mensen per huishouden (kinderen onder de 13 werden als halfvolwassen meegeteld) en op basis van de jaarlijkse kosten aan huur of hypotheek en onderhoud. Voor alle woningen zouden de kosten moeten uitkomen tussen de 20 en 25 procent van het jaarlijkse gezinsinkomen. Een hoger percentage woonlasten werd in alle gevallen als onredelijk beschouwd (figuur 1). Een van de belangrijkste ambities van de Woningbouwsectie was het tonen van prototypen van woningen die marktconform waren, en daarom werd geen rekening gehouden met eventuele subsidies. De allerarmste huishoudens, die het met minder dan 3.000 kronen per jaar moesten doen, konden daarom niet worden bereikt: men stelde vast dat de vrije markt niet in staat was te voorzien in een aanvaardbare oplossing voor de woonwensen van deze groep. Dat gold ook voor de allerrijksten, die over meer dan 15.000 kronen per jaar beschikten, omdat uit aanvullend onderzoek was gebleken dat deze huishoudens al een relatief klein deel van hun jaarinkomen aan huisvesting besteedden. De Woningbouwsectie zou zich daarom concentreren op de meerderheid met een middeninkomen, die 60 procent van de totale bevolking van Stockholm uitmaakte, en voldeed aan een van de huishoudenscategorieën uit het onderzoek.[10] De sectie hield geen rekening met de afkomst van mensen, maar concentreerde zich op een louter statistische analyse van woonbehoeften. Dit betekende een breuk met het verleden, toen woonbeurzen zich op bepaalde bevolkingsgroepen richtten: de Woontentoonstelling van 1917 stond bijvoorbeeld in het teken van de arbeidersklasse, en de *Bygge och Bo* (of bouw- en woontentoonstellingen) uit de jaren 1920 waren op de middenklasse gericht. Een indeling naar klasse vond men echter niet langer zinvol in een samenleving waar inkomens steeds verder werden genivelleerd.[11]

De ontwerpopdracht voor deze 'behoeftensoorten' werd vergezeld van meer dan 30 afzonderlijke studies, voorbereid door Åhren en Sundbärg. Het ging om onderwerpen als oriëntatie op de zon en daglichtinval, de kosten van wegen en riolering per woning, de voordelen van dunne vloerplaten ten opzichte van dikke, gemeenschappelijke faciliteiten, raamoppervlak in relatie tot stookkosten, de kosten van een lift, keukenontwerp en afvalverwerking.[12] Deze studies vormden een kader voor de prijsvraag, dat onmiskenbaar was beïnvloed door ontwikkelingen in Duitsland, vooral op het gebied van stedenbouw. De schakeling van de appartementen in lange, parallelle stroken of *lamellhus* die deed denken aan de Duitse *Zeilenbau* was essentieel, en de deelnemers konden beschikken over een aantal ondersteunende studies over de dimensionering en situering van de flatgebouwen.[13] Volgens de Zweedse adepten bracht de repetitie van uniform gedimensioneerde, parallelle blokken een duidelijk idee van standaardisatie met zich mee, waarbij elke woning een component of 'klein element in het geheel' vormde.[14]

Deze stedenbouwkundige morfologie maakte een einde aan de onhygiënische, donkere binnenplaatsen van de typische Stockholmse gesloten bouwblokken en verving ze door een open en ruim systeem waarbij alle appartementen, afhankelijk van de juiste grootte, situering en oriëntatie van de blokken, over evenveel zon en lucht zou beschikken (figuur 2).[15] De wiskundige wetten die dit mogelijk maakten,

basis of the brief for the Housing Section competition. Fifteen categories of apartment tenants and 13 of cottage owners were identified, ranked according to the number of people in each household (with children under the age of 13 calculated as half-adults) and annual costs as either rent or mortgage and maintenance payments. The goal for all the dwellings was a cost in the range of 20 to 25 per cent of annual household income. Any percentage beyond this was considered an unreasonable amount to pay for housing [fig. 1]. As one of the key ambitions of the Housing Section was to show dwelling prototypes priced in reference to real market conditions, no public subventions would be assumed. The very poorest households subsisting on less than 3,000 kronor a year could therefore not be catered for, as it was determined that an acceptable solution to the housing needs of this group could not be attained in a free market. Nor would the very richest, living on more than 15,000 kronor annually, be catered for, as the supporting research had indicated these households already expended a relatively small proportion of their annual income on housing. Rather, the Housing Section would concentrate on the needs of the middle majority, with around 60 per cent of the total population of Stockholm conforming to one of the household categories identified.[10] In a departure from the class-defined nature of previous housing exhibitions such as the working-class focus given to the 1917 Home Exhibition, or the Building and Living (*Bygge och Bo*) exhibitions of the 1920s, which were directed to a middle-class audience, the Housing Section absolved every one of their origins by concentrating on a purely numerical analysis of need. It was argued that in a society where income levels were increasingly equalized, class was no longer a useful form of categorization.[11]

Accompanying the brief to design for these need types was a series of around 30 separate studies, prepared by Åhrén and Sundbärg, on topics including solar orientation and day lighting, cost per dwelling for roads and sewers, relative advantages of narrow over thick floor plates, common facilities, fenestration in relation to heating expenses, elevator costs, kitchen design and garbage disposal.[12] The influence of developments in Germany, particularly with respect to town planning, was clearly evident in the framework these studies created for the competition. The arrangement of apartments into parallel building lengths in the manner of the German *Zeilenbau* (Sw. *lamellhus*) was a key assumption, and a number of supporting studies on the dimensioning and spacing of apartment blocks were provided to entrants.[13] For its Swedish adherents, the repetition of uniformly dimensioned parallel blocks imparted a clear sense of standardization, treating each dwelling as a component or 'the little element in the whole'.[14]

This town planning morphology eliminated the unhygienic, shadowy courtyards typical of Stockholm's enclosed housing blocks in favour of an open and spacious system that, when its buildings were correctly sized, spaced and orientated, would afford every apartment an equal quota of sun and air [fig. 2].[15] The work of Anton Hoenig of Berlin was credited as having established the mathematical laws to achieve this.[16] Certain planning tools promoted by Hoenig, such as floor area ratio (*exploateringstal*), a measure of built floor area in relation to plot size, and open space ratio (*rymligheten*) as a measure of spaciousness, represented a precise and objective basis for town planning, a panacea to the 'vague concepts, coloured by . . . aesthetic fallacies and irrelevant emotional themes' that characterized city design under the influence of figures such as Camillo Sitte.[17] In contradistinction to the notion of the city as a work of art – a city composed of vistas and variations in architectural effect – the exteriors of the parallel blocks assumed for the apartments of the Housing Section were characterized

werden toegeschreven aan het werk van de Berlijner Anton Hoenig.[16] Bepaalde planningsinstrumenten waar Hoenig graag gebruik van maakte, zoals *floor area ratio* (*exploateringstal*), als maat voor het gebouwde vloeroppervlak in relatie tot perceelgrootte, en *open space ratio* (*rymligheten*), als maat voor ruimtelijkheid, vormden een nauwkeurige en objectieve basis voor de stadsplanning, een panacee voor de '(...) vage concepten, gekleurd door (...) esthetische drogredenen en irrelevante emotionele thema's' die het stadsontwerp onder invloed van figuren als Camillo Sitte hadden gekenmerkt.[17] In tegenstelling tot de idee van de stad als kunstwerk, een stad samengesteld uit vista's en gevarieerde architectonische effecten, werden de exterieurs van de parallelle blokken met de appartementen van de Woningbouwsectie gekenmerkt door een strikte uniformiteit. Geen verdieping zou zich onderscheiden van andere verdiepingen, geen hoek benadrukt, geen woning zou bevoordeeld worden ten op zichte van een andere.

Er zat ook een sociologische kant aan de voorkeur voor het parallelle blok en die gaf uitdrukking aan de veranderde verhoudingen tussen het individu, het gezin en de samenleving: hier weerklonken de ideeën van figuren als Walter Gropius.[18] In plaats van de 'valse individualiteit' van stedenbouwkundige systemen, waarbij elk gebouw verschilde van dat ernaast, weerspiegelden deze parallelle blokken een nieuw 'sociaal individualisme', dat zich alleen uitte in de 'differentiatie' in interieurs, Dit nieuwe individualisme, zo stelde men, was een gevolg van de structurele transformatie van het gezin onder invloed van de industrialisatie: van een onafhankelijke eenheid van productie en consumptie, naar een groepering van onafhankelijke individuen waarvan de economische status werd gedefinieerd door werk buitenshuis. Tegelijkertijd verloor het huis zijn status als plaats van sociale activiteiten. Studiekringen, georganiseerde groepsactiviteiten en het verenigingsleven speelden zich buitenshuis af. Veel van de praktische taken die eens binnenshuis werden gedaan, zoals koken, wassen en kinderverzorging, werden nu ook – en veel efficiënter – uitgevoerd in restaurants, collectieve wasserijen en crèches. Maar ondanks deze 'beweging het huis uit, het publieke leven in' was het belang van een thuis voor het individu verdubbeld. Van individuen werd gezegd dat ze 'veel gevoeliger wezens zijn dan hun grootouders' en het huis fungeerde nu als een veilige haven: 'als tegenwicht tegen het jachtige leven van werk en vermaak, en de meedogenloze strijd om het bestaan' die het moderne leven kenmerkte.[19] Er waren daarom nieuwe richtlijnen nodig voor de inrichting van de woning, die een einde moesten maken aan de behoorlijk in het Zweedse leven vastgeroeste gewoonte om in kleine huizen in elke kamer, inclusief de keuken, bedden te plaatsen. Men vond het verschil tussen formele slaapkamers en andere woonruimten van essentieel belang voor zowel de persoonlijke ontwikkeling als (volgens Åhrén) voor een evenwichtige socialisering:

> De eerste behoefte die kan worden vastgesteld is dat elk volwassen lid van de huishouding een eigen kamer krijgt, ook al is die klein. De tweede is de behoefte aan een grotere kamer voor gezamenlijk gebruik in iedere woning. Deze twee behoeften drukken een verlangen uit om beide manieren van leven te combineren, afzondering en samenzijn, individualisme en de collectiviteit die in ons leven uitersten vormen en die in het beste geval een synthese bereiken. Wat ons vooral het recht geeft om te geloven in de toekomst van onze cultuur is enerzijds de ontwikkeling van de individuele onafhankelijkheid, en anderzijds die van de sociale solidariteit. De organisatie van onze woningen kan deze ontwikkeling in feite stimuleren of dwarsbomen.[20]

by a strict uniformity. No floor would be given prominence, no corner emphasized, no dwelling given advantage over any other.

There was also a sociological dimension to the preference for the parallel block that reflected the changed interrelationship of the individual, the family and society, and in this, the thinking behind the Housing Section echoed ideas expressed by figures such as Walter Gropius at this time.[18] To the 'false individuality' of town planning systems that made every building different from its neighbour, these parallel blocks reflected a new 'social individualism' that only expressed itself in the 'differentiation' of the interior. It was argued that this new individualism was a result of the structural transformation of the family under the forces of industrialization: from a self-contained unit of production and consumption to a grouping of self-sufficient individuals whose economic status was defined by work outside the home. In tandem with this, the home lost its status as a locus of social activity. Study circles, organized group activities and clubs drew people away from their homes. Many practical tasks once carried out inside the dwelling – food preparation, laundry and the care of children – were also more efficiently provided outside the home in the form of restaurants, collective laundries and crèches. Critically, it was this 'flow out from the home towards public life' that had redoubled the importance of the home for the individual. The individual was said to be 'a far more sensitive being than his grandparents', and the home was now a refuge, 'a counterbalance to the hurried life of work and amusements, and the ruthless struggle for existence' that characterized modern life.[19] Because of this, a new standard for the internal arrangement of the home was necessary, one that would challenge a habit somewhat entrenched in smaller Swedish dwellings of setting up beds in all available rooms, including the kitchen. The differentiation of formalized bedrooms from other areas of the dwelling was considered to be of vital importance for both personal development and, according to Åhrén, to balance increasing socialization:

> The first wish one can establish is that every adult member of the household will have their own room, even if it must be small. The second is the desire that every dwelling might have a bigger room for common use. These two demands express a desire to satisfy both forms of life: the solitude and togetherness, individualism and the collectivity between which our lives oscillate and which, when it is at its best, is a synthesis. That which gives us the right to believe in the future of our culture is primarily the development of individual independence on the one hand, and social solidarity on the other. The organization of our housing can in effect, advance or thwart this development.[20]

With the extensive briefing materials steering results in very specific directions, 20 'young, distinguished' architects were invited to submit proposals, including Åhrén, Sundbärg, Lewerentz, Ryberg and Ahlberg.[21] Sven Markelius, Erik Friberger, J. Albin Stark, Carl Hörvik, Gustaf Clason, Kurt von Schmalensée, David Dahl, Paul Hedqvist, Birger Jonson, Harald Bergsten, Oswald Almqvist, Nils Ahrbom and Helge Zimdahl were among the other architects that took part in the competition. The defining exercise for the participating architects was calculating the maximum internal floor area possible for the annual costs specified. In many instances, and particularly with respect to the apartments, there could be no increase in general spaciousness over what was typical in Stockholm at the time. The challenge thus became finding ways to accommodate a greater number of differentiated rooms in a similar area of floor space.[22]

Fig. 1
Huishoudenscategorieën bij de huurappartementen. De in de eerste kolom opgesomde 'behoeftensoorten' (*behovstyp*) zijn gerelateerd aan het aantal personen in een huishouden dat, zoals uit de tweede kolom van de tabel blijkt, uiteenloopt van 1 persoon, tot 5 à 6 personen en een bediende. Het jaarinkomen van elk huishouden wordt opgesomd in de derde kolom; daarvan is steeds 20 à 25 procent genomen om tot het gewenste gedeelte van het inkomen te komen dat aan huur zou moeten worden besteed (zie vierde kolom). Voor de huizen van de Woningbouwsectie werd een soortgelijke tabel opgesteld
Household 'need types' for rental apartments. The need types (*behovstyp*) enumerated in the first column are related to the number of people in a household, which as the second column of the table indicates, ranged from a single person, to five to six people and a servant. To the annual income of each household type listed in the third column, a percentage of 20 to 25 per cent was applied to arrive at the desired proportion of income that should be expended on rent, which is shown in the fourth column. A similar table was prepared for the Housing Section's cottages.

Hyreshus.

behovstyp n:r	antal personer (barn under 13 år räknade som 1/2)	hushållets årsinkomst kr.	ungefärlig årshyra kr.
1	1	c:a 3000	600 – 700
2	1 – 2	3000 – 4000	700 – 850
3	1 – 2	3600 – 5000	900 – 1100
4	2 – 2 1/2	3000 – 4000	750 – 900
5	2 – 3	3500 – 6000	1000 – 1200
6	2 – 3	4500 – 7000	1200 – 1400
7	2 – 3	4000 – 5500	1100 – 1300
8	2 – 3	6000 – 9000	1500 – 1700
9	3 – 4	5000 – 7000	1200 – 1400
10	3 – 4	7000 – 12000	1700 – 2000
11	4 – 4 1/2	4500 – 7000	1100 – 1300
12	4 – 5	7000 – 12000	1600 – 1900
13	6	8000 – 15000	2000 – 2400
14	2 1/2 – 3 1/2 jämte tjänare	8000 – 15000	2000 – 2400
15	5 – 6 jämte tjänare	11000 – 15000	2400 – 2800

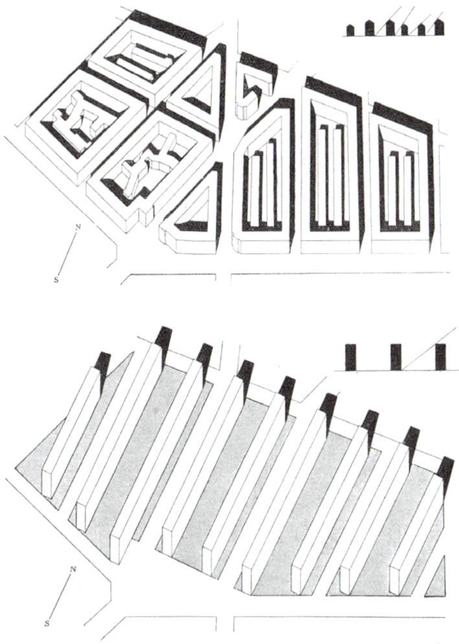

Fig. 2
Een vergelijking tussen een gebied dat typisch is voor de Stockholmse wijk Vasastaden, met gesloten bouwblokken, en het open systeem van parallelle stroken dat de Woningbouwsectie toepaste voor de appartementen. De stedenbouwkundige opzet levert in beide gevallen evenveel bebouwd oppervlak op. Deze tekeningen verschenen voor het eerst in een artikel van Uno Åhrén over het werk van Anton Hoenig, 'Elementar stadsbyggnadsteknik' in *Byggmästaren*, nr. 8 (1928), 132-33
A comparison of a typical area of Vasastaden, Stockholm and its 'closed' system of housing blocks with the open system of parallel blocks being proposed for the apartments of the Housing Section. Both layouts would provide the same yields in terms of built area. These drawings first appeared in Uno Åhrén's article on the work of Anton Hoenig, 'Elementär stadsbyggnadsteknik', *Byggmästaren* no. 8 (1928), 132-133.

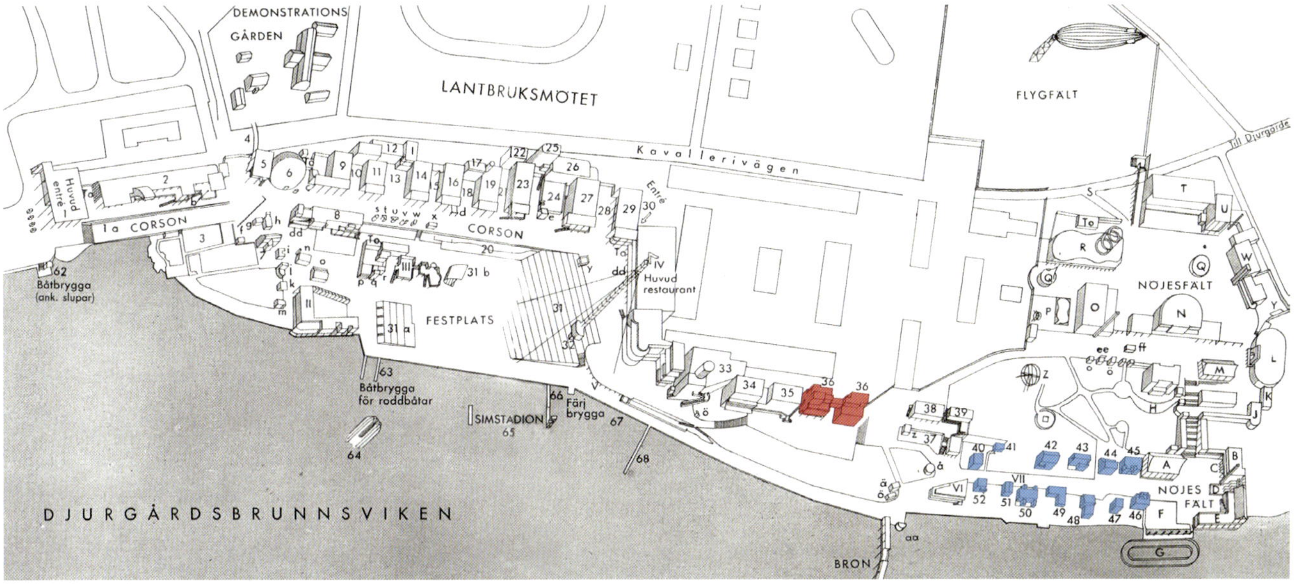

Fig. 3
Plattegrond van de Stockholm-tentoonstelling van 1930. De eerste helft van de Woningbouwsectie, het huurappartementengebouw, zat in hal 36 (rood gemarkeerd op de plattegrond). In de gebouwen 40-52 bevond zich het tweede deel, dat bestond uit kleine huizen, rijtjeshuizen en een aantal aanvullende exposities.
Site plan, 1930 Stockholm Exhibition. The first component of the Housing Section, Hall 36 indicated in red on this plan, was the building for rental apartments. Buildings 40 to 52 comprised the second part of the Housing Section, made up of cottages, terrace housing and a number of complimentary exhibits.

Fig. 4
Uno Åhrén en Gunnar Sundbärg, hal 36 met huurappartementen, Woningbouwsectie. De appartementen in het gebouw werden aan de buitenkant gemarkeerd door middel van gekleurde blokken
Uno Åhrén and Gunnar Sundbärg, Hall 36 for rental apartments, Housing Section. The different apartments within the building were signaled externally with blocks of colour.

Op basis van uitgebreide instructies, die de resultaten sterk in een bepaalde richting stuurden, werden er 20 'jonge, vooraanstaande' architecten uitgenodigd om met ontwerpen te komen, onder wie Åhrén, Sundbärg, Lewerentz, Ryberg en Ahlberg.[21] Ook Sven Markelius, Erik Friberger, J. Albin Stark, Carl Hörvik, Gustaf Clason, Kurt von Schmalensée, David Dahl, Paul Hedqvist, Birger Jonson, Harald Bergsten, Oswald Almqvist, Nils Ahrbom en Helge Zimdahl deden mee aan de prijsvraag. De deelnemers kregen de opdracht het maximale vloeroppervlak te realiseren binnen gespecificeerde, jaarlijkse kosten. In veel gevallen lukte het niet, vooral niet bij de appartementen, om meer ruimte te bieden dan wat indertijd gangbaar was in Stockholm. De uitdaging was dus een manier te vinden om een grotere differentiatie aan ruimten te realiseren binnen een gelijk vloeroppervlak.[22]

Een tentoonstelling binnen de tentoonstelling

Hoewel de Woningbouwsectie centraal stond tijdens de Stockholm-tentoonstelling en in naam een collectief georganiseerde 'tentoonstelling binnen de tentoonstelling' was, had het geheel toen de bouw eindelijk gereed was een enigszins versnipperd fysiek en visueel karakter. Ze heeft de geschiedenis niet verrijkt met dezelfde iconische beelden als de hoofdtentoonstelling, met haar grootse paviljoens, centrale mast en plaza, of als andere opmerkelijke woningtentoonstellingen uit die periode, zoals de Weissenhofsiedlung van 1927, waar de hele onderneming in een enkele foto kon worden gevangen. De gerealiseerde Woningbouwsectie lag aan de centrale straat, na de reeks thematische paviljoens, de populaire etnologische tentoonstelling *Svea Rike* en op weg naar het pretpark, dat fungeerde als feestelijke afsluiting van de tentoonstelling. Het bestond uit twee delen in overeenstemming met de twee woningtypen en financiële modellen die onderzocht werden (figuur 3). 15 huurappartementen in verschillende soorten en maten werden gecombineerd in een gevorkte *best-fit*-structuur die, hoewel vakkundig uitgevoerd door Åhren en Sundbärg, helemaal niet leek op een echt flatgebouw, wat nog werd benadrukt doordat de gevels in verschillende kleuren waren geschilderd, in overeenstemming met de grootte van de erachter liggende appartementen (figuur 4). Het tweede deel bestond uit tien individuele villa's, gekozen uit de 13 mogelijke huishoudenscategorieën. Het vormde een mengsel van kleine vrijstaande huizen en rijtjeswoningen, zonder enige pretentie om er een echte suburbane wijk van te maken (figuur 5).

Er verscheen een catalogus met daarin de richtlijnen van de Woningbouwsectie, geïllustreerd met gedetailleerde tekeningen, inrichtingsschema's, foto's en kostenplaatjes voor elke woning (figuur 6). Geïnspireerd door de gestandaardiseerde presentatiemethoden die Sundbärg en Markelius het jaar daarvoor hadden gezien op Ernst May's tentoonstelling 'Die Wohnung für das Existenzminimum', sprongen vooral de plattegronden in het oog waarop te zien was hoe een ruimte, beperkt door financiële randvoorwaarden, kon worden vormgegeven en ingericht. Deze plattegronden hadden allemaal dezelfde grotere schaal, zodat ze gemakkelijk met elkaar konden worden vergeleken. Ten tweede kreeg de manier waarop de wooneenheden werden gecombineerd veel nadruk. Alle appartementen op de tentoonstelling waren ontworpen voor gebouwen van het *Zeilenbau*-type, en de in de catalogus opgenomen doorsneden laten zien hoe deze zijn opgebouwd qua hoogte en totale diepte. Er werden plattegronden van alle geplande kleine huizen en een deel van de appartementen opgenomen, waarop te zien was hoe een nieuwe, democratische, ruimtelijke matrix voor de stad zou kunnen worden gerealiseerd (figuur 7). Hoe deze woningen er aan de buitenkant uitzagen, leek van ondergeschikt belang.

An Exhibition within the Exhibition

Considering its centrality to the overall programme of the Stockholm Exhibition and its status as a collectively arranged 'exhibition within the exhibition', the Housing Section as it was finally built had a somewhat dispersed physical and visual character. As an entity, it has not afforded to history the same iconic imagery of the main exhibition's grandly scaled pavilions, central mast and plaza, nor indeed of other notable housing exhibitions of the period, such as the Weissenhof Siedlungen of 1927, where the external totality of the undertaking could be captured in one photograph. Located after the series of thematic pavilions positioned along the central Corso, the popular Svea Rike ethnological display, and *en route* to the amusement park that acted as the enticing termination of the exhibition, the Housing Section as built was encountered in two parts according to the two dwelling types and financial models under investigation [fig. 3]. Fifteen rental apartments of various shapes and sizes were combined into a bifurcated 'best-fit' structure which, although skilfully executed by Åhrén and Sundbärg, bore no resemblance to any real apartment building, a fact that was emphasized by painting the façades a range of colours to signal the differently sized apartments behind them [fig. 4]. The second component comprised ten owner-occupied villas chosen from the possible 13 need types identified in the brief, being a mixture of detached cottages and terrace housing, again arranged without any pretence to representing a real, suburban settlement [fig. 5].

A catalogue that set out the guiding principles for the Housing Section was produced, showing detailed drawings, schedules of furnishings, photographs and cost calculations for each dwelling [fig. 6].
In a manner similar to the standardized presentation methods seen at Ernst May's 'Die Wohnung für das Existenzminimum' exhibition attended by Sundbärg and Markelius in the previous year, floor plans showing how the quantum of space dictated by budget constraints could be configured and fitted out were given prominence. These internal floor plans were all shown to the same larger scale for ready comparison. The way in which these units of habitation were combined was the second area of emphasis. All the apartments on display were designed to form buildings of the *Zeilenbau* type, and cross sections included in the catalogue show the make-up of these extrusions in terms of height and overall depth. For all the proposed cottages, and for some of the apartments, site plans were included to show how a new democratic spatial matrix for the city could be achieved [fig. 7]. The external appearance of these dwellings seemed to be of tertiary concern.

The separation of the private and public zones of the dwelling was more readily achievable through the greater flexibility offered by the 'through-apartment' (*genomgående*) type. Possible in apartment buildings where a narrow floor plate allowed windows to both sides of the dwelling, the through-apartment was considered ideal from the point of view of light and air. But as only two apartments could be accessed from each access stair (and often elevator), it yielded fewer apartments in relation to the expense of vertical access, and was thus an inherently more expensive approach.

Apartment 9 by David Dahl and Apartment 10 by Paul Hedqvist were two of the four through-apartment types built for the Housing Section. Both adopted a similar *parti*, with space for a separate corridor linking the entry to the private zone of the bedrooms and bathroom [fig. 8]. Lewerentz's Apartment 2, for a household of three to five occupants and a servant on a relatively high annual income of 8,000 to 15,000 kronor, had the extra space at 93 m^2 to impart a greater sense of spatial continuity, and took the radical approach of detaching the

De scheiding tussen de private en openbare zones in de woning was gemakkelijker te realiseren in appartementen door de grotere flexibiliteit van het 'doorzonappartement' (*genomgående*). Door de toepassing van dunne vloerplaten konden aan beide zijden van de woning puien worden geplaatst (het ideaal van licht en lucht). Maar omdat er per trappenhuis (en vaak lift) maar twee appartementen per verdieping bereikbaar waren, konden er minder appartementen worden gebouwd in verband met de kosten van verticale stijgpunten. Dit was dus een inherent duurdere aanpak.

Appartement 9 van David Dahl en Appartement 10 van Paul Hedqvist waren twee van de vier doorzonappartementen, die voor de Woningbouwsectie werden gebouwd. Ze hadden eenzelfde opzet, met ruimte voor een aparte gang om vanaf de entree in de privé afdeling van slaapkamers en badkamer te komen (figuur 8). Appartement 2 van Lewerentz, voor een huishouden van 3 tot 5 personen en een bediende, met een relatief hoog jaarinkomen van 8.000 tot 15.000 kronen, beschikte met zijn 93 m^2 over de extra ruimte om een groter gevoel van ruimtelijke continuïteit te scheppen. Lewerenz nam het radicale besluit de badkamer los te maken van de muren en hem als object in een meer open plattegrond te situeren, met een gang waarbij de badkamer verbonden is met de slaapzone (figuur 9). Maar alleen in het grootste appartement, een woning van 111 m^2 voor 6 personen en een bediende, van Harald Bergsten, kon een totale scheiding van slapen en wonen worden bereikt, terwijl toch ook volledig werd geprofiteerd van de voordelen van het doorzonappartement in termen van licht en lucht. In dit geval kon een woon- en eetruimte worden gerealiseerd die zich uitstrekte over de volledige diepte van het appartement (figuur 10).

De scheiding tussen privé slaapkamers en gemeenschappelijke woonruimte werd op een veel radicalere manier verticaal gedifferentieerd in Appartement 7 van Markelius. Met een oppervlakte van 55 m^2 om 4 tot 6 personen te huisvesten (een groot gezin met een laag inkomen) was dit een van de lastiger opgaven. Markelius' ontwerp was zowel een oefening in extreem rationaliseren als een vertoning van ruimtelijke luxe. Twee kleine, functionele slaapkamers en een complete badkamer lagen op een L-vormige tussenverdieping waaronder zich een minimale keuken, een eetalkoof en een werkkamer bevonden. De geringe afmetingen van de woonkamer werden gecompenseerd door het dubbelhoge volume en een uit glaspuien bestaande wand (figuur 11 en 12). De manier waarop in de doorsnede de keuken en de eetalkoof op de woonruimte aansloten, was duidelijke beïnvloed door Le Corbusier, in het bijzonder het Citrohan-type. In Appartement 6 hanteerde Von Schmalensée een soortgelijke Corbusiaanse benadering, hoewel hij over 86 m^2 en dus een veel groter vloeroppervlak beschikte om een even groot gezin te huisvesten. Een elegante oplossing, met gangen en looproutes die aan de achterkant van het appartement lagen, verdeelde de plattegrond effectief in de lengterichting in een primaire en een secundaire zone (figuur 13). Dankzij deze indeling ontstond op de benedenverdieping het effect van overvloedige ruimte, zowel naar boven toe als over de lengte van het appartement (figuur 14).

Ondanks pogingen alle benodigde bedden – die ondanks de inspanningen in sommige appartementen nog steeds in de woonkamer te vinden waren – van een zekere mate van privacy te voorzien, moesten er in de kleinere appartementen met ramen aan slechts één kant een aantal compromissen worden gesloten. In het door Sundbärg ontworpen Appartement 11, een woning van 32 m^2 voor 1 tot 2 personen met een laag jaarinkomen van 3.000 tot 4.000 kronen, kon de privacy van de tweede bewoner als die sliep alleen worden gewaar-

bathroom from the walls and inserting it as an object in a more open-plan arrangement, forming a corridor with bathroom access to the sleeping zone [fig. 9]. It was only in the largest apartment constructed, Harald Bergsten's 111 m^2 dwelling for six people and a servant, that a total separation of sleeping from living areas could be achieved while also capitalizing on the full benefits of the through-apartment in terms of light an air, which in this instance allowed for a living and dining area that was continuous across the entire depth of the apartment [fig. 10].

The separation of private sleeping from public living zones found a more radical vertical differentiation in Markelius's Apartment 7, which with a floor area of 55 m^2 to accommodate four to six people, posed one of the more difficult combinations of low income and large household size to solve. Markelius's proposition was at once an exercise in extreme rationalization and a display of spatial luxury. Two small, functionally organized bedrooms and a full bathroom were located on an L-shaped mezzanine, which below accommodated a minimal kitchen, dining alcove and a workroom. The small dimensions of the living room in plan were compensated by its increased double-height volume and wall of fenestration [fig. 11 and 12]. The sectional relationship of the kitchen and dining room to the living area shows the distinct influence of Le Corbusier, particularly the Citrohan type. Von Schmalensée's Apartment 6 took a similarly Corbusian approach, although at 86 m^2 it had a far greater area to accommodate a family of the same size. An elegant solution with corridors and circulation located to the rear of the apartment effectively divided the floor plan lengthwise into primary and auxiliary zones [fig. 13]. This arrangement had the effect on the lower floor of an expansive sense of space both upwards and across the length of the apartment [fig. 14].

In the attempts to maintain a degree of privacy for all the requisite beds, which despite all attempts were in some apartments still found in the living room, some compromises were needed in the smaller apartments with windows to only one side. In Apartment 11 designed by Sundbärg, a home of 32 m^2 for one to two people on a low yearly income of 3,000 to 4,000 kronor, privacy for a second occupant when asleep could only be achieved by circulation through an interconnected kitchen and bathroom [see fig. 7]. Ahrbom and Zimdahl's apartment for two to four people on a moderate income adopted a similar approach by allowing the bathroom to act as a corridor, in an apartment layout that achieved a series of flexible spaces, albeit at the expense of day light entering either the kitchen or bathroom. The problem of the internal bathroom was solved with some invention by Friberger in Apartment 15 where the ablutions area was given a completely glazed wall [fig. 15]. This principle of secondary day lighting was also applied to a number of internally located kitchens, where light would be admitted via a fully glazed wall to an adjacent dining alcove. The purpose of this wall was to completely separate the function of cooking from eating, allowing the dining alcove to double as a sleeping area at night and without resorting to the unhealthy practice of sleeping in the kitchen.

The availability of light to at least four sides of the dwelling entailed that the pursuit of differentiation was less constrained in the freestanding cottages. Houses 48 and 49 by Ahlberg and Markelius both proposed L-shaped plans with a separate bedroom wing. The shared area of the dwelling was expressed externally in Ahlberg's solution by extending the volume of the square-in-plan living zone upwards, eschewing the flat roof in favour of the monopitch, as was the general trend in the Housing Section [fig. 16]. Markelius's cottage experimented with a system of prefabricated timber frames and door and window components. In general however, the solutions offered by the cottages were less radical. A number of the smaller freestanding dwellings did not differ much from

Fig. 5
Route door het gedeelte met de kleine huizen en villa's van de Woningbouwsectie
Route through the cottage and villa area of the Housing Section

Fig. 6
Omslag, catalogus van de Woningbouwsectie, Stockholm-tentoonstelling 1930
Cover, catalogue of the Housing Section, 1930 Stockholm Exhibition

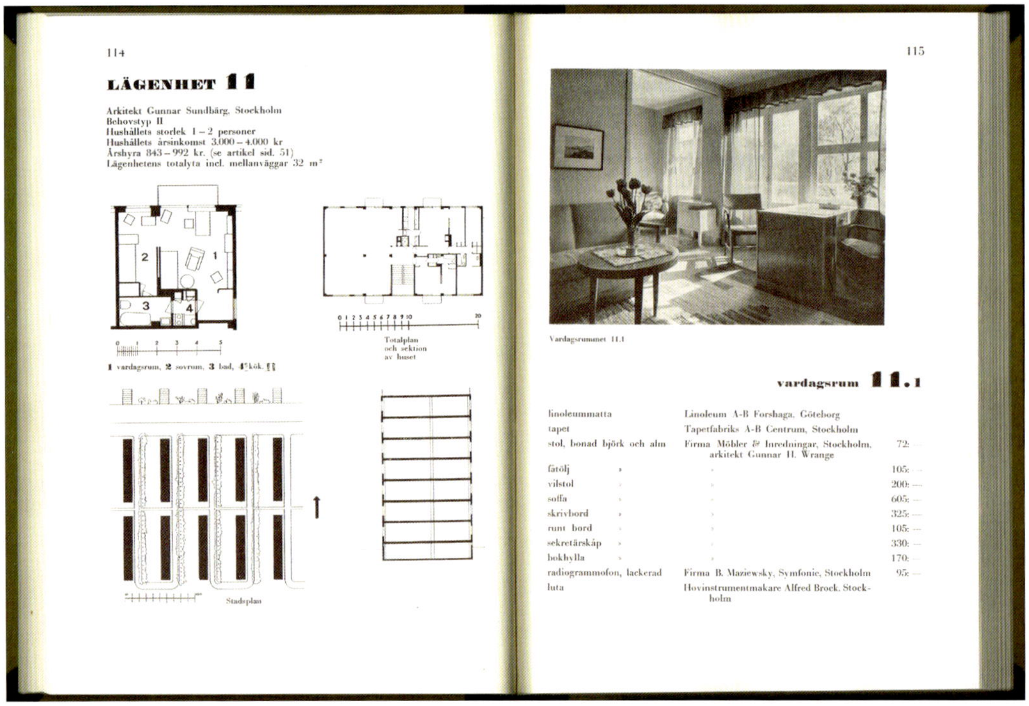

Fig. 7
Tekst over twee pagina's, typerend voor de catalogus van de Woningbouwsectie. Sundbärg's Appartement 11 is ontworpen voor 'behoeftensoort 2': een huishouden van 1 à 2 personen met een jaarinkomen van 3.000 tot 4.000 kronen. De uiteindelijke jaarlijkse huur die hier werd genoemd was 843 tot 992 kronen voor een netto vloeroppervlakte van 32 m^2. Op deze situatietekening is te zien dat de woningen zich bevinden in een reeks van op gelijke afstand van elkaar geplaatste blokken, langs een stelsel van doorgaande en lokale wegen. Dit was typerend voor de stedenbouwkundige uitleg van alle voor de Woningbouwsectie ontworpen appartementen. Bij elke woning hoorden interieurfoto's en een gedetailleerd overzicht van de kosten voor inrichting en meubilair in elke kamer, zoals deze

Typical double-page spread from the Housing Section catalogue. Sundbärg's Apartment 11 was designed for need type 2, being a household of one to two people on a yearly income of 3,000 to 4,000 kronor. The final annual rental was given here as 843 to 992 kronor for a net floor area of 32 m^2. This site plan, showing the arrangement of dwellings into a series of equally spaced blocks sited along a system of through and local roads, was typical of the town planning arrangement for all apartments proposed as part of the Housing Section. Interior photographs and a detailed schedule of the price for the furnishings and fittings for each room, as seen here, were given for all dwellings.

borgd door een omleiding van de looproute via een onderling verbonden keuken en badkamer (figuur 7). Ahrbom en Zimdahl hanteerden een soortgelijke aanpak in een appartement voor 2 tot 4 personen met een middeninkomen: daar fungeerde de badkamer als gang, waarbij de plattegrond een reeks flexibele ruimten mogelijk maakte, zij het ten koste van daglicht in óf de keuken óf de badkamer. Het probleem van de interne badkamer werd in Appartement 15 op inventieve wijze opgelost door Friberger, die de wasruimte van een volledig beglaasde wand voorzag (figuur 15). Dit principe van het secundaire daglicht werd ook toegepast bij een aantal intern gelegen keukens, waar het licht kon binnenvallen via een volledig beglaasde wand naar de aangrenzende eetalkoof. Het doel van deze wand was om de kook- en eetfuncties volledig te scheiden, zodat de eetalkoof 's nachts kon worden gebruikt als slaapruimte zonder dat men zijn toevlucht moest nemen tot de ongezonde gewoonte om in de keuken te slapen.

In de vrijstaande kleine huizen met daglicht van vier kanten kon er meer gedifferentieerd worden. Huis 48 en Huis 49 van Ahlberg en Markelius waren beide voorzien van een L-vormige plattegrond met een aparte slaapvleugel. Ahlberg gaf de gemeenschappelijke ruimte een extern accent door het volume van de rechthoekige woonruimte naar boven toe te vergroten en het platte dak te vervangen door een lessenaarsdak, een trend binnen de Woningbouwsectie (figuur 16). Markelius experimenteerde in zijn huis met een systeem van prefab houten kozijnen en deur- en raamelementen. Over het algemeen waren de in de kleine huizen toegepaste oplossingen niet zo radicaal. Een aantal van de kleinere, vrijstaande woningen had een bijna traditionele indeling: een rechthoekige plattegrond met een woonkamer, een trap in de hoek en een keuken naast de hal bij de voordeur, de slaapkamers boven, en in dit opzicht waren Huis 47 van Lewerentz en Huis 52 van Birger Jonson identiek. Huis 40 van Carl Horvik was een meer succesvolle variatie op dit thema: de plattegrond met een keuken en een trap rond een centrale ingang was zo ongeveer hetzelfde, maar het huis was door zijn doorsnede, met slaapkamers op een tussenverdieping, bijna even ruimtelijk als het appartement van Markelius, met een compacte eetruimte grenzend aan een ruimere woonkamer (zie pagina 18).

Het rijtjeshuis, dat veel van de voordelen van de vrijstaande woning combineerde met lagere grond -en bouwkosten, was indertijd favoriet onder functionalistische architecten in Zweden, maar het type viel niet in de smaak bij aannemers en het publiek. In eerste instantie zouden er voor de Woningbouwsectie vier rijtjeshuizen worden ontworpen, maar het werden er uiteindelijk maar twee en slechts één daarvan, Huis 45 van Åhren, werd opgenomen in de financiële berekeningen.[23] Hoewel hij gebruik maakte van een nieuw bouwmateriaal, dat bestond uit geperste, versterkte stropanelen, en het zogenaamde Heineman-systeem waarbij stralingswarmte vrij kwam uit het plafond, was de plattegrond van de woning een variant op de traditionele begane-grondopzet met een trap en een keuken in de hoek (figuur 17).[24] De voordeur lag direct aan de straat en hierdoor werd de via een verzonken terras aan de achterzijde bereikbare tuin langer. In combinatie met de (ten opzichte van de tuin) licht verhoogde begane grond deed dit huis denken aan de rijtjeshuizen van May in Praunheim, een indruk die nog werd versterkt doordat er op de bovenverdieping een open veranda werd toegevoegd waar drie compacte slaapkamers op uitkwamen (figuur 18).

Expositie van aanvullende onderdelen

De tentoonstelling bevatte een aantal aanvullende onderdelen die buiten het programma van de 'behoeftensoorten' of huishoudens-

a traditional square plan arrangement of living room with corner stair and kitchen flanking an entry hall, with bedrooms above, and in this respect Lewerentz's House 47 and Birger Jonson's House 52 were identical. Carl Hörvik's House 40 was a more successful variation on this theme, for while the general disposition of the plan was similar with kitchen and stair arranged around a central entry, the sectional arrangement with bedrooms on a mezzanine level brought it closer to the spatial effect of Markelius's apartment, with a compact dining area adjacent to a living room of greater volume [see page 18].

Offering many of the advantages of the detached dwelling with a smaller land and construction cost, the terrace house was heavily promoted by functionalist architects in Sweden at this time, although as a type it found little favour with builders and the public. While four terrace houses were initially proposed for the Housing Section, only two were built, with only one, Åhrén's House 45, included in the reckonings of cost.[23] Using a new construction system of compressed, reinforced straw panels and the so-called Heineman system of radiant heat delivered from the ceiling, in plan the dwelling was an inflection of the traditional ground floor *parti* with corner stair and kitchen [fig. 17].[24] The entry was pushed directly to the street, maximizing the length of garden accessible from a recessed terrace to the rear. This, and the slightly elevated relationship of the ground floor to the garden, is reminiscent of terrace housing by May at Siedlung Praunheim, an impression reinforced by the inclusion of the open veranda at the upper level, to which three compactly planned bedrooms opened [fig. 18].

Complementary exhibits

There were a number of complementary exhibits that lay outside the programme of 'need types', but which nevertheless contributed to the debates on housing being highlighted by the Housing Section. The powerful nation-wide consumer cooperative movement (Kooperativa Förbundet) achieved a significant presence at the exhibition by showing, among other things, a general store with living quarters above.[25] This was one of several standard types developed by the organization's own architecture office in response to the need for functional and hygienic premises for the growing number of rural branches of the cooperative. Adjacent the Housing Section's hall for rental apartments was the display sponsored by HSB, Sweden's largest housing cooperative [see figs. 3, 4]. Founded in 1923 by Wallander, the organization grew rapidly to become a major force for the elevation of housing standards and affordability, taking advantage of its combined numbers and increased purchasing power to push for standardization and the mass production of building components. Five small apartment types were shown, replicating examples already built by HSB, with central heating, hot water and full bathrooms, and a general differentiation of a larger living area from smaller bedrooms. The organization's own research into different kitchen types, including the much-discussed glassed-off kitchen [fig. 19], was highlighted in these exhibits. Perhaps of greater significance to the overall programme of the Housing Section was the inclusion in this exhibit of the type of shared, communal facilities typical in all new HSB housing complexes. A furnished nursery and playroom were displayed, which was a facility used for children during the day, and by night by older residents for craft and study circles.[26] A shared laundry was also shown. As the Housing Section was premised on a greater component of collectivity to justify more tightly planned dwellings, these rooms provided a vital insight for visitors into the housing future being proposed.

LÄGENHET 10

Arkitekt Paul Hedqvist, Stockholm
Behovstyp X
Hushållets storlek 4 – 5 personer
Hushållets årsinkomst 7000 – 12000 kr.
Årshyra 1.965 – 2.311 kr. (se artikel sid. 51)
Lägenhetens totalyta incl. mellanväggar 71 m²

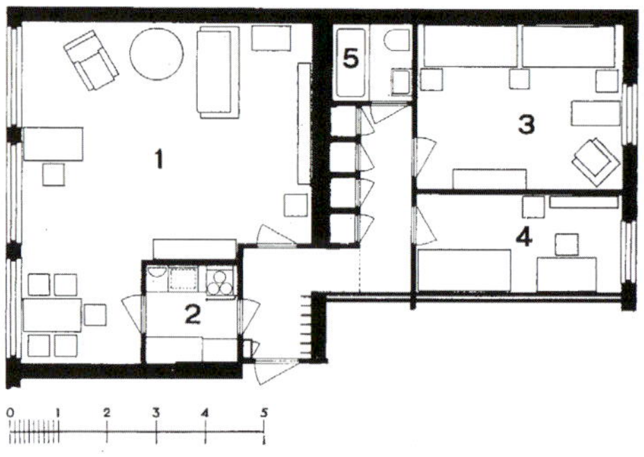

1 vardagsrum med matplats, **2** kök, **3** sovrum för 2 personer, **4** sovrum för 1 person

Fig. 8
Paul Hedqvist, plattegrond, Appartement 10
Paul Hedqvist, plan, Apartment 10

LÄGENHET 2

Arkitekt Sigurd Lewerentz, Stockholm
Behovstyp XIV
Hushållets storlek 3 – 5 personer, dessutom 1 tjänare
Hushållets årsinkomst 8000 – 15000 kr
Årshyra 2.297 – 2.703 kr. (se artikel sid. 51)
Lägenhetens totalyta incl. mellanväggar 93 m²

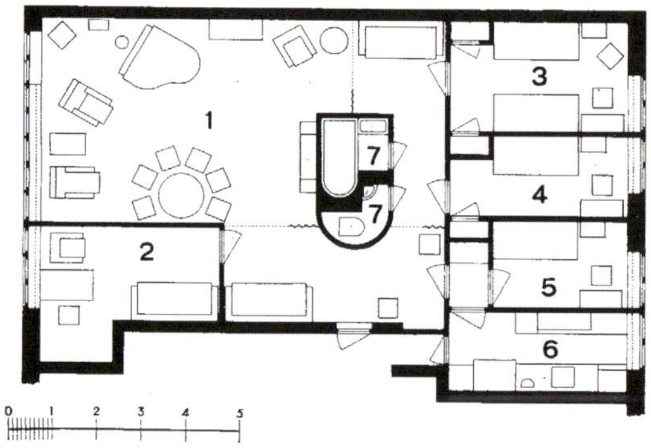

1 vardagsrum, **2** arbetsrum, **3** sovrum för 2 personer, **4** sovrum för 1 person, **5** tjänarrum, **6** kök, **7** bad- och toalettrum

Fig. 9
Sigurd Lewerentz, plattegrond, Appartement 2
Sigurd Lewerentz, plan, Apartment 2

Fig. 10
Harald Bergsten, woonkamer, Appartement 14
Harald Bergsten, living room, Apartment 14

LÄGENHET 7

Arkitekt Sven Markelius, Stockholm
Behovstyp XI.
Hushållets storlek 4 – 6 personer
Hushållets årsinkomst 4.500 – 7.000 kr.
Årshyra 1.367 – 1.608 kr. (se artikel sid. 51)
Lägenhetens totalyta incl. mellanväggar 55 m² (i 2 plan)

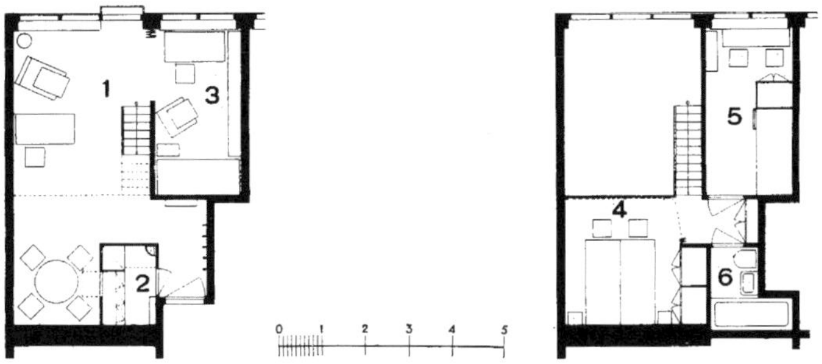

Undervåning Övervåning

1 vardagsrum med matplats, **2** kök, **3** arbetsrum, **4** sovrum för 2 personer, **5** sovrum för 2 personer, **6** bad.

Fig. 11
Sven Markelius, plattegrond, Appartement 7
Sven Markelius, plan, Apartment 7

LÄGENHET 6

Arkitekt Kurt von Schmalensée, Norrköping
Behovstyp XII
Hushållets storlek 4 – 6 personer
Hushållets årsinkomst 7000 – 12000 kr.
Årshyra 1.990 – 2.341 kr. (se artikel sid. 51)
Lägenhetens totalyta incl. mellanväggar 86 m² (i 2 plan)

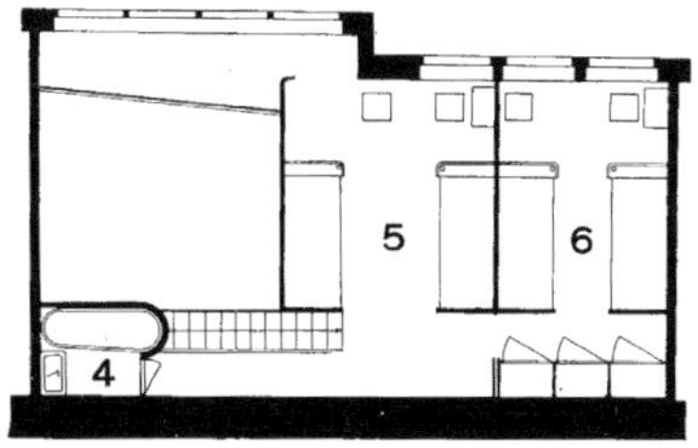

Övervåning

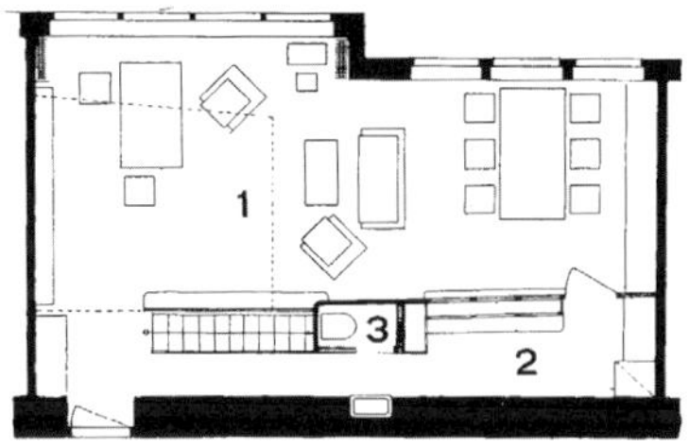

1 vardagsrum, **2** kök, **3** W. C., **4** bad, **5 – 6** sovrum för 2 personer

Undervåning

0 1 2 3 4 5

Fig. 13
Kurt von Schmalensée, plattegrond, Appartement 6
Kurt von Schmalensée, plan, Apartment 6

Fig. 12
Sven Markelius, woonkamer, Appartement 7
Sven Markelius, living room, Apartment 7

Fig. 14
Kurt von Schmalensée, woon-en eetkamers, Appartement 6
Kurt von Schmalensée, living and dining rooms, Apartmcnt 6

categorieën vielen, maar die toch bijdroegen aan het debat over volkshuisvesting waarvoor de Woningbouwsectie aandacht vroeg. De machtige, landelijke, coöperatieve consumentenorganisatie Kooperativa Förbundet was opvallend aanwezig op de tentoonstelling, onder andere met een winkel met woonruimte erboven.[25] Dit was een van de standaardtypen, die het eigen architectenbureau van de organisatie had ontwikkeld in reactie op de behoefte aan functionele en hygiënische ruimten voor het groeiend aantal landelijke vestigingen van de coöperatie. Naast de hal voor huurappartementen van de Woningbouwsectie bevond zich de expositie die was gesubsidieerd door HSB, de grootste woningbouwvereniging van Zweden (zie figuur 3, figuur 4). De in 1923 door Wallander opgerichte organisatie groeide al snel uit tot een belangrijke speler, die haar grote aantallen huurders met een toegenomen koopkracht inzette om strengere richtlijnen voor beter betaalbare woningen af te dwingen en die aandrong op standaardisatie en massaproductie van bouwelementen. Er waren vijf kleine appartementen te zien, kopieën van modelwoningen die de HSB al eerder had gebouwd, met centrale verwarming, warm stromend water, complete badkamers en een algemeen onderscheid tussen een grotere woonruimte en kleinere slaapkamers. In deze opstellingen lag de nadruk op het onderzoek dat de organisatie zelf had gedaan naar verschillende soorten keukens, onder meer naar de veelbesproken keuken met de glazen wand (figuur 19). Wellicht van groter belang voor het totale programma van de Woningbouwsectie was dat in deze opstelling de gedeelde, gemeenschappelijke voorzieningen werden getoond die typisch waren voor alle nieuwe woningcomplexen van HSB. Er werden een compleet ingerichte creche en speelkamer getoond, een voorziening die overdag als kinderopvang werd gebruikt en waar de oudere bewoners 's avonds handenarbeid verrichtten en studiekringen hielden.[26] Ook was er nog een gemeenschappelijke wasruimte te zien. Omdat de Woningbouwsectie uitging van meer collectiviteit, opdat de woningen kleiner konden worden gepland, boden juist deze ingerichte ruimten de bezoekers een essentieel inzicht in wat de toekomst voor de woningbouw in petto had.

Ontvangst

Het publiek reageerde gemengd op de Woningbouwsectie. Voor critici van naam, zoals Gotthard Johansson en Gustaf Näsström, vertegenwoordigde de Woningbouwsectie een gedegen poging om een serieus sociaal probleem op te lossen. Het was het hoogtepunt van een tentoonstelling die in veel opzichten de beloften van 1928 niet was nagekomen: veel van wat er uiteindelijk te zien was aan toegepaste en industriële kunst droeg een exclusief en prijzig karakter, en er werd maar weinig aandacht besteed aan nieuwe massaproducten.[27] Een journalist als Else Kleen vond dat de differentiatie en de afscheiding van de slaapplaatsen ervoor hadden gezorgd dat alle 'dubbele voetenbankjes – en hoe illegale en verborgen slaapplaatsen verder nog worden genoemd' uit de weg waren geruimd en dat het aloude Zweedse probleem van bedden in elke kamer met 'kaal rationalisme' was opgelost.[28]

Terwijl de Woningbouwsectie was bedoeld om bepaalde verouderde leefgewoonten te veranderen, zodat een nieuwe maatschappelijke werkelijkheid kon worden ingeluid, leverde de differentiatie ook een aantal onwerkbare oplossingen op. Het deel van de getoonde woningen dat eensluidend de meeste kritiek te verduren kreeg, was de kleine *kokvrår* of kitchenette. Hoewel de kwaliteit van het sanitair en de installaties over het algemeen een verbetering liet zien, waren ze ontzettend klein, om ruimte te maken voor het grotere aantal kamers dat werd opgelegd door de differentiatie. In Appartement 7 van Mar-

Reception

Public reaction to the Housing Section was mixed. For notable critics such as Gotthard Johansson and Gustaf Näsström, the Housing Section represented a thoroughgoing attempt to solve a serious social problem. It was the highlight of an exhibition which in many respects had failed to deliver on the promises of 1928, as much of what was eventually displayed in terms of the applied and industrial arts was exclusive and expensive in nature, with very little of note in terms of new products for mass production.[27] For journalists such as Else Kleen, differentiation and the separation of places for sleeping did away with all the 'double ottomans and whatever else the illegitimate and hidden places for sleeping were called', solving with 'bare rationalism' the age-old Swedish problem of beds in every room.[28]

And while the Housing Section set out to modify certain outmoded living habits, reflecting a new social reality, differentiation also resulted in some untenable solutions. By far the most roundly criticized feature of the dwellings displayed were the small *kokvrår* or kitchenettes. While the general standard of fittings and fixtures to kitchens had improved, there had been a drastic reduction in their size to allow for the greater number of rooms that differentiation dictated. In the case of Markelius's Apartment 7, the kitchen for a family of six had been reduced to a diminutive and windowless 126 cm by 188 cm, with a floor to ceiling height of just 2.1 m. These were dimensions that critic Maja Forssell considered only adequate for a wardrobe, reporting that this kitchen was 'so cramped, that when you straightened up from a bent-over position at the bench, you hit your neck and back on the shelves on the opposite wall'.[29] Differentiation was perceived by some critics as an attack on Swedish domesticity. The most outspoken critic in this respect was furniture designer Carl Malmsten. He warned that the 'one-sided technical-materialistic approach' of the Housing Section would lead to a form of social and domestic decay, 'to proleterianization and to the devastation of the human values that from the home and everyday environment emanate forth in the form of beauty, grace, harmony and serene comfort'.[30] Opposition to the Housing Section was generally not directed to the organizers' democratic intentions, and Malmsten's critique represented an extreme in this respect, but the sense of modern, functionalist architecture as an affront to Swedish tradition and values was a criticism expressed by a number of commentators.[31]

The most significant outcome of the Housing Section, however, was embedded in an inevitable failure. The detailed costings carried out for the apartments and cottages indicated that when the housing market was considered within the context of the economy as a whole, the dwellings shown at the Housing Section were in the main unachievable within the parameters of affordability set out for the competition. Rigorous functionalist planning premised on mass production and the possibilities of new materials and methods could not offset issues of private land ownership, low levels of standardization, high wages and the higher than usual levels of risk characteristic of the Swedish building industry at that time. When a profit margin of 10 per cent was applied to total production costs, not a single apartment shown could have been provided to those at the lower income range for each need type. Only one of the detached dwellings met the criteria for cost.[32] Åhrén's opening essay for the Housing Section's catalogue stressed these results not as a failure, but as a catalyst to future action:

> The Housing Section as it now stands ought to be judged according to what it wants to be. I again emphasize the thinking behind the work: it concerns posing the problems, determining the questions, rather than solving them. Should the exhibition succeed in this

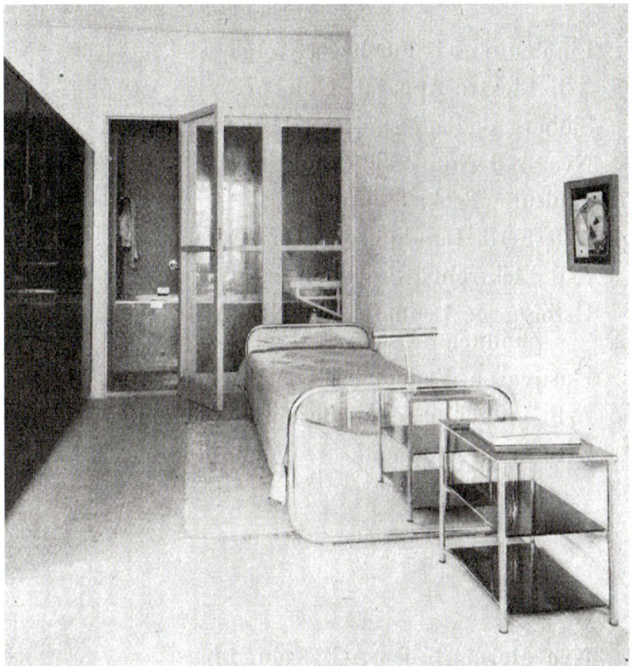

Fig. 15
Erik Friberger, slaapkamer en badkamer, Appartement 15
Erik Friberger, bedroom and bathroom, Apartment 15

Fig. 16
Hakon Ahlberg, buitenkant, Huis 48
Hakon Ahlberg, exterior, House 48

EGNA HEM 45

Arkitekt Uno Åhrén, Stockholm
Behovstyp egnahem (radhus) VIII
Hushållets storlek 2 – 4 (6) personer
Hushållets inkomst 6000 – 10000 kr.
Byggnadskostnad 20.315 kr. tomtkostnad 1.800 kr.
(se artikel sid. 51)

Fig. 17
Uno Åhren, plattegrond Rijtjeshuis 45
Uno Åhrén, plan, House 45

Fig. 18
Uno Åhren, interieur slaapkamer, Rijtjeshuis 45.
Uno Åhrén, bedroom interior, House 45

kelius was de keuken voor een gezin van 6 personen beperkt tot een minuscule, raamloze, 126 cm x 188 cm metende ruimte, nog net 210 cm hoog van vloer tot plafond. Dit waren afmetingen die critica Maja Forssell net voldoende vond voor een kledingkast, en ze schreef over de keuken: 'Zo krap dat je, als je voorover gebogen overeind komt van de bank, je je nek en rug stoot tegen de planken aan de tegenoverliggende muur'.[29] Sommige critici zagen in de differentiatie een aanval op de Zweedse huiselijkheid. De meest uitgesproken criticus in dit opzicht was meubelontwerper Carl Malmsten. Hij waarschuwde dat de 'eenzijdige technisch-materialistische benadering' van de Woningbouwsectie zou leiden tot een vorm van maatschappelijk en huiselijk verval, '(…) tot proletarisering en de verwoesting van de menselijke waarden die de woning en de dagelijkse omgeving uitstralen in de vorm van schoonheid, gratie, harmonie en sereen comfort'.[30] Het verzet tegen de Woningbouwsectie was over het algemeen niet gericht tegen de democratische bedoelingen van de organisatoren (de kritiek van Malmsten is in dit opzicht een extreem voorbeeld), maar het gevoel dat moderne, functionalistische architectuur een belediging was voor de Zweedse tradities en waarden, werd door een aantal commentatoren onder woorden gebracht.[31]

Het belangrijkste resultaat van de Woningbouwsectie kwam voort uit een onvermijdekijke mislukking. Uit de gedetailleerde kostenramingen die voor de appartementen en huizen waren uitgevoerd bleek dat, wanneer de woningmarkt in de context van de economie als geheel werd beschouwd, de woningen van de Woningbouwsectie grotendeels onrealiseerbaar waren binnen de parameters van betaalbaarheid die bij de prijsvraag waren gesteld. Strenge functionalistische planning was alleen haalbaar als er sprake was van massaproductie, en de mogelijkheden van nieuwe materialen en methoden waren onvoldoende compensatie voor kwesties als particulier grondbezit, beperkte standaardisatie, hoge lonen en de relatief hoge risiconiveaus die de Zweedse bouw indertijd kenmerkten. Wanneer een winstmarge van 10 procent werd toegepast op de totale productiekosten, was geen enkel getoond appartement betaalbaar voor de mensen met lage inkomens per 'behoeftesoort'. Slechts één van de vrijstaande woningen voldeed aan de kostencriteria.[32] Åhren schreef een inleidend essay voor de catalogus van de Woningbouwsectie en daarin benadrukte hij dat deze resultaten niet als een mislukking moesten worden beschouwd, maar als een katalysator voor toekomstige actie:

> De Woningbouwsectie moet, zoals het nu is, worden beoordeeld naar wat het wil zijn. Nogmaals benadruk ik de gedachten achter het werk: het gaat eerder om het identificeren van de problemen en het stellen van de vragen, dan om oplossingen en antwoorden. Indien de tentoonstelling erin slaagt dit voornemen te verwezenlijken, zijn we er ook in geslaagd aan te tonen dat het een goed voornemen was. De weg naar het doel, mensen de huisvesting geven die ze nodig hebben voor een prijs die bij hen past, is nog lang. Vooral de prijs is nog een probleem. Geen tentoonstelling kan daar echt greep op krijgen, want het is in wezen een kwestie van rationalisatie van de bouwnijverheid, en onder meer een zaak van vooruitziend gemeentelijk grondbeleid – met andere woorden: bestuurlijke en organisatorische kwesties. Uit de kostenramingen bij de tentoongestelde woningtypen is gebleken dat de huidige situatie in Stockholm zodanig is dat in de vrije markt, met de daarbij behorende prijzen, adequate huisvesting voor de allerarmste huishoudens niet kan worden gerealiseerd en dat deze daarom hetzij moeten kiezen voor een mindere kwaliteit huisvesting, hetzij een

> intention, it has also shown that it was needed. There is still a long way to the goal: to give everyone the housing they need at a price that suits them. It is above all the issue of price that remains to be solved. No exhibition can get any real grip on it, for it is essentially a question of the rationalization of the building industry, and among other things a question of far-sighted municipal land policy – in other words, questions of administration and organization. The cost estimates for the exhibition's housing types have shown that for the present the situation in Stockholm is such that in the free market and with its prices, adequate housing can not be secured for the worse-off types of household, who therefore have to choose between a lower standard of housing or paying a greater proportion of their income for housing than can be considered reasonable.[33]

The Housing Section of the 1930 Stockholm Exhibition had shown that the adjustments to production and consumption that were then possible within the realm of architecture were not enough to solve Sweden's housing problems. As Åhrén reflected in 1931: 'Housing is not a product comparable with shoes or cars.'[34] The historical importance of the Housing Section lies less in the architectural and town planning solutions it tested than the systemic difficulties it highlighted for the provision of affordable housing in an unregulated, free market. This outcome set a course for further action for figures such as Åhrén, who in 1932 would take up the position of city architect for Göteborg. Critically, in the same year Åhrén would team with economist Gunnar Myrdal, and with the imprimatur of the newly elected Social Democrats undertake further investigative work into housing conditions. This collaboration with Myrdal would lead to the formation of the Social Housing Commission (Bostadssociala utredningen) in 1933, the state committee that would run until 1947, effectively guiding the reconstitution of the housing market in post-war welfare state Sweden. Rent controls and a complex of state funded mortgages and subsidies that favoured the non-profit municipal and cooperative housing sectors would be instigated, and the growing reserves of municipally-owned land capitalized upon. The realm of effective action moved after 1930 from architecture, to what Åhrén termed 'the radical necessity – a revision of the . . . conditions of property and power'.[35]

groter deel van hun inkomen voor huisvesting moeten gaan uitgeven dan redelijk kan worden genoemd.[33]

De Woningbouwsectie van de Stockholm-tentoonstelling van 1930 heeft duidelijk gemaakt dat de aanpassingen van productie en consumptie, die toen mogelijk waren binnen het domein van de architectuur, niet voldoende waren om de Zweedse huisvestingsproblematiek op te lossen. Zoals Åhren het zei in 1931: 'Huisvesting is niet een product dat is vergelijken met schoenen of auto's.'[34] Het historische belang van de Woningbouwsectie ligt niet zozeer in de onderzochte architectonische en stedenbouwkundige oplossingen, maar eerder in het feit dat het de aandacht vestigde op de systematische problemen met het tot stand brengen van betaalbare woningen in een ongereguleerde, vrije markt. Dit resultaat inspireerde mensen zoals Åhren tot verdere actie: hij aanvaardde in 1932 de betrekking van stadsarchitect van Göteborg. Van belang is dat Åhren in datzelfde jaar zou gaan samenwerken met de econoom Gunnar Myrdal en met de zegen van de nieuw verkozen sociaal-democraten verder onderzoek naar woningcondities zou verrichten. De samenwerking met Myrdal zou in 1933 leiden tot de oprichting van de Sociale Huisvesting Commissie, Bostadssociala utredningen, een staatscommissie die zou blijven bestaan tot 1947 en de reconstructie van de huizenmarkt in de naoorlogse verzorgingsstaat Zweden daadwerkelijk zou aansturen. Er werd huurbescherming ingevoerd en een complex van door de staat gefinancierde hypotheken en subsidies, die in het voordeel waren van non-profit gemeentelijke en coöperatieve huisvestingsectoren. De groeiende reserves aan gemeentegrond werden gekapitaliseerd. Na 1930 bewoog het domein van de effectieve actie zich van de architectuur naar wat Åhren heeft aangeduid als 'de radicale noodzaak – een herziening van de condities van eigendom en macht'.[35]

Fig. 19
Sven Wallander/HSB. Keuken en eetalkoof, Appartement 1, hal 35.
Sven Wallander, HSB. Kitchen and dining alcove, Apartment 1, Hall 35

Noten

1 Gregor Paulsson, 'Stockholmsutställningens program: Föredrag i Svenska Slöjdföreningen den 25 oktober 1928' in: *Kritik och program: ett urval uppsatser, tidningsartiklar och föredrag* (Stockholm: Gebers, 1949), 104-07.
2 Ibid., 107.
3 Ibid.
4 In zijn lezing betoogde Paulsson het volgende: 'Het is dan ook een logisch gevolg van de veranderde opvatting van kunstnijverheid dat de Stockholm-tentoonstelling van 1909, die vooral huishoudelijke voorwerpen liet zien, is mee-veranderd en de tentoonstelling in 1930 uit drie grote groepen bestaat die gelijkwaardige rollen spelen in de leefomgeving van moderne mensen: de eerste groep is architectuur, voornamelijk het woningontwerp als vast kader, de tweede het kader voor het leven buitenshuis, vooral vervoer en straat- en tuinmeubilair, en ten slotte huishoudelijke artikelen als derde groep, de losse voorwerpen waarmee we onze huizen vormgeven.' Ibid., 106-07.
5 Hoewel in de jaren 1920 een loonstijging had plaatsgevonden, er minder uren werd gewerkt, de levensstandaard van arbeiders over het algemeen was gestegen en er veel nieuwbouw was gepleegd, bleef een hygiënische en ruimtelijk adequate woning in deze periode financieel buiten het bereik van de overgrote meerderheid van de Zweedse bevolking. In steden zoals Stockholm waren de woningen klein: ongeveer de helft bestond uit slechts een kamer en een keuken, of uit een enkele kamer. Overbezetting was schering en inslag. Tijdens de tentoonstelling ontbrak in bijna 70 procent van alle woningen in Stockholm een fatsoenlijke badkamer en 60 procent had geen centrale verwarming. Zie voor een bespreking van de woonsituatie in Zweden in de jaren voor 1930: Alf Johansson, 'Bostadsbehov och bostadsproduktion' in: *Tiden*, jrg. 22 (27 januari, 1930), nr. 2, 70-86; Allan Pred, *Recognizing European Modernities* (Londen/New York: Routledge, 1995), 105; Owe Lundevall, *HSB och bostadspolitiken: 1920-talet* (Stockholm: HSBs riksförbund, 1992), 11-27.
6 *Stockholmsutställningen 1930 av konstindustri, konsthantverk och hemslöjd, maj-september: officiell huvudkatalog* (Stockholm: Utställningsförlaget, 1930), 16, 19. Uno Åhrén, 'Bostadsavdelningens planläggning och tillkomst' in: *Katalog över bostadsavdelningen: Stockholmsutställningen 1930* (Stockholm: Almqvist & Wiksell, 1930), 25.
7 Een *egnahem* was een klein, vrijstaand koophuis dat sterk werd geassocieerd met de *egnahemsrörelsen*-beweging, een in 1890 opgerichte, Zweedse organisatie voor woningbezitters. Aanvankelijk stimuleerde de beweging de bouw van eigen woningen voor plattelandsgezinnen met een laag inkomen, maar de activiteiten werden al snel uitgebreid naar arbeiders in gemeenten en steden, en aan het einde van de jaren 1920 richtten gemeenten zoals Stockholm hun eigen onderdeel op om het principe te ondersteunen. Zie: Eva Eriksson, 'International Impulses and National Tradition 1900–15' in: Claes Caldenby, Jöran Lindvall en Wilfried Wang (red.), *20th Century Architecture: Sweden* (München: Prestel, 1998), 42–44.
8 Åhrén, 'Bostadsavdelnings planläggning och tillkomst', op. cit. (note6), 26-27. Olof Thunström, 'Den nya bostaden å Stockholmsutställningen 1930', *Tekniska Tidskrift*, jrg. 60 (juni 1930), nr. 12, 353.
9 Zie de grafiek 'Huurkosten in Stockholm als percentage van het inkomen. Statistieken van verschillende bevolkingsgroepen', afkomstig uit het huisvestingsonderzoek en weergegeven in: Uno Åhrén et al., 'acceptera', in: Lucy Creagh, Helena Kåberg en Barbara Miller Lane (red.), *Modern Swedish Design: three founding texts* (New York: Museum of Modern Art, 2008), 189.
10 Wolter Gahn, 'Bostadsavdelningen på Stockholmsutställningen' in: *Byggmästaren* Utställningsnummer (1930), 9.
11 Åhrén, 'Bostadsavdelningens planläggning och tillkomst', op. cit. (noot 6), 27.
12 Gahn, 'Bostadsavdelningen på Stockholmsutställningen', op. cit. (noot 10), 9. Zie ook: Eva Rudberg, *Uno Åhrén: en föregångsman inom 1900-talets arkitektur och samhällsplanering* (Stockholm: Statens råd för byggnadsforskning, 1981), 67-68, 267 n. 14.
13 In het prille begin gebruikte Theodor Fischer de *Zeilenbau*-benadering in Duitsland in de wijk Alte Heide in München (1919). In het midden van de jaren 1920 paste met name Otto Haesler de *Zeilenbau*-benadering toe in de woningen die hij bouwde in Celle. Daarna werd het als gangbaar stedenbouwkundig principe toegepast in het werk van talrijke Duitse architecten: Ernst May in de wijk Praunheim in Frankfurt en Walter Gropius voor zijn in 1927 geplande Dammerstock. Zie: Eric Mumford, *The CIAM Discourse on Urbanism, 1928-1960* (Cambridge, MA/Londen: MIT Press, 2000), 30. Mark Swenarton, 'Rationality and Rationalism: The Theory and Practice of Site Planning in Modern Architecture, 1905-1930' in: *AA Files*, nr. 4 (juli 1983), 55. In zijn catalogusbijdrage over de stedenbouwkundige principes van de Woningbouwsectie zei Sundbärg: 'Het gebouwtype dat over het algemeen het meest bruikbaar is gebleken, is een systeem van vrijstaande, parallelle, langwerpige blokken. Hoogbouw (…) kan op heuvelachtig terrein bepaalde voordelen bieden. Hier richten we ons echter vooral op het eerste systeem.' Gunnar Sundbärg, 'Något om moderna principer för planering av bostadsområden' in: *Katalog över bostadsavdelningen*, op. cit. (noot 6), 36. Zie voor meer informatie over de studies van het Woningbouwsectie met betrekking tot de *Zeilenbau*-morfologie: Gahn,

Notes

1 Gregor Paulsson, 'Stockholmsutställningens program: Föredrag i Svenska Slöjdföreningen den 25 oktober 1928', in: *Kritik och program: ett urval uppsatser, tidningsartiklar och föredrag* (Stockholm: Gebers, 1949), 104-107.
2 Ibid., 107.
3 Ibid.
4 Paulsson argued the following in this lecture: 'It is therefore a logical consequence of the changed concept of industrial art that while household objects were the overwhelmingly most important group at the Stockholm Exhibition of 1909, the 1930 exhibition will comprise three major groups as three equivalent areas of the environment modern people live in: the first group, architecture, primarily housing design as the fixed frame; transportation, street and garden furnishings, the frame for life outside the home as the second group; and finally household items as the third group, the loose objects with which we form our homes.' Ibid., 106-107.
5 While the 1920s had seen an increase in real wages, a reduction in hours worked, a general rise in the standard of living for workers, and a surge in housing construction, hygienic and spatially adequate housing remained beyond the means of the majority of Swedes during this period. Dwellings in cities such as Stockholm were small, with around half comprising one room and a kitchen, or one room alone. Overcrowding was rife. At the time of the exhibition, almost 70 per cent of all dwellings in Stockholm lacked proper bathing facilities, and 60 per cent had no central heating. For a review of the housing situation in Sweden in the years up to 1930 see: Alf Johansson, 'Bostadsbehov och bostadsproduktion', *Tiden* vol. 22, no. 2 (27 January 1930), 70-86; Owe Lundevall, *HSB och bostadspolitiken: 1920-talet* (Stockholm: HSBs riksförbund, 1992), 11-27; Allan Pred, *Recognizing European Modernities* (London and New York: Routledge, 1995), 105.
6 *Stockholmsutställningen 1930 av konstindustri, konsthantverk och hemslöjd, maj-september: officiell huvudkatalog*, (Stockholm: Utställningsförlaget, 1930), 16, 19. Uno Åhrén, 'Bostadsavdelningens planläggning och tillkomst', in: *Katalog över bostadsavdelningen: Stockholmsutställningen 1930* (Stockholm: Almqvist & Wiksell, 1930), 25.
7 The *egnahem* was a small, detached owner-occupied home, strongly associated with *egnahemsrörelsen*, a movement for home ownership in Sweden that began in the 1890s. The movement initially promoted the construction of owner-occupied homes for low-income rural households, but activities were quickly expanded to accommodate workers in towns and cities, with municipalities such as Stockholm strongly supporting the principle by the late 1920s. See Eva Eriksson, 'International Impulses and National Tradition 1900-15', in: Claes Caldenby, Jöran Lindvall, and Wilfried Wang (eds.), *20th Century Architecture: Sweden* (Munich: Prestel, 1998), 42-44.
8 Åhrén, 'Bostadsavdelnings planläggning och tillkomst', op. cit. (note6), 26-27. Olof Thunström, 'Den nya bostaden å Stockholmsutställningen 1930', *Tekniska Tidskrift* vol. 60, no. 12 (June 1930), 353.
9 See the graph entitled 'Rents paid in Stockholm as a percentage of incomes. Statistics for different social groups' taken from the housing investigation and reprinted in Uno Åhrén et al., 'acceptera', in: Lucy Creagh, Helena Kåberg and Barbara Miller Lane (eds.), *Modern Swedish Design: Three Founding Texts* (New York: Museum of Modern Art, 2008), 189.
10 Wolter Gahn, 'Bostadsavdelningen på Stockholmsutställningen', *Byggmästaren* Utställningsnummer (1930), 9.
11 Åhrén, 'Bostadsavdelningens planläggning och tillkomst', op. cit. (note 6), 27.
12 Gahn, 'Bostadsavdelningen på Stockholmsutställningen', op. cit. (note 10), 9. See also Eva Rudberg, *Uno Åhrén: en föregångsman inom 1900-talets arkitektur och samhällsplanering* (Stockholm: Statens råd för byggnadsforskning, 1981), 67-68, 267 n. 14.
13 With its early beginnings in Germany in the work of Theodor Fischer at the Alte Heide settlement in Munich of 1919, by the mid-1920s the *Zeilenbau* approach had been notably adopted by Otto Haesler for housing in Celle, thereafter becoming a town planning principle in the work of numerous German architects, including Ernst May in sections of his Praunheim development in Frankfurt, and Walter Gropius for his Dammerstock Siedlung planned in 1927. See Eric Mumford, *The CIAM Discourse on Urbanism, 1928-1960* (Cambridge, MA and London: MIT Press, 2000), 30. Mark Swenarton, 'Rationality and Rationalism: The Theory and Practice of Site Planning in Modern Architecture, 1905-1930', *AA Files* no. 4 (July 1983), 55. In his catalogue essay on the town planning principles that informed the Housing Section, Sundbärg said: 'The building type which has generally been proven to be the most useful is a system of free-standing parallel lengths. A tower block . . . may offer certain advantages in hilly terrain. However, here we concentrate closest on the former system.' Gunnar Sundbärg, 'Något om moderna principer för planering av bostadsområden', in: *Katalog över bostadsavdelningen. Stockholms utställningen 1930* (Stockholm: Almqvist & Wiksell, 1930), 36. For information on the Housing Section studies related to the *Zeilenbau* type see Gahn, 'Bostadsavdelningen på Stockholmsutställningen', op. cit. (note 10), 9; Rudberg, *Uno Åhrén*, op. cit. (note 12), 72-73.
14 Sundbärg, 'Något om moderna principer för planering av bostadsområden', op. cit. (note 13), 36.

'Bostadsavdelningen på Stockholmsutställningen', op. cit. (noot 10), 9; Rudberg, *Uno Åhrén: en föregångsman inom 1900-talets arkitektur och samhällsplanering*, op.cit (noot 12), 72-73.

14 Sundbärg, 'Något om moderna principer för planering av bostadsområden', ibid. 36.

15 Ibid.

16 Ibid., 37-38.

17 Uno Åhrén, ' Elementär stadsbyggnad steknik' in: *Byggmästaren*, nr. 8 (1928), 129. Uno Åhrén, 'Synpunkter på stadsbyggandet: Inledningsanförande till diskussion om förslaget till ny stadsbyggnadslag vid Stockholms Byggnadsförenings sammanträde den 11 oktober 1928' in: *Byggmästaren* (1928), 175. Alexander Ståhle, *Compact Sprawl: Exploring Public Open Space and Contradictions in Urban Density* (Stockholm: Royal Institute of Technology, 2008), 14, 45. Zie ook: Anton Hoenig, 'Baudichte und Weiträumigkeit' in: *Baugilde*, nr. 10 (1928).

18 In oktober 1929 had Sundbärg samen met Sven Markelius de Zweedse afvaardiging gevormd op het tweede CIAM-congres in Frankfurt. Ondanks het feit dat de planning van het Woningbouwsectie al in volle gang was, lijkt de invloed van het lezingenprogramma en de bijbehorende, door Ernst May georganiseerde tentoonstelling groot te zijn geweest. Markelius publiceerde in 1930 een congresverslag in het eerste nummer van *Byggmästaren*, waarbij hij veel aandacht besteedde aan de eerste lezing van Gropius, 'Sociological Premises for the Minimum Dwelling of Urban Industrial Populations'. Markelius gaf een samenvatting van de door Gropius besproken, brede maatschappelijke ontwikkelingen, vooral 'de veranderde verhoudingen tussen het individu, het gezin en de samenleving' en de gevolgen daarvan voor de woning. Zie: Sven Markelius, 'Den andra internationella arkitektkongressen "Neues Bauen"' in: *Byggmästaren*, nr. 1 (1930), 2-3. Deze ideeën werden tevens verdedigd in Markelius' essay 'Smålägenheternas planlösningsproblem' in: *Katalog över bostadsavdelningen*, op. cit. (noot 6), 31-32. Zie ook: Walter Gropius, 'Sociological Premises for the Minimum Dwelling of Urban Industrial Populations' in: *Scope of Total Architecture* (Londen: George Allen & Unwin, 1956).

19 Gahn, 'Bostadsavdelningen på Stockholmsutställningen', op. cit (noot 10), 12; *Hemmet, Konstindustrien, Stockholmsutställningen 1930* (Stockholm: Stockholmsutställningen, 1930), 3-4.

20 Åhrén, 'Bostadsavdelningens planläggning och tillkomst', op. cit (noot 6), 28.

21 *Hemmet, Konstindustrien, Stockholmsutställningen 1930*, op. cit (noot 19), 22.

22 Gahn, 'Bostadtsavdelningen, på Stockholmutställningen', op. cit. (noot 10), 8, 12.

23 Het tweede, voor het Woningbouwsectie gebouwde rijtjeshuis was Huis 50 van Oswald Almqvist, maar dit werd niet meegenomen in de kostenberekeningen per behoefte.

24 Zie: E. Heineman, 'Ett nytt system för rumsuppvärmning' in: *Byggmästaren*, nr. 36 (1929), 201-05. Zie ook: *Katalog över bostadsavdelningen*, op. cit. (noot 6), 161.

25 Kooperativa Förbundet was ook verantwoordelijk voor de *Konsum*-modelwinkel die zich tegenover de ingang van de tentoonstelling bevond, en voor een bioscoop.

26 *Katalog över bostadsavdelningen*, op. cit (noot 6), 229.

27 Zie voor een samenvatting van de kritiek van Johansson en Näsström op de hele Stockholm-tentoonstelling: Per G. Råberg, 'Stockholmsutställningen 1930: debatt och kritik' (Stockholm University, 1964), 139-54.

28 Else Kleen, 'De nya hemmen. Våningstypen och stadshemmet' in: *Stockholms Tidning* (7 juli 1930), hier geciteerd uit: Råberg, ibid., 96.

29 Maja Forssell, 'Köken i bostadsavdelningen på Stockholmsutställningen 1930' in: *Byggmästaren*, nr. 22 (1930), 174.

30 Carl Malmsten, 'Bostadsproblem på Stockholmsutställningen'in: *Tidskrift för hembygdsvård* (1930), 68.

31 Zie bijv.: Karl-Erik Forsslund, 'K.F:s arkitektkontor och hembydsvården: dr K.E. Forsslund till angrepp' in: *Konsumentbladet* (11 oktober 1930).

32 Zie voor een uitgebreide verklaring en analyse van de kosten die door de Woningbouwsectie per woning werden gerekend: A. Stark, 'Principer för kostnads- och hyresberäkning av hyreslägenheterna och egna hemmen' in: *Katalog över bostadsavdelningen*, op. cit. (noot 6), 51-68.

33 Uno Åhrén, 'Bostadsavdelningens planläggning och tillkomst', op. cit. (noot 6), 30.

34 Uno Åhrén, 'Byggandet som konst och som politik' in: *Spektrum*, nr. 1 (herfst 1931), 15.

35 Uno Åhrén, 'Intelligent Ideals of Urban Life' in: *Scrutiny*, jrg. 4 (september 1935), nr. 2, 139.

15 Ibid.

16 Ibid., 37-38.

17 Uno Åhrén, 'Elementär stadsbyggnadsteknik', *Byggmästaren* no. 8 (1928), 129. Uno Åhrén, 'Synpunkter på stadsbyggandet: Inledningsanförande till diskussion om förslaget till ny stadsbyggnadslag vid Stockholms Byggnadsförenings sammanträde den 11 oktober 1928', *Byggmästaren* (1928), 175. Alexander Ståhle, 'Compact Sprawl: Exploring Public Open Space and Contradictions in Urban Density' (Royal Institute of Technology, 2008), 14, 45. See also Anton Hoenig, 'Baudichte und Weiträumigkeit', *Baugilde* no. 10 (1928).

18 With Sven Markelius, Sundbärg had been a Swedish delegate to the second Internationale Kongresse für Neues Bauen [Congrès internationaux d'architecture moderne, CIAM] in Frankfurt in October 1929. At a point at which the planning of the Housing Section was well underway, the influence of the programme of lectures and the accompanying exhibition organized by Ernst May nevertheless seems substantial. Markelius published an account of the congress in the first issue of *Byggmästaren* in 1930, giving some emphasis to Gropius's lecture 'Sociological Premises for the Minimum Dwelling of Urban Industrial Populations'. Markelius summarized the broader social developments Gropius discussed, particularly 'the changed relationship between individual, family and society' and its consequences for the home. See Sven Markelius, 'Den andra internationella arkitektkongressen "Neues Bauen"', *Byggmästaren* no. 1 (1930), 2-3. These ideas were further asserted in Markelius's essay 'Smålägenheternas planlösningsproblem', in: *Katalog över bostadsavdelningen. Stockholms utställningen 1930* (Stockholm: Almqvist & Wiksell, 1930), 31-32. See also Walter Gropius, 'Sociological Premises for the Minimum Dwelling of Urban Industrial Populations', in: *Scope of Total Architecture* (London: George Allen & Unwin, 1956).

19 Gahn, 'Bostadsavdelningen på Stockholmsutställningen', op. cit. (note 10), 12; *Hemmet, Konstindustrien, Stockholmsutställningen 1930* (Stockholm: Stockholmsutställningen, 1930), 3-4.

20 Åhrén, 'Bostadsavdelningens planläggning och tillkomst', op. cit. (note 6), 28.

21 *Hemmet, Konstindustrien, Stockholmsutställningen 1930*, op. cit. (note 19), 22.

22 Gahn, 'Bostadtsavdelningen, på Stockholmutställningen', op. cit. (note 10), 8, 12.

23 The second terrace house built for the Housing Section was Oswald Almqvist's House 50, but this was not included as part of the economic comparison by need type.

24 See E[rnst] Heineman, 'Ett nytt system för rumsuppvärmning', *Byggmästaren* no. 36 (1929), 201-205. See also *Katalog över bostadsavdelningen*, op. cit. (note 18), 161.

25 Kooperativa Förbundet was also responsible for the model Konsum shop, found towards the entry to the exhibition, and a cinema.

26 *Katalog över bostadsavdelningen*, op. cit. (note 18), 229.

27 For a summary of Johansson and Näsström's criticisms of the Stockholm Exhibition as a whole, see Per G. Råberg, 'Stockholmsutställningen 1930: debatt och kritik' ([Stockholm University], 1964), 139-154.

28 Else Kleen, 'De nya hemmen. Våningstypen och stadshemmet', *Stockholms Tidning*, 7 July 1930, here quoted from Råberg, 'Stockholmsutställningen 1930: debatt och kritik', Ibid., 96

29 Maja Forssell, 'Köken i bostadsavdelningen på Stockholmsutställningen 1930', *Byggmästaren* no. 22 (1930), 174.

30 Carl Malmsten, 'Bostadsproblem på Stockholmsutställningen', *Tidskrift för hembygdsvård* (1930), 68.

31 See for example Karl-Erik Forsslund, 'K.F's arkitektkontor och hembydsvården: dr K.E. Forsslund till angrepp', *Konsumentbladet*, 11 October 1930.

32 For a detailed explanation and analysis of the costs calculated for each Housing Section dwelling, see A[lbin] Stark, 'Principer för kostnads- och hyresberäkning av hyreslägenheterna och egna hemmen', in: *Katalog över bostadsavdelningen: Stockholmsutställningen 1930* (Stockholm: Almqvist & Wiksell, 1930), 51-68.

33 Uno Åhrén, 'Bostadsavdelningens planläggning och tillkomst', op. cit. (note 6), 30.

34 Uno Åhrén, 'Byggandet som konst och som politik', *Spektrum* no. 1 (Autumn 1931), 15.

35 Uno Åhrén, 'Intelligent Ideals of Urban Life', *Scrutiny* vol. 4, no. 2 (September 1935), 139.

Sandra
Wagner-Conzelmann

De Internationale Bauausstellung in Berlijn (1957)
The International Building Exhibition Berlin (1957)

Een model voor de stad van morgen?
A Model for the City of Tomorrow?

Met een kabelbaan was het Hansaviertel van boven te bezichtigen. Op de achtergrond het tienlaagse woongebouw van Sten Samuelson & Fritz Jaenecke
Via cable car, the Hansaviertel could be viewed from above. In the background is the ten-storey residential building by Sten Samuelson & Fritz Jaenecke.

De Internationale Bauausstellung 'Interbau' in Berlijn was er een van superlatieven, op de eerste plaats vanwege de omvang. Toen de West-Duitse bondspresident Theodor Heuss op 6 juli 1957 de opening verrichtte, werd met de nieuwbouw van het Hansaviertel voor het eerst een compleet nieuwe stadswijk als onderdeel van een architectuurtentoonstelling gepresenteerd. Op een oppervlakte van 25 ha, centraal gelegen in de binnenstad van Berlijn, werden in combinatie met openbare voorzieningen, zoals twee kerken, een bibliotheek, een winkelcentrum en een school (die buiten de officiële locatie van de tentoonstelling werd gebouwd) in totaal 1.300 wooneenheden gerealiseerd. Zo ontstond er in binnenstedelijk gebied een modelstad in het klein, iets wat in deze vorm nog nooit op een Duitse architectuurtentoonstelling te zien was geweest.

Niet alleen de omvang van het tentoonstellingsterrein en het modelmatige karakter van deze demonstratiewijk waren ongekend, er was ook een nooit eerder vertoond aantal prominente architecten uit binnen- en buitenland bij betrokken: in totaal 53 architecten uit 14 landen toonden er hun experimentele ontwerpen, hoofdzakelijk voor sociale woningbouw. Verder werd er geëxperimenteerd met allerlei gebouwtypen: woontorens van 16, 17 lagen, flatgebouwen van zeven tot negen lagen, woonblokken van drie tot vier lagen en vrijstaande of geschakelde gezinshuizen. Blikvangers waren de torens met split-level woningen van J.B. Bakema en J.H. van den Broek; het negen verdiepingen hoge, licht gebogen flatgebouw van Walter Gropius en de zeven verdiepingen hoge, op V-vormige pilotis rustende flat van Oscar Niemeyer. Alvar Aalto kwam met een tussenvorm van woontoren en flat, die in de buurt verrees van het flatgebouw van de Zweden Sten Samuelson en Fritz Jaenecke en die van de Fransman Pierre Vago. Buiten het tentoonstellingsterrein trokken ook de Berlijnse versie van Le Corbusier's Unité d'habitation en de congreshal van Hugh Stubbins, een geschenk van de Amerikanen aan Interbau, de aandacht.[1] Naast de gebouwen, droeg ook de stedenbouwkundige setting van het Hansaviertel sterk bij aan het modelmatige karakter van de tentoonstellingslocatie. De voormalige dichtbebouwde woonwijk met zijn huizenblokken aan straten werd vervangen door een wijk waar parcellering geen rol meer speelde en waar door een concentratie van bouwmassa's meer ruimte was voor openbaar groen.

Interbau bleek een groot succes vanwege het bezoekersaantal: ruim 1,3 miljoen mensen, zowel leken als vakpubliek, kwamen op de expositie af, onder wie ook velen uit Oost-Berlijn en het buitenland. Maar tegenover die positieve ontvangst bij het algemene publiek en de grote aandacht die de gebouwen van het Hansaviertel te beurt vielen, stond het negatieve oordeel van de vakwereld over het stedenbouwkundig concept. Het meest geuite kritiekpunt was dat 'de idee – de dragende gedachte achter de architectuurtentoonstelling' ontbrak.[2] Het Hansaviertel zou slechts een platform zijn waarop gerenommeerde architecten losse bouwwerken presenteerden, zonder dat er ook maar een overtuigende stedenbouwkundige samenhang in te ontdekken viel. Gelaten constateerde het vaktijdschrift *Bauwelt* dat de enige geslaagde idee eventueel de 'presentatie van de toparchitecten zelf was'.[3] Het zou 'een parade van gemiste kansen zijn, door het ontbreken van een stedenbouwkundig concept'.[4] De secretaris van CIAM, Sigfried Giedion, gaf de Berlijnse Bausenator nog tijdens de voorbereidingen het advies om een 'stedenbouwkundige catastrofe op zo'n prominente locatie' te voorkomen.[5]

Het is niet de bedoeling hier in deze discussie partij te kiezen. Maar misschien kan er in de specifieke totstandkoming van deze tentoonstelling een verklaring worden gevonden voor het naast elkaar bestaan van een kwalitatieve, vaak baanbrekende architectuur en een als

The 1957 Berlin Interbau, the international building exhibition, represented an array of superlatives, beginning with its size. When German Federal President Theodor Heuss opened the show on 6 July 1957, the newly built Hansaviertel was presented and thus for the first time an entire new city district as a component of an architectural exhibition. Centrally located in the heart of Berlin, across an area of 25 ha, a total of 1,300 dwellings were established along with community facilities, including two churches, a library, a retail centre and a school (which was built outside the official exhibition zone). In other words, a miniature model city was created within a city centre, an unprecedented step for a German building exhibition.

Besides the size of the exhibition area and the model-city character of the demonstration district, the large number of prominent national and international architects who took part was likewise unique. A total of 53 architects from 14 different countries presented their experimental designs, primarily for public sector housing. In addition, there were experiments with a whole range of different residential building types: tower blocks with 16 to 17 storeys, apartment blocks with seven to nine storeys, rows of apartments with three to four storeys and detached and interlinked single-family houses. Eye-catchers were the high-rise buildings with split-level homes by J.B. Bakema and J.H. van den Broek, Walter Gropius's lightly curved nine-storey apartment block, and Brazilian Oscar Niemeyer's seven-storey flats, which stood on V-shaped *pilotis*. Finland's Alvar Aalto came up with a hybrid tower block and apartment building that was erected close to the flats created by Sweden's Sten Samuelson and Fritz Jaenecke, as well as Frenchman Pierre Vago's building. Outside the exhibition zone, other highlights were the Berlin version of Le Corbusier's Unité d'habitation and Hugh Stubbins' Kongresshalle, which the Americans gifted to Interbau.[1] In addition to the architecture of the buildings, the Hansaviertel's urban context emphasized the exhibition zone's character as a model city. Once a densely built residential district with its blocks of houses aligned to the streets, property division no longer played a role in the urban design and concentration of the residential volumes gave rise to large communal green zones.

Interbau was a huge success in terms of the number of visitors. Over 1.3 million members of the general public and professionals visited the exhibition, many of them from East Berlin and abroad. However, the favourable reception from the general public and the publicity the Hansaviertel buildings received was in sharp contrast to the largely negative judgement passed on the urban design concept by the architectural world at large. The most frequent criticism voiced was that 'the exhibition lacked an idea, an underlying concept'.[2] The Hansaviertel was accused of being merely a platform for showcasing individual buildings by prominent architects, without a trace of convincing urban design coherence. The *Bauwelt* trade journal commented in resignation that perhaps the only successful idea was 'the presentation of the top architects themselves',[3] and that it was 'an array of missed opportunities, due to the lack of an urban design concept'.[4] While preparations were still underway, Sigfried Giedion, CIAM's Secretary, advised the Berlin *Bausenator* to prevent 'an urban design disaster at so prominent a location'.[5]

This essay does not aim to take sides in this discussion. But perhaps an explanation can be found in the specific conditions under which Interbau was realized for the parallel existence of high-quality often trailblazing architecture, and what was primarily considered an urban planning concept with real shortcomings. What was the prevailing political climate at that time and how did that influence Interbau's conflict-laden planning history? At the end of the day, politicization and

gebrekkig beoordeelde stedenbouwkundige opzet. Hoe zag het heersende politieke klimaat van die jaren eruit en welke invloed had dat op de roerige planningsgeschiedenis van Interbau? Uiteindelijk zijn zowel de rol van de politiek als problemen bij de voorbereiding daaraan debet geweest. Het gevolg daarvan was dat de expositie 'die stadt von morgen' een prominente plek kreeg in het programma van Interbau, terwijl het gebouwde onderdeel van de tentoonstelling, het Hansaviertel, vooral bejubeld werd om de buitengewone prestaties van de afzonderlijke architecten en niet zozeer om de stedenbouwkundige coherentie.

Interbau's politieke en economische start

De keuze voor het Hansaviertel als locatie voor een internationale architectuurmanifestatie werd beinvloed door specifieke politieke en ook ideologische doelstellingen, die een onafhankelijke programmatische uitwerking van het basisplan in de weg stonden: het Hansaviertel werd van meet af aan ingezet als instrument in de politieke stellingname tegen de Oost-Duitse wederopbouw en moest tegelijkertijd een bijdrage leveren aan de economische ontwikkeling om, binnen de jonge Bondsrepubliek, het naoorlogse West-Berlijn te behoeden voor een dreigende politieke, maatschappelijke en culturele marginalisering.[6]

Fundamenteel voor de problemen van Berlijn was de politieke en maatschappelijke deling van Duitsland die aan het begin van de jaren 1950 een feit was geworden. De samenvoeging van de bezettingszones van de westerse machten tot de Bizone en later tot de Trizone, evenals de stichting van de twee Duitse staten in mei en oktober 1949, hadden Berlijn in een onzekere situatie doen belanden. De West-Duitse overheid hield vast aan het streven naar een verenigd Duitsland met Berlijn als hoofdstad. Maar doordat de Sozialistische Einheitspartei Deutschlands (SED) de absolute macht kreeg toebedeeld in de sovjetsector en vooral ook door de blokkade van Berlijn van 1948 tot 1949, werd toch voor Bonn gekozen als tijdelijke regeringszetel van West-Duitsland. West-Berlijn verloor haar politieke functie en moest fors aan betekenis inboeten. Dat had ook ingrijpende economische gevolgen, want een groot deel van de Berlijnse industrie keerde na de oorlog niet terug naar de voormalige hoofdstad, maar vestigde zich op het grondgebied van de jonge Bondsrepubliek om een bijdrage te leveren aan de wederopbouw. Doordat West-Berlijn als een eiland in de sovjetsector lag, raakte ze geïsoleerd van veel van de vroegere toeleverings- en afzetmarkten. Daarmee groeide haar politieke en economische afhankelijkheid van de westerse geallieerden en de Bondsregering.[7] De benarde positie van West-Berlijn werd nog versterkt door de ontwikkelingen in West-Duitsland. De wederopbouw verliep daar aanzienlijk sneller, want West-Berlijn werd pas begin 1950, na onderhandelingen tussen Konrad Adenauer en de Amerikaanse Hoge Commissaris, bij het Marshallplan betrokken; de stad kwam toen pas in aanmerking voor herstelbetalingen.[8] In de publieke opinie dreigde voorts een concurrentieslag met de zeer succesvolle bouwtentoonstelling 'Constructa' in Hannover (1951), waar de directeur Publieke Werken, Rudolf Hillebrecht, in hoog tempo aan de wederopbouw van de stad werkte.

Heel anders was de situatie in het oostelijk deel van de stad. Na de oprichting van de Duitse Democratische Republiek (DDR) startte de partijleiding van de SED al in 1950 met het *Nationale Aufbauprogramm*. Vlaggenschip van de opbouw waren de woonblokken die in 1952 aan de Stalin-Allee verrezen. De bebouwing van die brede verkeersader gaf niet alleen een extra impuls aan de opbouw van Oost-Berlijn als 'hoofdstad van de DDR', maar zorgde in korte tijd ook

planning difficulties were both responsible. As a result, the exhibition 'die stadt von morgen' (the City of Tomorrow) was given a prominent position in Interbau's programme, while the built component of the exhibition, the Hansaviertel, was applauded mainly for the outstanding achievements of individual architects, and not for a coherent urban design statement.

Interbau's Political and Economic Beginning

The selection of the Hansaviertel as the location for an international architectural event had to do with specific political and ideological objectives, and these stood in the way of an independent, programmatic development of the basic plan. From the outset, the Hansaviertel was used as an instrument in the political stance against the East German reconstruction effort and was also meant to help drive West Berlin's post-war economic development within the fledgling Federal Republic to protect the city against the threat of political, economic and cultural marginalization.[6]

The root of Berlin's problems was Germany's political and economic division, which had become a reality at of the beginning of the 1950s. The merger of the zones of occupation held by the western Allies into first the Bizone and then the Trizone, and the foundation of two German states in May and October 1949 respectively had placed West Berlin in an uncertain situation. West Germany's political leadership upheld the objective of a unified Germany with Berlin as the capital. Given the fact that the SED Socialist Unity Party now had absolute power in the Soviet sector and in particular in the wake of the Berlin blockade of 1948-1949, the decision was taken to opt for Bonn as the interim seat of government for the West German state. West Berlin thus forfeited its political function and lost much of its importance. This also had crucial economic consequences as large parts of Berlin's industry did not return to the city after the war, re-establishing themselves instead in the recently created Federal Republic. West Berlin's position as an island in the Soviet sector also meant it was cut off from many of its former suppliers and sales markets. The city became ever more politically and economically dependent on the Western Allies and the West German government.[7] West Berlin's difficult situation was made even worse by events in West Germany, where reconstruction efforts were moving significantly faster. West Berlin did not fall under the Marshall Plan, and thus did not become eligible for recovery funding until early 1950, after negotiations between Konrad Adenauer and the US High Commissioner.[8] Moreover, the immense success of the 1951 Hanover construction exhibition 'Constructa' and the rapid reconstruction efforts being driven there by Municipal Building Councillor Rudolf Hillebrecht meant the public perceived there to be a real rival to the Berlin event.

The situation in East Berlin was very different. Following the Foundation of the German Democratic Republic (DDR), the SED party leaders had initiated a National Reconstruction Programme as early as 1950. The flagship of the programme: the apartment blocks on Stalin-Allee that were erected from 1952 onwards. The construction of Stalin-Allee not only advanced the construction of East Berlin as the 'German Democratic Republic's capital' but also swiftly and considerably reduced the problem of a dire lack of accommodation. At the SED's Third Party Congress in July 1950 in East Berlin, the newly elected Secretary General Walter Ulbricht announced in a speech that henceforth 'the power and strength of will to rebuild Germany and its great future' would be expressed in 'monumental buildings'.[9] On the basis of the '16 principles of urban development' enshrined in the Reconstruction Act passed in September 1950, efforts were made to realize a 'compact' city, embracing plazas and streets in an

Luchtfoto van het vooroorlogse Hansaviertel
Aerial view of the pre-war Hansaviertel

Het gebombardeerde Hansaviertel met op de voorgrond de Interbau in wording, maart 1957
The bombed-out Hansaviertel, with the construction of the Interbau exhibition in the foreground, March 1957

Luchtfoto Hansaviertel, 23 juli 1962
Aerial view of the Hansaviertel, 23 July 1962

Bouw van de Stalin-Allee (nu: Karl-Marx-Allee) in voormalig Oost-Berlijn
Construction of the Stalin-Allee (now called Karl-Marx-Allee) in the former East Berlin

Bezoekers bewonderen de Stalin-Allee, © bpk / Horst E. Schulze
Visitors admire the Stalin-Allee, © bpk / Horst E. Schulze

Maquette van het Hansaviertel, ca. 1956
Scale model of the Hansaviertel, c. 1956

Maquette van de Stalin-Allee (nu: Karl-Marx-Allee), ca. 1954
Scale model of the Stalin-Allee (now called Karl-Marx-Allee), c. 1954

Bezoekers van de tentoonstelling voor het woongebouw van Walter Gropius, september 1957
Visitors of the exhibition, in front of the residential building designed by Walter Gropius, September 1957

voor een forse vermindering van de woningnood. Op het Derde Partijcongres van de SED in juli 1950 in Oost-Berlijn verkondigde de pas gekozen secretaris-generaal Walter Ulbricht in een redevoering dat voortaan 'in monumentale gebouwen de kracht en energie van het streven naar wederopbouw en naar een grote toekomst voor Duitsland' tot uitdrukking moest komen.[9] De in september 1950 in het *Aufbaugesetz* verankerde '16 grondregels voor stedelijke ontwikkeling' vormden het kader voor de 'compacte' stad met architectonische richtlijnen voor pleinen en straten, en voor een op nationale tradities geënte bouwstijl.[10] Het stadscentrum moest het 'politieke middelpunt' worden; het moest voortaan met de 'meest belangrijke en monumentale gebouwen' bebouwd worden en ruimte bieden aan 'politieke demonstraties, optochten en volksvieringen op feestdagen'.[11]

Daarmee kwam men in Oost-Berlijn terug op de bereikte consensus in beide stadsdelen over de voordelen van een open, ruime verkaveling met veel groen en de architectuurstijl van de moderne beweging. Sinds 1945 had het *Planungskollektiv* onder leiding van Hans Scharoun in opdracht van het Oost-Berlijnse stadsbestuur een *Kollektivplan* voor heel Berlijn gemaakt. Dit plan voorzag in een stadslandschap dat zich voegde naar het stroomdal van de Spree, met buurten die door ruime groenzones functioneel van elkaar werden gescheiden. Berlijn moest opnieuw geordend worden volgens de principes van de lineaire stad. Na de stichting van de twee Duitse staten heeft de DDR-regering deze plannen nog kort voortgezet. In Oost-Berlijn getuigen daarvan nog de galerijflats van Ludmilla Herzenstein in de door Scharoun ontworpen *Siedlungszelle* Friedrichshain, die maar voor een deel werd gerealiseerd. Echter, de socialistische staat wilde na 1950 een ander gezicht tonen. De stedenbouwkundige en architectonische uitgangspunten volgden nu de sovjetlijn; ten aanzien van zijn politieke oriëntering maakte de DDR daarmee een duidelijk statement. Deze nationale stijl moest de integratie van de Duitse socialistische staat in het Oostblok symboliseren. Begin 1951 werden de moderne beweging en het Nieuwe Bouwen door de staatspropaganda afgeschreven als puur formalisme.[12]

De planning van Interbau

De eerste stappen in de voorbereiding tot een architectuurtentoonstelling in West-Berlijn vielen samen met die feller wordende ideologische machtsstrijd met het Oosten en de angst voor marginalisering van de stad binnen de jonge Bondsrepubliek. Eind 1952 gaf de Berlijnse Senaat een van de bekendste tentoonstellingsmakers, Albert Wischek, en de Berlijnse architect Hans Schoszberger opdracht een tentoonstellingsconcept te verkennen.[13] In die verkenning is duidelijk te merken hoe geladen het politiek-propagandistische klimaat was waarbinnen het project tot stand moest komen, want in de ontwerpen worden bijna alle West-Berlijnse problemen in verband gebracht met de geplande architectuurtentoonstelling, zonder te omschrijven hoe een en ander moest worden uitgevoerd. De meeste officiële verklaringen over de hogere doelstellingen van Interbau stonden hier al wel geformuleerd en werden later door de verantwoordelijken deels woordelijk overgenomen. Als locatie werd het Hansaviertel voorgesteld, een wijk die zo zwaar verwoest was, dat die toch al helemaal van de grond af moest worden opgebouwd. Het accent werd gelegd op zijn centrale ligging in de binnenstad en daarbij 'niet ver van de oostsector'. Verder was de wijk zeer geschikt als tentoonstellingslocatie door zijn eilandligging tussen de Spree en Tiergarten, waardoor het een besloten eenheid vormde. Ook werd het verhoogde metrotracé als voordeel genoemd, want de bouw van de wijk kon zo dagelijks door duizenden Berlijners vanuit de trein worden bekeken, waardoor ze

architectural idiom that took its cue from national traditions.[10] The city centre was to become the 'political heart' and would therefore feature 'the most important and monumental buildings' and provide space for 'political demonstrations, parades and popular festivals on festive occasions'.[11]

For East Berlin, this signified turning away from the consensus that prevailed on both sides of the city at the time concerning the advantages of an open, spacious urban organization with plenty of green spaces and the architectural style of the Modern Movement. As of 1945, the planning collective led by Hans Scharoun had developed the collective plan for the whole of Berlin on behalf of the East Berlin Municipal Council, and it envisaged a city landscape following the original valley of the Spree, structured into distinct neighbourhoods, divided functionally from each other by wide swathes of green. Berlin was to be organized once more in accordance with the principles of the linear city. After the foundation of the two Germanies, the DDR regime upheld this plan for a short time. In East Berlin, the partly realized gallery-access flats by Ludmilla Herzenstein in the residential estate of Friedrichshain developed by Scharoun attest to this brief phase. From 1950 onwards, however, the socialist state wanted to present a different face. Urban design and architectural principles now took their cue from the Soviet Union's guidelines, so East Germany was making a clear statement on its political direction. This national style was intended to symbolize the integration of the German socialist state into the Eastern Bloc. At the same time, government propaganda in early 1951 had been defamatory regarding the Modern Movement and *Neues Bauen* (New Building), deriding them as pure formalism.[12]

Planning for Interbau

The first organizational steps towards planning an architecture exhibition in West Berlin took place precisely during this phase of escalation in the ideological power struggle with the East and the concern that the city would have only a marginal role in the new West Germany. At the end of 1952, the Berlin Senate commissioned one of the best-known exhibition makers, Albert Wischek, and Berlin architect Hans Schoszberger to explore an exhibition concept.[13] This exploration attests to the vehement political propaganda climate in which the project had to be realized, for the drafts associate almost all of West Berlin's problems with the planned exhibition without describing how things would be realized. Most of the subsequent official statements on the higher aims of Interbau were already formulated here and were then taken on board partly without alteration by those responsible. The Hansaviertel was already proposed as the location; it was a district that required total reconstruction, owing to the heavy bombing damage it had suffered. Its central position in the inner city and 'not far from the Eastern sector' were emphasized. Indeed, the district was eminently suitable as exhibition location due to its 'island position' between the River Spree and the Tiergarten, which made it a closed unit. The overhead light railway system ran nearby, which was considered an advantage because the 'thousands of Berliners who ride past every day'[14] would see the build-up of the exhibition and become more involved.

The main objective of the exhibition was to realize clear demarcation with the fledgling German republic in the East. The best-known formulation was that of the exhibition's initiator, Berlin Construction Senator Karl Mahler, which he repeatedly expressed from August 1953 onwards: 'What the exhibition is meant to be? A clear statement in favour of the architecture of the Western world! It must show what we understand modern urban design and durable housing to be, in contrast

zich meer bij het project betrokken zouden voelen.[14]

Het voornaamste doel van de tentoonstelling was een duidelijk contrast te realiseren met die andere jonge Duitse republiek aan de oostkant. De bekendste uitspraak kwam van de initiatiefnemer van de tentoonstelling, de Berlijnse Bausenator Karl Mahler, die zijn woorden na augustus 1953 nog regelmatig zou herhalen: 'Wat het voor een tentoonstelling moet worden? Een heldere bevestiging van de architectuur der westerse wereld! Het moet een demonstratie worden van wat wij onder moderne stedenbouw en duurzame woningbouw verstaan, in tegenstelling tot het klatergoud van de Stalin-Allee.'[15] De grootschalige manifestatie moest verder de claim van Berlijn ondersteunen, dat zij na de verwachte hereniging van de beide staten haar status als hoofdstad zo snel mogelijk terug zou krijgen. 'Berlijn, de voorpost van Europa,' zo staat in de verkenningen te lezen, 'toont in het kader van de Internationale Bauausstellung haar ontwikkeling tot een westerse hoofdstad.'[16] Mahler voegde daar nog aan toe: 'Berlijn moet weer de kenmerken van een hoofdstad krijgen.'[17]

Het Hansaviertel moest dus 'het gezicht van de nieuwe Europese stad' gaan vertonen, gebouwd 'door de grootheden van deze tijd', zoals zomer 1954 te lezen viel in het eerste prospectus van Interbau.[18] Men wilde een samenhangend exemplarisch én reproduceerbaar deel van de toekomstige stad presenteren, dat niet alleen model zou staan voor de wederopbouw of stadsvernieuwing van Berlijn, maar ook voor de hele stedenbouwkundige ontwikkeling in de westerse wereld. Aandacht vanuit binnen- en buitenland moest vooral gegenereerd worden door vooraanstaande architecten bij het project te betrekken. Karl Mahler was in 1955 zeer tevreden met de grote respons die de deelname van Le Corbusier en Walter Gropius in de pers teweegbracht, want daarmee was 'al iets tot stand gebracht (...) wat met de tentoonstelling verwezenlijkt moet en zal worden: het vinden van een nieuwe impuls voor het imago van Berlijn'.[19] Deze 'gerenommeerde architecten uit binnen- en buitenland' zouden alle ruimte moeten krijgen voor hun 'veelheid aan architectonische individualiteiten', zoals de leden van de Senaat het noemden. Dat was ten slotte 'de belangrijkste doelstelling van het tentoonstellingsplan'.[20] Maar het kostte de Senaat nog veel moeite om met het Hansaviertel de modelstad van de toekomst te realiseren en tegelijkertijd een platform te bieden aan de zelfstandige prestaties van vooraanstaande architecten. De tegenstrijdige doelstellingen kwamen al gauw met elkaar in botsing, zodat het planningstraject van het Hansaviertel moeizaam en traag verliep.

Het Hansaviertel als 'stad van morgen'

Al in juni 1953 kwam de Senaat met de Algemene Ideeënprijsvraag Wederopbouw Hansaviertel. Maar het was een cruciale fout om bij het uitschrijven daarvan niet te vermelden dat er ook plannen waren om van het Hansaviertel een tentoonstellingslocatie te maken. Doordat die informatie ontbrak, konden de deelnemers niet inspelen op de bijzondere eisen van de al bestaande tentoonstellingsplannen. Pas toen de prijsvraag al liep, maakte Mahler alsnog bekend dat er gewerkt werd aan een architectuurtentoonstelling op de locatie van de prijsvraag.

Het winnende ontwerp van de Berlijnse hoogleraren Stedenbouw Gerhard Jobst en Willy Kreuer, in samenwerking met Wilhelm Schliesser, geleedde het terrein in twee identieke, lusvormige ruimten die door een aantal flatgebouwen van tien lagen hoog aan drie zijden worden omkaderd. Het doel hiervan was open en groene, verkeersluwe en beschutte woongebieden te creëren. Tussen de twee complexen met flatgebouwen ligt de Altonaer Strasse die, volgens een voorwaarde van de prijsvraag, qua ligging en profilering intact moest blijven. Kort na de prijstoekenning kreeg deze opzet al kritiek van de

to the false pomp of the Stalin-Allee.'[15] Moreover, the large-scale event was meant to underpin West Berlin's claim that once the two Germanies had hopefully been reunified, the city would swiftly regain its status as capital. 'Berlin, the outpost of Europe,' the investigation read, 'presents its reconstruction as a Western capital at the International Construction Exhibition.'[16] Mahler added: 'Berlin must regain the features of a capital city.'[17]

So the Hansaviertel was to show 'the face of the new European city' built by 'the best of the day',[18] as the first Interbau brochure stated in the summer of 1954. The idea was to present a coherent, exemplary and reproducible section of a future city, which would not only serve as a model for Berlin's reconstruction and urban renewal, but also for urban design development as a whole in the West. The national and international attention so cherished was to be achieved above all by involving prominent architects. In 1955, Karl Mahler was more than happy with the considerable response in the press to the involvement of Le Corbusier and Walter Gropius, as 'we have already achieved something . . . that must and shall be realized with the exhibition: to find a new impulse for the image of Berlin'.[19] Space was to be made for these 'renowned local and foreign architects' to create a 'wealth of architectural individualities' as the members of the Senate stated. After all, this was the 'most important goal of the exhibition project'.[20] Subsequently, the Senate had real difficulties in realizing the model city of the future in the Hansaviertel while creating a platform for individual achievements by distinguished architects. The contrasting goals soon led to conflict and the Hansaviertel planning process became difficult and protracted.

Hansaviertel as 'Tomorrow's City'

As early as June 1953, the Senate held a 'General Ideas Competition for the Reconstruction of the Hansaviertel'. However, a crucial mistake was made in the organization of the competition by omitting to mention that there were also plans to make the Hansaviertel into an exhibition location. Since this information was lacking, the competition participants did not have the opportunity to respond to the special requirements of the already existing exhibition concept. Only once the competition was underway did Mahler announce the plans to hold a construction exhibition at the competition location.

The winning entry, submitted by Berlin professors of urban design Gerhard Jobst and Willy Kreuer together with Wilhelm Schließer, sectioned the terrain by situating two identical ten-storey blocks in a loop with the aim of creating an open, spacious residential area with little traffic and plenty of greenery. The flats were separated by Altonaer Strasse which, as per a condition of the competition, was to remain unchanged in terms of alignment and character. Shortly after the competition decision, this concept led to criticism by those involved in planning the exhibition. In an unofficial note, the high-ranking officials in charge of Interbau, Dietrich Schweer and Hubert Hoffmann, found fault with precisely the characteristics that the competition jury had expressly praised: the identical buildings in looped green spaces referenced each other too strongly and did not function 'as individual edifices, but as spatial partitions' that called for alignment of the façade structures and design.[21] However, that contradicted the above-mentioned intention of providing the prominent architects every freedom to present their 'wealth of architectural individualities' and 'status'.[22] Schweer therefore demanded that the Senate seek a completely new design, something the Senate ignored, attempting instead to combine the existing design with this intention, which resulted in a long and arduous process. Through the course of it, various people made a series

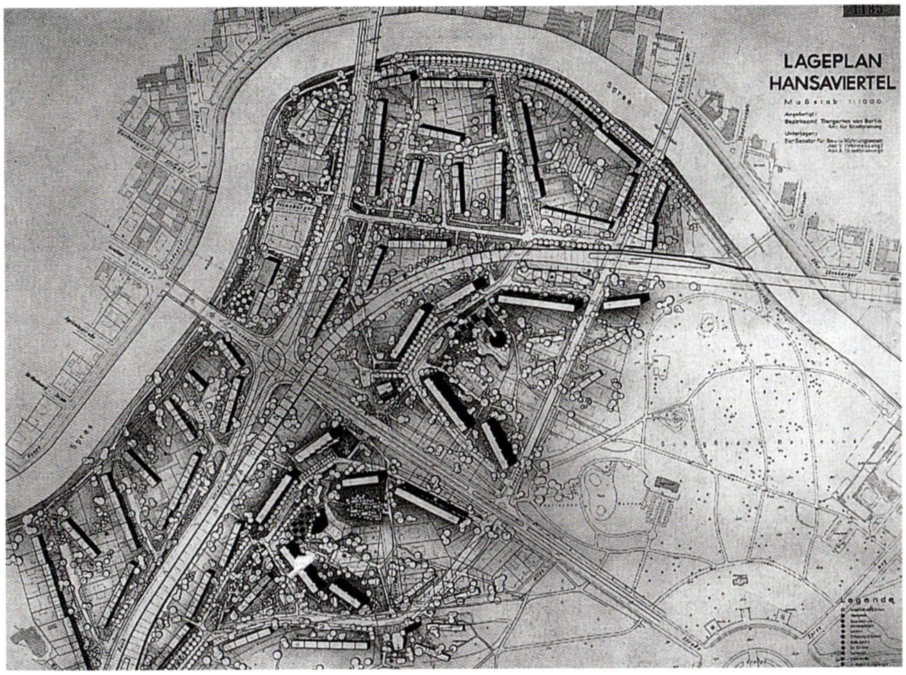

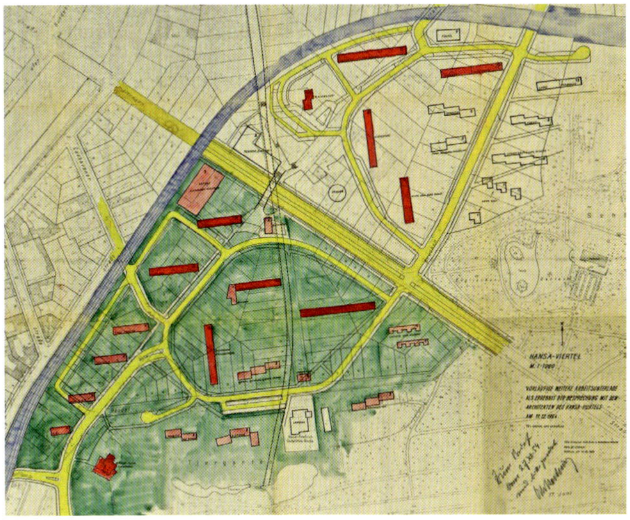

Winnend ontwerp van Gerhard Jobst & Willy Kreuer i.s.m. Wilhelm Schliesser voor de Algemene Ideeënprijsvraag Wederopbouw Hansaviertel, 1953

The winning design for the General Ideas Competition for the Reconstruction of the Hansaviertel, by Gerhard Jobst and Willy Kreuer in collaboration with Wilhelm Schliesser, 1953

Ontwerp situering Hansaviertel, 11 december 1954
Design for the Hansaviertel location, 11 December 1954

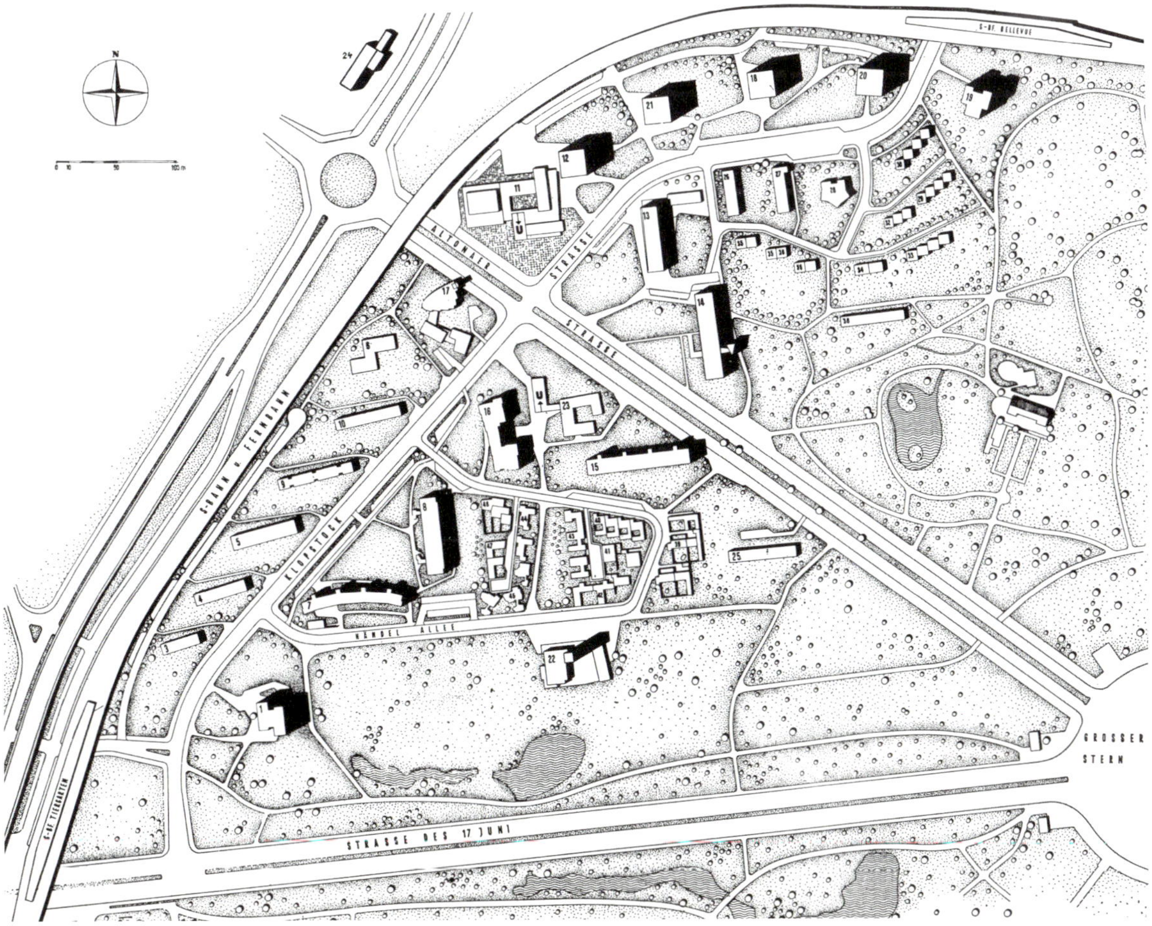

Uiteindelijke situatietekening van het Hansaviertel, 1957
The Hansaviertel final urban scheme, 1957

betrokkenen bij de voorbereiding van de tentoonstelling. De voor Interbau verantwoordelijke, hoge ambtenaren Dietrich Schweer en Hubert Hoffmann, bekritiseerden in een informele notitie precies die kenmerken die de jury nadrukkelijk had geroemd: de identieke gebouwen in lusvormige, groene ruimten waren te sterk op elkaar gericht; ze werkten 'niet als afzonderlijke objecten, maar als ruimtelijke afscheidingen', iets wat om overeenstemming in vorm en structuur van de gevels vroeg.[21] Dit was echter in tegenspraak met het voornemen om de vooraanstaande architecten alle ruimte te bieden hun 'veelheid aan architectonische individualiteiten' en 'status' te presenteren. [22] Schweer riep de Senaat dan ook op om op zoek te gaan naar een geheel nieuw ontwerp. De Senaat ging daar niet op in, maar probeerde in plaats daarvan het bestaande ontwerp met dit voornemen te verenigen, wat resulteerde in een langdurig en moeizaam proces. In het verloop daarvan brachten verschillende partijen een reeks veranderingen aan in het ontwerp van Jobst en Kreuer. Dit betekende weliswaar het einde van de oorspronkelijke grondgedachte van het winnende ontwerp – met name de identieke positie van de beide groene lussen en woongebouwen – maar er kwam ook geen passend alternatief voor in de plaats, hoewel er uit architectenkringen meerdere voorstellen waren geopperd.[23] De als voorzitter van de commissie aangetrokken voorman van de Duitse architectenbond BDA, Otto Bartning, wist de strijdende partijen weer tot elkaar te brengen, maar beschouwde het definitieve terreinontwerp toch als een compromis. Toen het definitieve plan in 1955 openbaar werd gemaakt, waren de reacties vanuit de vakwereld overwegend negatief, vooral op het punt van de onvoldoende overtuigende stedenbouwkundige samenhang, waarop al eerder kritiek was geweest. Aspecten die het in het bijzonder moesten ontgelden, waren de tekortschietende herstructurering van de verkeerssituatie, het doorsnijden van de woonwijk (die eigenlijk een eenheid zou moeten vormen) door de Altonaer Strasse, het accentueren van de S-Bahnboog door de plaatsing van woontorens en de verwaarlozing van de Spree als een van de belangrijkste ruimtelijk structurerende elementen in het plangebied.

Intussen begon de tijd tot de opening van Interbau te dringen – die was al meermaals uitgesteld en werd ten slotte gepland voor de zomer van 1957. De Senaat besloot met het stedenbouwkundig plan dat na veel herzieningen en compromissen tot was stand gekomen, verder te gaan. Er werd echter van afgezien om van het Hansaviertel een programmatisch-stedenbouwkundig model voor de toekomstige vernieuwing van de stad te maken. Die taak zou worden overgenomen door de al in 1954 geplande speciale tentoonstelling 'die stadt von morgen'; daar zou nu de toekomstige stedenbouw worden gedemonstreerd, die Mahler in eerste instantie voor de bebouwing van het Hansaviertel had aangekondigd. In 1957 verklaarde de Senaat officieel: 'Het gaat bij het Hansaviertel niet om een op maagdelijk terrein vrij ontworpen "stad van morgen" – dat is het thema van de binnenexpositie – maar om het volgende: de realistische en zich tot zijn realisme beperkende zin van de "expo Hansaviertel" is de uit de puinhopen van de stad van gisteren voortgekomen, en daarom van veel voorwaarden afhankelijke, stad van nu.'[24] De invulling van de tentoonstellingslocaties onderging in de loop van de voorbereiding van Interbau een omkering: de in eerste instantie secundaire tentoonstelling groeide uit tot het programmatische hoofdmoment van het evenement, terwijl het Hansaviertel zelf alleen nog maar een 'stad van nu' leek te mogen zijn.

of changes to the Jobst & Kreuer plan, annulling the original underlying principle of the winning entry – in particular the identical position of the two green loops and residential blocks – but not placing in their stead a suitable alternative, although several such ideas were tabled by architects.[23] Otto Bartning, president of BDA, the German League of Architects, was appointed chairman of the steering committee and was able to achieve a consensus between the conflicting parties, but considered the final layout a compromise. When the final plan was presented to the public in 1955, the response from professionals was largely negative, mainly with respect to the insufficiently convincing coherence of the urban design, which had been the subject of earlier criticism. Particular shortcomings, so the critics said, were the almost complete failure to restructure traffic routes, the bisection of the neighbourhood (which should actually be considered as a single entity) by Altonaer Strasse, the emphasis on the curve of the light rail line by the positioning of the tower blocks and the failure to include the Spree as one of the most important spatial structuring elements in the plan area.

Since, however, time was now running short until the opening of the Interbau, which had been pushed back several times and was now set for the summer of 1957, the Senate resolved to uphold the urban plan achieved after many revisions and compromises. However, the Senate abandoned its publicly announced intention to present the Hansaviertel as a programmatic model for urban design for the future renewal of the city. Instead, that task would be taken over by the special exhibition already planned in 1954: 'die stadt von morgen'; the future urban design that Mahler had originally announced for the buildings in the Hansaviertel would be demonstrated there. In 1957 the Senate officially stated: 'The Hansaviertel is not a "city of tomorrow" freely planned on virgin ground; that is the theme of the exhibition in the hall. Instead, the realistic and thanks to its realism modest goal of the "Hansaviertel exhibition" is to show the city of today that has arisen from the ruins of yesterday's city and is therefore subject to many conditions.'[24] The purpose of the exhibition areas was inverted in the course of planning the Interbau: what had previously been intended as the accompanying exhibition emerged as the programmatic core of the event, while the Hansaviertel itself seemed to be only a 'city of today'.

'die stadt von morgen'

After the Hansaviertel, the special exhibition entitled 'die stadt von morgen' was the Interbau exhibition area that attracted the most visitors. Located prominently between the entrance to the construction show at Grosser Stern and the Hansaviertel, it invited visitors to find out about the advantages of the future urban fabric.[25] The framework for the content and presentations had been developed in 1955 and 1956 by the two men responsible for the show, Karl Otto and Erich Kühn, in multiday interdisciplinary workshops arranged specially for this purpose – the so-called 'Developer Discussions' – involving celebrated urban planners, architects, landscape architects, politicians, a physician and a sociologist.[26] The workshops resulted in a series of programmatic statements: the exhibition should 'inform' on the advantages of new urban planning, and have an 'educational function'.[27] These objectives also explain what was ultimately shown at Interbau: thematically the ideal was disseminated of a segmented, open and spacious city and the sociopolitical expectations associated with this form of urban design. To convey this content, it relied on a strongly didactic focus, the like of which had never before been used at an exhibition about urban development.

'die stadt von morgen'

De speciale tentoonstelling 'die stadt von morgen' was na het Hansaviertel het best bezochte onderdeel van de Interbau-manifestatie, gesitueerd op een prominente plek tussen de hoofdingang aan de Grosser Stern en het Hansaviertel. Hier konden de bezoekers zich laten informeren over de voordelen van de toekomstige structuur van de stad.[25] De kaders voor de thema's en de presentatie waren vastgesteld door de organisatoren van de speciale tentoonstelling, Karl Otto en Erich Kühn, tijdens speciaal voor dit doel georganiseerde, meerdaagse interdisciplinaire workshops, de zogeheten *Bauherrengesprächen*, die zij in 1955 en 1956 met vooraanstaande planologen, architecten, landschapsarchitecten, politici, een medicus en een socioloog hadden gevoerd.[26] De gesprekken resulteerden in een aantal programmatische statements: de tentoonstelling diende over de voordelen van een nieuw soort stedenbouw te 'onderwijzen'; ze moest 'een opvoedende functie' hebben.[27] Dat verklaart ook wat er uiteindelijk op Interbau werd getoond: thematisch werd het ideaal van de gelede, open en ruime stad uitgedragen en de maatschappelijk-politieke verwachtingen die met dat type stedenbouw waren verbonden. Om de boodschap goed over te brengen, werd gebruik gemaakt van een uitermate doelgerichte didactiek, die tot dan toe op nog geen enkele expositie over stedelijke ontwikkeling was ingezet.

Thema's

Op de tentoonstelling werd om te beginnen vastgesteld dat de steden van tegenwoordig niet meer functioneerden. Het leven was in 'niet meer passende stedelijke behuizing ontregeld geraakt'.[28] Op basis van de aanname dat de structuur van een stad van directe invloed was op het waardepatroon van mensen, op de inrichting van de samenleving en zelfs op het politieke systeem, werd de dichtbebouwde stad uit de negentiende eeuw met haar huurkazernes, krappe binnenplaatsen, nauwe stegen en gemengde functies als wonen, werken, ontspanning en verkeer als oorzaak gezien van de ontregeling van de maatschappij.[29] Fordistische productietechnieken en de industriële toepassing van atoomkracht zouden 'morgen' het leven van de mensen ingrijpend veranderen. Ze zouden bijvoorbeeld meer vrije tijd krijgen. Maar de mens zou zijn vrije tijd alleen maar 'passief verdoen', zo werd somber voorspeld.[30] De tentoonstelling schetste een duister scenario van zinloze vrijetijdsbesteding en afkalvende normen en waarden. Het gezin als hoeksteen van de samenleving kwam door het werkende leven van beide ouders en de groeiende emancipatie van de vrouw in gevaar. De veranderde rol van de vrouw raakte 'hart en wezen van het gezin' en zette daarmee de bijl aan de wortel van de samenleving.[31] De speciale tentoonstelling zette daar helder gedefinieerde traditionele thema's en sterke verbanden tussen mensen tegenover, vooral die van het hechte gezin. 'Morgen' had ideale vrijetijdsbesteding te bieden zoals musiceren in huiselijke kring, handwerken, creatieve activiteiten en lichamelijke oefening. Want juist in de 'bewust actieve vrijetijdsbeleving' lag de mogelijkheid tot persoonlijke ontplooiing op niet-werkgerelateerde gebieden.[32]

Het gaat hier om teksten die men moet lezen in de context van de wijd verbreide conservatieve beschavingskritiek uit de jaren 1950. Het verdwijnen van tot dan toe vaststaande normen en waarden werd als oorzaak gezien van het algemene zedelijke verval. Dreigende waarschuwingen tegen de overheersing van de techniek bepaalden het intellectuele, godsdienstige en filosofische discours. De oorzaak van het culturele verval, en de lichamelijke en psychische schade die de mensen daardoor opliepen, werd niet alleen door stedenbouwkundigen, maar ook door het gros van medici en sociologen bij de dichtbe-

Themes

The exhibition first of all emphasized that cities of the day no longer 'functioned'.[28] Life had become disordered in urban housing that was no longer appropriate. On the assumption that a city's structure impacted directly on the value pattern of the inhabitants, the structure of society and even the political system, the densely packed city of the nineteenth century with its tenement blocks, cramped inner courtyards, narrow alleys and mixed usage areas (dwellings, work spaces, recreation zones and transportation) was cited as the reason for society's 'disorder'.[29] Fordist production techniques and the industrial application of nuclear power were presented as factors that would radically change the life of people 'tomorrow', offering them more leisure time, for instance. 'Man' would, however, only 'passively waste' his free time, was the sombre prediction.[30] The exhibition presented a dark scenario of meaningless leisure pursuits and the erosion of values. The family as the mainstay of society was threatened by both parents working and the increasing emancipation of women. The changing role of women attacked the 'family's heart and being', striking at the roots of society.[31] The special exhibition countered such a decline by emphasizing clearly defined traditional content and strong communities, above all the firm fabric of the family. The latter, it claimed, offered ideal leisure time opportunities 'tomorrow', such as playing music or doing arts and crafts at home, as well as an ideal setting for physical fitness. Because 'self-determined active leisure pursuits' in particular offered the opportunity for personal development outside work-related areas.[32]

These statements should be seen in the context of the conservative critique of civilization widespread in the 1950s. The loss of hitherto established values was cited as the reason for a general decline in morals. The intellectual, religious and philosophical terms of the debate were set -else. Not only urban planners, but the lion's share of doctors and sociologists suggested that densely built cities and new goals in life that outweighed the old values were the reason for cultural decline and the physical and psychological damage people were sustaining as a result.

The special exhibition called for the dissolution of the densely packed city and presented the prospects of a spacious, well-structured and green urban fabric, based on the principles in the *Charter of Athens*. In this future urban structure, the 'landscape' was to provide 'the basis for all planning' and function as 'a spacious framework structuring the entire city'.[33] The formerly dense city centre was to give way to a large green park landscape winding like the course of a river. In this new city layout, life would be fit for humans again, and the customary values would reassert themselves, was the claim. The city would become an 'ordering skin for life',[34] in which the individual, the family and the neighbourhood could rely on 'protective and formative living conditions', and society as a whole would even recover 'orderly organization'.[35] This city type was expected to impact fundamentally on the political system; in such a setting, the 'individual's duty to assume responsibility for the community that should be part of a real democracy will flourish'.[36]

The exhibition 'die stadt von morgen' was about urban development that was certainly indebted to the themes and didactic focus of similar earlier events in the 1950s, but took things further in all respects. It uncompromisingly presented as the urban planning guideline for the future the urban design ground rules of the segmented but loosely knit city, such as had been in vogue for decades, and linked this to the traditional criticism of the metropolis and the contemporary cultural critique, although from the early 1950s onwards, various professional groups vehemently contested its validity.[37]

Het landschap als ruimtelijk organiserend kader voor toekomstige steden: ontwerpvoorstel voor een stad met 10.000 inwoners van Erich Kuhn, bestemd voor de tentoonstelling 'die stadt von morgen'

The landscape as a spatially organized framework for future cities: draft proposal for a city of 10,000 inhabitants by Erich Kuhn, intended for the 'die stadt von morgen' exhibition

Het tentoonstellingspaviljoen voor de speciale tentoonstelling 'die stadt von morgen', 1957
The exhibition pavilion for the special 'die stadt von morgen' exhibition, 1957

Interieur van de tentoonstelling 'die stadt von morgen'
Interior of 'die stadt von morgen' exhibition

bouwde stad gelegd en bij de nieuwe levensdoelen die de oude waarden verdrongen.

Op de speciale tentoonstelling klonk de roep om ontmanteling van de dichtbebouwde stad en werd een ruime, open verkavelde en groene stadsstructuur in het vooruitzicht gesteld, waarbij de beginselen van het Charter van Athene leidend waren. Bij deze toekomstige stadsstructuur moest 'het landschap de planopzet bepalen' en 'als ruimtelijk organiserend kader voor de hele stad' gaan fungeren.[33] Het ooit dichtbebouwde centrum moest door een groot, groen, als de loop van een rivier slingerend parklandschap worden vervangen. In een dergelijke stedelijke vorm zou het leven weer menswaardig zijn en ook zouden de vertrouwde waarden weer gaan gelden. De stad zou een 'ordenend leefomhulsel'[34] worden waarin het individu, de familie en de buurtgemeenschap konden rekenen op 'beschermende en vormende levensvoorwaarden' en waarin de maatschappij als geheel zelfs 'een geordende structuur'[35] zou terugvinden. Van deze stadsvorm verwachtte men een radicale uitwerking op het politieke systeem: in zo'n omgeving zou 'de verplichting van het individu om mede verantwoordelijkheid te dragen voor de gemeenschap die bij een ware democratie hoort, gedijen'.[36]

'die stadt von morgen' was een tentoonstelling over stedelijke ontwikkeling die weliswaar thematisch en didactisch schatplichtig was aan eerdere soortgelijke tentoonstellingen uit de jaren 1950, maar die in alle opzichten een stap voorwaarts betekende. Als stedenbouwkundige toekomstvisie nam het evenement de toen al decennia geldende stedenbouwkundige grondregels van de gelede en opengelegde stad zonder meer op en verknoopte die met de traditionele kritiek op de metropool en de in die tijd opklinkende beschavingskritiek, hoewel intussen verschillende beroepsgroepen zich daar al vanaf het begin van de jaren 1950 tegen verzet hadden.[37]

Tot slot

De Internationale Bauausstellung, Interbau, was het grootste evenement in haar soort in de jaren 1950 in Duitsland. De organisatoren slaagden erin om gerenommeerde architecten uit binnen- en buitenland aan te trekken en met het Hansaviertel een prestigieuze woningbouwpresentatie neer te zetten. Op stedenbouwkundig gebied werd afscheid genomen van de 'stenen huurkazernestad' van de negentiende eeuw, met haar parcellering, en werd gekozen voor losse gebouwen in ruime gemeenschappelijke groengebieden. Maar al tijdens de voorbereiding van het project zag de Senaat af van het plan om met het Hansaviertel een samenhangend stedenbouwkundig statement af te geven over de vorm van die al zo vaak verkondigde stad van morgen. De oorzaak voor de discrepantie tussen pretentie en realisatie lag bij de bijzondere ontstaansgeschiedenis van het Hansaviertel. Al vanaf het begin moest Interbau, en daarmee ook het Hansaviertel, aan de meest uiteenlopende eisen voldoen, maar vooral ging het om versterking van de eigen positie in de ideologische strijd met die andere Duitse staat, de socialistische DDR. De beide politieke systemen maten hun prestatievermogen af aan het tempo van de wederopbouw. Zo werden stedenbouw en architectuur instrumenteel in die strijd en kregen ze een sterk propagandistische lading.

Ook Interbau en het Hansaviertel konden zich niet aan dat gravitatieveld onttrekken. Door de sterke politisering van het evenement hielden de organisatoren van Interbau maar weinig ruimte over voor een onafhankelijke programmatische invulling van eigen thema's. Toen de DDR zich naar sovjetvoorbeeld ging toeleggen op de compacte stedenbouw, moest 'die stadt von morgen' elke verwijzing naar de basisprincipes daarvan vermijden. Gevolg daarvan was dat de ste-

Conclusion

The Interbau international architectural exhibition was the largest event of its kind in Germany in the 1950s. The organizers succeeded in attracting renowned national and international architects and launching a prestigious show of housing construction with the Hansaviertel. In urban design terms, it bade farewell to the 'stone tenement block city' of the nineteenth century with its plot division, and favoured instead separate buildings with large, communally used green spaces. During the planning for the project, the Berlin Senate had already abandoned the idea of making a coherent urban design statement with the Hansaviertel about the form of that city of tomorrow it so often proclaimed. The reason for the discrepancy between presumption and realization lay in the special history of the Hansaviertel's development. Right from the very beginning, Interbau and thus the Hansaviertel as well were meant to satisfy a whole host of different standards, but above all to strengthen the city's position in the ideological struggle with its communist rival, the German Democratic Republic. The two political systems measured their prowess in terms of progress in reconstruction. Urban design and architecture became instrumental in the battle and were strongly deployed as propaganda.

Interbau and the Hansaviertel were not able to avoid the pull of this polarization and the event's strong politicization left the organizers of Interbau little scope to develop an independent programme in terms of content. When East Germany signed up for compact urban planning along Soviet lines, 'die stadt von morgen' was forced to avoid any references to the planning principles. As a result, the urban design ground rules relating to the segmented, open green city were mercilessly requisitioned for the future urban structure, even though experts from different disciplines had turned their backs on such planning dogmas since the early 1950s and some of the settlements built according to these principles had since acquired denser cores, such as the New Towns in the UK.

Just how significant the specific political conditions of post-War West Berlin were for the organization of Interbau 1957 can be seen from the development of the international construction exhibition (IBA) in West Berlin in the period from 1984 to 1987. Since 1961 Berlin had been deeply physically and politically divided by the Wall, which the East German government referred to as an 'anti-fascist protection wall'. Nevertheless, the West's recognition of the East German government, the policy of détente pursued by the Social Democrat/Liberal coalition led by Willy Brandt, and the emerging domestic political changes in the Soviet Union discernible from the mid-1980s had led to a clear normalization in relations. The political and ideological rivalry with East Berlin was no longer the prime motivation for West Berlin in the debate on urban development; and the IBA 1984-87 could therefore become just a specialist tool for the planning of architecture and urban design. After the period of construction industry functionalism and of city centres being modernized by razing existing buildings to the ground, issues such as urban recovery and renewal came to the fore now, so much so that they became the subject for the 'Strategies for Kreuzberg' competition and could count on broad support.

The impact of this change was manifest at the end of the 1990s in the Hansaviertel, too, which by then was no longer subject to politicization. Inspired by discussions on the first drafts for 'Planwerk Innenstadt', architects Salomon Schindler, Urs Füssler and Tobias Nöfer developed a project in 1997-1998 to increase density in the Hansaviertel, and presented the ideas in an exhibition at the Hansaplatz subway station. They sought to transform the Hansaviertel into 'part of a changing city',[38] and considered the 'mustiness and

denbouwkundige principes met betrekking tot de gelede, open, groene stad zonder pardon werden opgeëist voor de toekomstige inrichting van de stad. Dit gebeurde ondanks dat deskundigen uit verschillende disciplines zich al vanaf het begin van de jaren 1950 tegen die planningsdogma's hadden gekeerd en ondanks het gegeven dat enkele wijken die volgens die dogma's waren gebouwd, inmiddels een hogere dichtheid hadden gekregen, zoals de New Towns in Engeland.

Hoe invloedrijk de specifieke politieke situatie van het naoorlogse West-Berlijn was voor de organisatie van Interbau 1957, blijkt wel uit de totstandkoming van de Internationale Bauausstellung (IBA) in de periode 1984-87 in West-Berlijn. Sinds 1961 was de fysieke en politieke deling van Berlijn door de bouw van de Muur, die van Oost-Duitse zijde als 'antifascistische beschermingsbarrière' werd betiteld, een onweerlegbaar feit geworden. Toch hadden de officiële erkenning van de DDR als staat, de ontspanningspolitiek van de socialistische coalitie onder Willy Brandt en de politieke verschuivingen die zich vanaf het midden van de jaren 1980 binnen de Sovjetunie aftekenden, tot een evidente normalisering van de verhoudingen geleid. De politiek-ideologische strijd met het oostelijk deel van de stad was voor West-Berlijn geen belangrijke motivatie meer in het debat rond stedelijke ontwikkeling. Daarom kon de IBA 1984-1987 gewoon een vakinhoudelijk instrument zijn voor de planning van architectuur en ste-

rigidity' a 'provocation': the minimal density, the lack of functionality in public spaces and the 'stylistic purity of the buildings stood in the way of every urban experience. They therefore proposed accentuating various streets with street-side development and structuring the design of Hansaplatz to correspond with nineteenth-century architectural focus. These proposals constituted a provocative high point in the approach to the Hansaviertel. Maintenance of the once-celebrated architecture in the green areas fell increasingly into neglect from the 1960s onwards. But since the turn of the millennium, the area has steadily been revitalized and is now, because of the combination of urban dwellings in a green setting, one of Berlin's most popular residential areas.

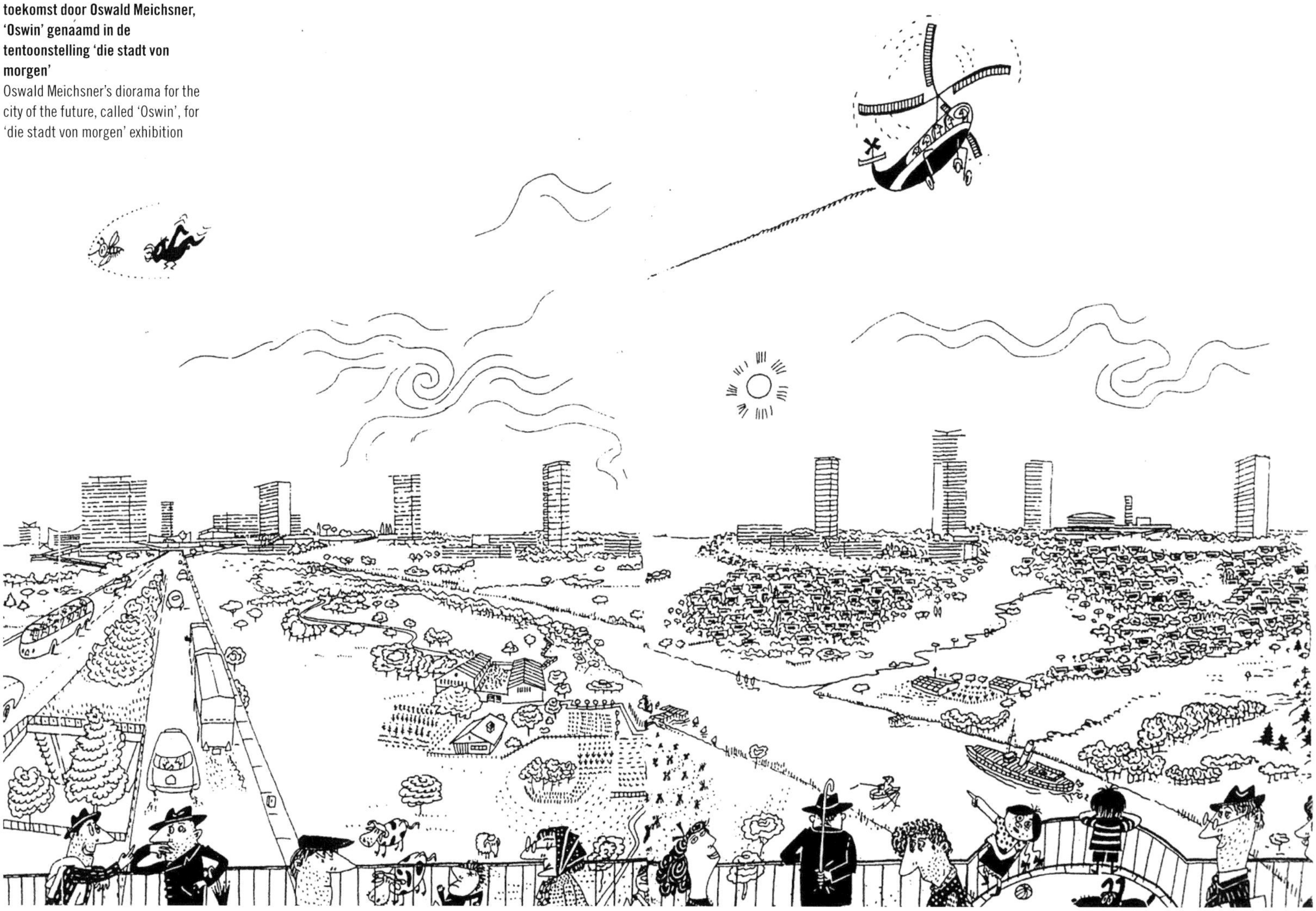

Diorama van de stad van de toekomst door Oswald Meichsner, 'Oswin' genaamd in de tentoonstelling 'die stadt von morgen'
Oswald Meichsner's diorama for the city of the future, called 'Oswin', for 'die stadt von morgen' exhibition

denbouw. Na jaren van bouweconomisch functionalisme, en sanering en sloop in de binnenstad kwamen nu zaken als stadsherstel en stedelijke vernieuwing in de belangstelling, zozeer zelfs dat ze onderwerp werden van de prijsvraag *Strategien für Kreuzberg* en op brede steun konden rekenen.

De effecten van die omslag waren aan het eind van de jaren 1990 ook in het Hansaviertel merkbaar, waar de politisering intussen geen rol meer speelde. Geïnspireerd door de discussies rond de eerste ontwerpen van 'Planwerk Innenstadt' zetten de architecten Salomon Schindler, Urs Füssler en Tobias Nöfer in 1997-1998 een project op rond de verdichting van het Hansaviertel, dat zij met een tentoonstelling in het U-Bahnstation Hansaplatz presenteerden. Het was hun doel om het Hansaviertel 'onderdeel van een veranderende stad' te maken.[38] Voor hen was 'verstoffing en starheid' een 'provocatie': de geringe dichtheid, de gebrekkige functionaliteit van de openbare ruimte en de 'stilistisch pure stijl van de bebouwing' stonden elke stedelijke beleving in de weg. Ze stelden voor om verschillende straten te accentueren met wandbebouwing en om de Hansaplatz in te richten op een manier die aansloot op de stedelijke structuren uit de negentiende eeuw. Deze voorstellen waren een provocatief hoogtepunt in de aanpak van het Hansaviertel. Het onderhoud van de in het begin zo bejubelde architectuur in het groen was vanaf de jaren 1960 meer en meer verwaarloosd. Maar sinds de millenniumwisseling is er sprake van een gestage revitalisering en tegenwoordig hoort de wijk door de combinatie van stedelijk wonen in een groene omgeving tot een van de populairste woongebieden van Berlijn.

Noten

1 Meer over de architectuur van het Hansaviertel in: Gabi Dolff-Bonekämper, *Das Hansaviertel, Internationale Nachkriegsmoderne in Berlin* (Berlijn: Verlag für Bauwesen, 1999); Stefanie Schulz en Carl-Georg Schulz, *Das Hansaviertel, Ikone der Moderne* (Berlijn: Braun Publishing, 2007).
2 'Internationale Bauausstellung 1957', in: *Bauwelt*, nr. 19 (1955), 374.
3 Günther Kühne, 'Die neue Stadt', in: *Bauwelt*, nr. 13 (1956), 289.
4 Ibid.
5 Brief van Sigfried Giedion aan Karl Mahler, 20 juli 1955, in: Landesarchiv Berlin, Rep. 9, Acc. 2427, nr. 52/53.
6 Meer over het politieke voortraject van Interbau in: Sandra Wagner-Conzelmann, *Die Interbau 1957 in Berlin. Stadt von heute – Stadt von morgen. Städtebau und Gesellschaftskritik der 50er Jahre* (Petersberg: Michael Imhof Verlag, 2007).
7 Zie: Peter Graf Kielmansegg, *Die Deutschen und ihre Nation. Nach der Katastrophe. Eine Geschichte des geteilten Deutschland* (Berlijn: Siedler Verlag, 2000); Christoph Klessmann, *Die doppelte Staatsgründung. Deutsche Geschichte 1945–1955* (Göttingen: Bundeszentrale für Politische Bildung, 1991), Schriftenreihe 193.
8 In 1951 werd ook in West-Berlijn de nationale Woningwet van kracht, zodat de stad nu onder het landelijke sociale woningbouwprogramma viel. In 1952 kon Berlijn ook profiteren van de wet op de evenredige verdeling van lasten tussen de onderlinge deelstaten. Zie ook Dieter Hanauske, *'Bauen, bauen, bauen...!' Die Wohnungspolitik in Berlin (West) 1945-1961* (Berlijn: Akademie Verlag, 1995), 584.
9 Jaarrede door Walter Ulbricht op het Derde Partijcongres van de SED op 20 juli 1950 in Berlijn, citaat ontleend aan Werner Durth, Jörn Düwel en Niels Gutschow, *Aufbau: Städte, Themen, Dokumente. Architektur und Städtebau in der DDR*, deel 2 (Frankfurt am Main: Campus Verlag, 1998), 84.
10 In zijn uitleg van principe 13 uit de '16 fundamentele principes voor stedelijke ontwikkeling' sprak de minister van Opbouw, Lothar Bolz, zich expliciet uit voor een compacte stadsstructuur: 'Overigens maakt dit principe ook een eind aan het oude twistpunt: compactheid of decentralisatie? In wezen is daarmee de keuze voor compacte bebouwing een feit.' 'Grundsätze des Städtebaus und ihre Erläuterung von Dr. Lothar Bolz, Stellvertreter des Ministerpräsidenten und Minister für Aufbau', in: Deutsche Bauakademie (red.), *Für einen fortschrittlichen Städtebau, für eine neue deutsche Architektur. Grundsätze und Beiträge zu einer Diskussion* (Leipzig: Vereinigung Volkseigener Verlag, 1951), 27-28.
11 Ibid, 12-29, hier over principe 6.
12 Zie ook: Durth, Düwel en Gutschow, *Aufbau*, op. cit (noot 9).
13 Albert Wischek, *Die neue Stadt. Internationale Bauausstellung im Berliner Tiergarten 1955*; Hans Schoszberger, *Internationale Bauausstellung Berlin*

Notes

1 For more on the architecture of the Hansaviertel, see Gabi Dolff-Bonekämper, *Das Hansaviertel, Internationale Nachkriegsmoderne in Berlin* (Berlin: 1999) and Stefanie Schulz and Carl-Georg Schulz, *Das Hansaviertel, Ikone der Moderne* (Berlin, 2007).
2 'Internationale Bauausstellung 1957', *Bauwelt*, no. 19 (1955), 374.
3 Günther Kühne, 'Die neue Stadt', *Bauwelt*, no. 13 (1956), 289.
4 Ibid.
5 Letter from Sigfried Giedion to Karl Mahler, 20 July 1955, in: *Landesarchiv Berlin*, Rep. 9, Acc. 2427, no. 52/53.
6 On the politicization of Interbau see Sandra Wagner-Conzelmann, *Die Interbau 1957 in Berlin. Stadt von heute – Stadt von morgen. Städtebau und Gesellschaftskritik der 50er Jahre* (Petersberg: 2007).
7 See Peter Graf Kielmansegg, *Die Deutschen und ihre Nation. Nach der Katastrophe. Eine Geschichte des geteilten Deutschland* (Berlin: 2000); Christoph Kleßmann, *Die doppelte Staatsgründung. Deutsche Geschichte 1945-1955* (Göttingen: Bundeszentrale für Politische Bildung, 1991), Schriftenreihe 193.
8 In 1951 West Berlin adopted the West German National Housing Act and thus the West German subsidized low-income housing policy. From 1952 onwards, Berlin benefited from the financial equalization system between the individual federal states. See Dieter Hanauske, *'Bauen, bauen, bauen...!' Die Wohnungspolitik in Berlin (West) 1945-1961* (Berlin: 1995), 584.
9 Report by Walter Ulbricht to the SED's Third Party Congress on 20 July 1950 in Berlin, quoted from Werner Durth, Jörn Düwel and Niels Gutschow, *Architektur und Städtebau in der DDR*, vol. 2 (1998), 84.
10 In his explanation of Principle 13 of the 16 principles of urban planning, Minister of Reconstruction Lothar Bolz explicitly advocated a compact urban fabric: 'Incidentally, this principle also resolves the old controversy: compact or decentralized? Essentially the decision for a compact structure has been taken.' 'Grundsätze des Städtebaus und ihre Erläuterung von Dr. Lothar Bolz, Stellvertreter des Ministerpräsidenten und Minister für Aufbau', in: Deutsche Bauakademie (ed.), *Für einen fortschrittlichen Städtebau, für eine neue deutsche Architektur. Grundsätze und Beiträge zu einer Diskussion*, (Leipzig: 1951), 27-28.
11 Ibid., 12-29, here about principle 6.
12 See Durth, Düwel and Gutschow: *Aufbau*, op. cit. (note 9), 111 ff.
13 Albert Wischek 'Die neue Stadt. Internationale Bauausstellung im Berliner Tiergarten 1955'; and Hans Schoszberger: Internationale Bauausstellung Berlin 1955, of 19 February 1953, both in Berlin State Archive, B Rep. 9 Acc. 2427, no. 29.
14 Ibid.
15 Karl Mahler, 'Internationale Bauausstellung Berlin 1956', *Bauwelt*, no. 35 (1953), 681-683.
16 'Berlin im Aufbau', title replaced by 'Die neue Stadt', Berlin State Archive B Rep. 9 Acc. 2427, no. 29.
17 First workshop on 28-29 October 1955, minutes, Akademie der Künste Berlin, Karl Otto Archive.
18 Internationale Bauausstellung Berlin 1956, first brochure, 1954.
19 First workshop on 28-29 Oct. 1955, minutes, Akademie der Künste Berlin, Karl Otto Archive.
20 Dietrich Schweer: 'Verwendbarkeit des preisgekrönten Entwurfs Jobst/Kreuer für die Internationale Bauausstellung 1956 im Hansaviertel vom 11.2.1954', quoted from Johann Friedrich Geist and Klaus Kürvers: *Das Berliner Mietshaus 1945-1989* (1989), 370 ff.
21 Ibid.
22 Ibid.
23 Hubert Hoffmann proposed implementing an 'ideal neighborhood' in Hansaviertel. In spring 1954, Sergius Reugenberg and Wolf von Möllendorff called for a 'neighborhood centre' in Hansaviertel and Hans Schoszberger suggested the topic of the peaceful use of nuclear fusion and the related construction tasks be a good contemporary theme for the exhibition. See Wagner-Conzelmann, *Die Interbau 1957 in Berlin*, op. cit. (note 6), 39 ff.
24 Senator für Bau- und Wohnungswesen Berlin, BDA (ed.), *Interbau Berlin 1957. Wiederaufbau Hansaviertel Berlin*, vol. 1 (Darmstadt: 1957), 7.
25 Developed by Karl Otto, Frei Otto and Günther Günschel, the exhibition pavilion was open on all sides and with its novel structure and special design was viewed as an exhibit in its own right: It was the first example of the MERO System as architecture: mass produced normed nodes and connecting rods on a 2.0-m grid.
26 Internationale Bauausstellung Berlin 1957 (Interbau), thematic exhibition 'die stadt von morgen', first workshop, Berlin 28-29 October 1955 and second workshop, Berlin 17-18 February 1956 at Hotel am Zoo, Akademie der Künste Berlin, Karl Otto Archive.
27 Karl Mahler said this at the second workshop. Internationale Bauausstellung Berlin 1957 (Interbau), thematic exhibition 'die stadt von morgen', first workshop, Berlin 28-29 October 1955, 32, Akademie der Künste Berlin, Karl Otto Archive.
28 Quoted from Interbau GmbH (ed.), *die stadt von morgen* (1957), preface.
29 Criticism of life in densely built big cities was almost a cliché by the early 1950s – in the mid-nineteenth century Wilhelm Heinrich Riehl had castigated industrialization's impact on big cities and their inhabitants. This critique was bolstered in the 1920s with the publication of Oswald Spengler's *Decline of the West*. Spengler contended that a society's respective pattern of urbanization reflected the state of its culture. Since contemporary cities were seen as a den of decay, they presaged the demise of the culture in question. The urban planning consensus was that dense big-city configurations

1955, 19 februari 1953, beide in: Landesarchiv Berlin, B Rep. 9 Acc. 2427, nr. 29.
14 Ibid.
15 Karl Mahler, 'Internationale Bauausstellung Berlin 1956', in: *Bauwelt*, nr. 35 (1953), 681-683.
16 *Berlin im Aufbau*, titel gewijzigd in *Die neue Stadt*, Landesarchiv Berlin B Rep. 9 Acc. 2427, nr. 29.
17 Notulen van het eerste *Bauherrengespräch*, 28 en 20 oktober 1955 (Berlijn: Akademie der Künste Berlin, Karl-Otto-Archiv).
18 'Internationale Bauausstellung Berlin 1956', eerste prospectus, 1954.
19 Op. cit. (noot 16).
20 Dietrich Schweer, 'Verwendbarkeit des preisgekrönten Entwurfs Jobst/ Kreuer für die Internationale Bauausstellung 1956 im Hansaviertel vom 11.2.1954', citaat ontleend aan Johann Friedrich Geist en Klaus Kürvers, *Das Berliner Mietshaus 1945-1989* (München: Prestel Verlag, 1989), 370 e.v.
21 Ibid.
22 Ibid.
23 Hubert Hoffmann stelde voor om met het Hansaviertel de 'ideale woonbuurt' te realiseren. In het voorjaar van 1954 drongen Sergius Reugenberg en Wolf von Möllendorff aan op het bouwen van een 'buurtcentrum' in het Hansaviertel. Hans Schoszberger meende dat een vreedzame toepassing van atoomkracht met de daaraan gerelateerde bouwopgaven een actueel thema voor de tentoonstelling zou vormen. Meer daarover in: Wagner-Conzelmann, *Die Interbau 1957 in Berlin*, op. cit. (noot 6), 39 e.v.
24 Senator für Bau- und Wohnungswesen Berlin en BDA (red.), *Interbau Berlin 57. Wiederaufbau Hansaviertel Berlin*, deel 1, Darmstadt: Verlag Das Beispiel, 1957, 7.
25 Het alzijdig open tentoonstellingspaviljoen van Karl Otto, Frei Otto en Günther Günschel werd door de vernieuwende constructie en bijzondere vormgeving zelf als tentoonstellingsobject beschouwd. Voor het eerst was er in de architectuur gebruik gemaakt van het MERO-systeem, bestaande uit in serie gefabriceerde koppelstukken en buizenframes van 2 m lengte.
26 Internationale architectuurtentoonstelling Berlijn 1957 (Interbau), thematentoonstelling 'die stadt von morgen', eerste werkgesprek, Berlijn, 28 en 29 oktober 1955, en tweede werkgesprek, Berlijn, 17 en 18 februari 1956 in Hotel am Zoo (Berlijn: Akademie der Künste, Karl-Otto-Archiv).
27 Uitspraak van Karl Mahler tijdens het tweede werkgesprek. Internationale Bauausstellung Berlin 1957 (Interbau), thematentoonstelling 'die stadt von morgen', eerste werkgesprek, Berlijn, 28 en 29 oktober 1955 (Berlijn: Akademie der Künste, Karl-Otto-Archiv), 32.
28 Uit: Interbau GmbH (red.): 'die stadt von morgen', 1957, introductie.
29 De kritiek op het leven in de grote steden met een grote dichtheid was aan het begin van de jaren 1950 al bijna cliché geworden, want al halverwege de negentiende eeuw had Wilhelm Heinrich Riehl de effecten van de industrialisatie op grote steden en hun inwoners negatief beschreven. Die kritiek won aan kracht in de jaren 1920 door de verschijning van Oswald Spengler's *Der Untergang des Abendlandes*. Wat hem betreft gaf het verstedelijkingspatroon van een bepaald moment in een maatschappij de staat van de cultuur weer. Aangezien de steden van die tijd oorden van verval waren, was voor hem duidelijk dat de culturele ondergang aanstaande was. Zo waren ook veel stedenbouwkundigen het erover eens dat de dichtbebouwde structuur van de grote stad een ongezonde leefomgeving vormde die opengewerkt en opnieuw georganiseerd moest worden. Daartoe werd bijvoorbeeld opgeroepen in de publicaties van de CIAM of in naoorlogse werken als *Organische Stadtbaukunst. Von der Großstadt zur Stadtlandschaft* van Hans Bernhard Reichow (1948).
30 Thematentoonstelling 'die stadt von morgen', sectie 'Stadt und Mensch', stelling 35. De voornaamste eisen aan de stedenbouw van morgen werden aan het einde van de tentoonstelling samengevat in een aantal grondregels, die de bezoeker als een soort stellingen of geboden op zich kon laten inwerken.
31 Ibid., stelling 26.
32 Ibid., stelling 40.
33 Ibid., samenvatting van de belangrijkste stedenbouwkundige basisprincipes voor 'die stadt von morgen', grondregel 2.
34 Ibid., sectie 'Stadt und Mensch', stelling 41, en informatietekst op tentoonstelling.
35 Ibid., stelling 41.
36 Ibid., stelling 45-47.
37 De socioloog Hans Paul Bahrdt riep al in 1952 op tot een andere benadering, aangezien het begrippenkader ten aanzien van het verwoestende grotestadsleven ontoereikend en misplaatst was. Ook in publicaties die ter gelegenheid van Interbau verschenen, spraken enkele auteurs zich uit tegen de gangbare argumenten van de grotestadskritiek. Zo benadrukte de psycholoog Otto Walter Haseloff in *Medizin und Städtebau* dat het een vooroordeel was dat de stadsbewoner per definitie eenzaam was, maar dat hij een bijzonder sterke behoefte aan communicatie had en dat daar in de stedenbouw rekening mee gehouden moest worden. Paul Vogler en Erich Kühn (red.), *Medizin und Städtebau. Ein Handbuch für gesundheitlichen Städtebau*, deel 1 en 2 (München: Urban & Schwarzenberg, 1957), 328.
38 Salomon Schindler, Urs Füssler en Tobias Nöfer, *Umbau des Hansaviertels*, tent.cat. (Berlijn, 1998), z.p.

created an iniquitous living environment and should therefore be disbanded and restructured, as was advocated for example by the treatises of CIAM and in post-war publications such as Hans Bernhard Reichow's *Organische Stadtbaukunst. Von der Großstadt zur Stadtlandschaft* (1948).
30 Thematic exhibition 'die stadt von morgen', section 'Stadt und Mensch', guideline 35.
31 Ibid., guideline 26.
32 Ibid., guideline 40.
33 Ibid., Summary of the key planning principles for 'die stadt von morgen', second planning principle.
34 Ibid., 'Stadt und Mensch', guideline 41, and the text on the exhibition panels.
35 Ibid., guideline 41.
36 Ibid., guidelines 45-47. The main challenges facing future urban planning were summarized at the end of the exhibition in the form of hypothesis-like planning principles that read like instructions/commandments which visitors should internalize.
37 For example, in 1952 sociologist Hans Paul Bahrdt already called for a change in mindset as the system of categories used to define destructive big-city life was inadequate and wrong. In the publications brought out to accompany Interbau some authors contradicted the usual arguments paraded as a critique of the big city; for example psychologist Otto Walter Haseloff stated in the 1957 volume of essays *Medizin und Städtebau* edited by Paul Vogler and Erich Kühn 'that it is a prejudice to assume big-city inhabitants are a priori lonely, as he rather has an especially vibrant need for communication, something urban planning must address'. Paul Vogler and Erich Kühn (eds.), *Medizin und Städtebau. Ein Handbuch für gesundheitlichen Städtebau*, vols. I and II (Munich etc.: 1957), 328.
38 Salomon Schindler, Urs Füssler and Tobias Nöfer, *Umbau des Hansaviertels*, exhibition catalog (Berlin: 1998), n.p.

Het Hansaviertel tijdens de tentoonstelling 'Interbau' (6 juli – 29 september 1957). Op de achtergrond de woontoren van Klaus Müller-Rhem en Gerhard Siegmann

The Hansaviertel during the exhibition 'Interbau' (July 6 – September 29, 1957). In the back the tower of Klaus Müller-Rhem en Gerhard Siegmann

Noud de Vreeze

Exposities op een keerpunt
Exhibitions at a Turning Point

NWR-BouwRAI 1990 en 1992 in Almere
NWR-BouwRAI 1990 and 1992 in Almere

Maquette van de Muziekwijk in Almere op de BouwRAI in Amsterdam,1990
Model of the Music District in Almere at the BouwRAI in Amsterdam, 1990

Vaak is pas achteraf vast te stellen of een bepaalde periode of gebeurtenis een keerpunt in de geschiedenis is geweest. In de gangbare geschiedschrijving van de volkshuisvesting in Nederland zijn de invoering van de Woningwet in 1902, de Tweede Wereldoorlog en het einde van de wederopbouwperiode rond de tweede helft van de jaren 1960 keerpunten. Externe gebeurtenissen vormden toen de aanleiding voor radicale accentverschuivingen in het beleid, in onderlinge verhoudingen tussen betrokkenen en vooral in hun oriëntatie op ambities, opgaven en werkwijzen. In de praktijk van de woningbouw zijn keerpunten vaak ook terug te vinden in nieuwe ontwerpprincipes voor woningen en woonbuurten. Dat maakt de woningvoorraad tot een goed te begrijpen bron van informatie over de maatschappelijke, economische en sociaal-culturele omstandigheden waarin woningen en woonbuurten tot stand kwamen. In de jaren 1980 ontstond een klimaat van heroriëntatie in het woningbouwbeleid, met ingrijpende gevolgen voor de praktijk van de woningbouw. Als gevolg van politieke debatten over de toekomst van de woningmarkt, de rol van de overheid en de ontwikkeling van woningcorporaties werden de bakens verzet en experimenten uitgevoerd waarmee nieuwe kansen werden verkend. In dit artikel zal ik de destijds veel besproken buitenexposities van de NWR-BouwRAI in 1990 en 1992 met de Muziekwijk en de Filmwijk in Almere beschrijven als opmaat voor een herwaardering van de uiterlijke verschijningsvorm van woningen en een heroriëntatie op de toen gangbare ontwerpprincipes voor woningplattegronden. Die architectonische revival is goed te begrijpen in de context van de beleidswijzigingen die werden ingezet als reactie op veranderende maatschappelijke en politieke omstandigheden.

Beperking van de rol van de overheid

De economische neergang van de jaren 1980 trof de bouwnijverheid hard en mede daardoor ontstond een debat over kerntaken van de overheid. De algemene noemer van het debat was de behoefte aan deregulering, decentralisatie en bezuinigingen op overheidsuitgaven. Het ministerie van VROM had een dure periode achter de rug met de sociale woningbouw als gangmaker om de stadsvernieuwing te stimuleren. Maar ook los daarvan dreigden de subsidies voor nieuwe woningen onbetaalbaar te worden door de werking van het stelsel van de dynamische kostprijshuur, waarmee de aanvangshuur van woningen met een jaarlijkse exploitatiebijdrage betaalbaar werd gehouden. Ook de omvang van de individuele huursubsidie nam zorgwekkend toe door hoge werkeloosheid en stagnatie in de inkomensontwikkeling. Hoewel de economie vanaf halverwege de jaren 1980 alweer aantrok en ook de bouwnijverheid zich al snel weer positief ontwikkelde, bleef de politiek zich inzetten voor ingrijpende beleidsbijstellingen.

In de politieke arena was overeenstemming over de noodzaak om te snoeien in het woud van subsidieregelingen en de daarbij horende verordeningen en procedures. Gemeentebesturen, opdrachtgevers in de particuliere sector en ook de woningcorporaties zouden meer ruimte moeten krijgen voor bouwinitiatieven en eigen ruimte voor beleidsontwikkeling. Er was vanaf de jaren 1950 een gedetailleerd stelsel van centrale planning en programmering ontstaan, waarbij investeringen en subsidies, locatiekeuze, bouwplanvoorschriften en de woningexploitatie in de sociale woningbouw vanuit Den Haag werden bepaald. Voor een centrale beoordeling van bouwplannen bestonden goede redenen: veel woningcorporaties en gemeentelijke diensten waren onvoldoende deskundig om hun rol als opdrachtgever of plantoetser goed te vervullen, de efficiency van bouwplannen kon ermee worden gewaarborgd, de kostprijs moest binnen bepaalde marges blijven om de noodzakelijke subsidies voor betaalbare woningen te

Often, it is only possible in retrospect to determine whether a particular period or event was a turning point in history. In the conventional historical account of public housing in the Netherlands, the introduction of the National Housing Act in 1902, the Second World War and the end of the post-war reconstruction in the second half of the 1960s are all considered pivotal events. In each of these cases, external incidents were the driving force behind radical accent shifts in policy, in the relationships between people involved and in particular in their orientation towards ambitions, in tasks and working methods. In house-building practice, turning points are also often reflected in new design principles emerging for houses and neighbourhoods. This makes the housing stock an easy-to-understand source of information about the societal, economic and sociocultural circumstances in which houses and residential districts came into being. In the 1980s a climate of reorientation in housing policy emerged, with radical consequences for the practice of house-building. As a result of political debate about the future of the housing market, the role of government and the development of housing associations, a new course was set and experiments were carried out in which new opportunities were explored. In this article, I will describe the outdoor exhibitions of the NWR-BouwRAI in 1990 and 1992 with the Muziekwijk and the Filmwijk, two neighbourhoods in Almere, which were much-discussed at the time, as a prelude to a reassessment of the appearance of houses and a reorientation on the then-standard design principles for dwelling floor plans. This architectural revival is perfectly understandable in the context of the policy changes deployed as a response to changing societal and political circumstances.

Limiting the Role of Government

The economic decline in the 1980s hit the building industry hard and with it came a debate about the core tasks of the government. The common denominator of the discussion was the need for deregulation, decentralization and cut-backs in government spending. The Ministry for Housing, Spatial Planning and the Environment had recently experienced an expensive period with public housing setting the pace to stimulate urban renewal. But aside from that, the subsidies for new housing were threatened to become unaffordable due to the workings of the system of dynamic cost price rental, where the initial rent of houses was kept reasonably priced with an annual operations contribution. The scale of individual housing benefit was also taking on worrying proportions due to high unemployment and stagnation in income development. Although the economy picked up from the mid-1980s onwards and the building industry quickly experienced positive development, politicians continued to support radical policy adjustments.

In the political arena, there was agreement about the necessity to cut into the jungle of subsidy schemes and the corresponding regulations and procedures. Local authorities, clients in the private sector and housing associations were to be given more scope for building initiatives and their own margins for policy development. From the 1950s onwards, a detailed system of central planning and programming had come into being, where investments and subsidies, choice of location, site layout regulations and public housing development were all decided by the national government. There were good reasons for assessing building plans centrally: many housing associations and municipal departments were not expert enough to fulfil their role properly as client or plan evaluator, the efficiency of building plans could be ensured, the cost price had to remain within certain margins to limit the subsidies necessary to implement affordable

beperken en de rijksleningen die nodig waren om überhaupt te kunnen bouwen, waren rechtstreeks gekoppeld aan de stichtingskosten. In de rijksbegroting werden per jaar middelen beschikbaar gesteld om een bepaald aantal woningen te realiseren. Dat maakte controle op kosten en kwaliteit noodzakelijk. En met de oplevering van woningen was de ambtelijke bemoeienis nog niet ten einde. In de eerste jaren van de exploitatie waren er jaarlijkse bijdragen, waarvoor de nodige berekeningen gemaakt moesten worden, en na enige jaren volgde de fase van aflossing van de rijksleningen. Dat alles had geleid tot een gedetailleerd stelsel van procedures en regels, waaraan een heel leger van ambtelijke diensten en afdelingen zijn legitimatie ontleende en waardoor ook bij gemeentelijke diensten en woningcorporaties een grote werkdruk ontstond. Decentralisatie en deregulering zouden jarenlang de richtinggevende thema's zijn waarmee de hele structuur van het volkshuisvestingsbeleid overhoop werd gehaald.

Bij de woningcorporaties had zich inmiddels een proces van professionalisering en schaalvergroting voltrokken; hun financiële armslag was enorm toegenomen. De groei van hun bezit sinds de Tweede Wereldoorlog had geleid tot steeds grotere organisaties, waarin steeds meer plaats was voor allerlei relevante specialisaties: projectmanagers, juristen, deskundigen voor financiële planning, huuradministratie, onderhoudswerken, woningtoewijzing, enz. De landelijke organisaties van woningcorporaties, NWR en NCIV, hebben daaraan decennia lang met een groot aanbod van cursussen en trainingen een stevige bijdrage geleverd. Voor iedere medewerker was er wel een cursus, eens of zelfs een paar keer per jaar, en dat hele opleidingscircus leidde langzaam maar zeker tot een zelfbewuste bedrijfstak, die eind jaren 1980 toe was aan een grotere zelfstandigheid.

Deregulering van ontwerpvoorschriften

In deze periode ontstond ook het inzicht dat bouwplannen meer dan in het verleden afgestemd moesten worden op lokale omstandigheden, op specifieke woonbehoeften en bijzondere kenmerken van verschillende typen bouwplaatsen. Vooral de kleinschalige stadsvernieuwing vroeg om bepaalde oplossingen en een uitgekiende differentiatie van woningtypen, die vaak ook pas na langdurige inspraakprocedures konden worden vastgesteld. De complexiteit van bouwopgaven nam toe en het op algemene uitgangspunten gebaseerde bouwbeleid van de rijksoverheid voldeed niet langer. Al in de jaren 1970 had de invoering van een subsidieregeling voor de huisvesting van alleenstaanden en tweepersoonshuishoudens twijfel gezaaid over de houdbaarheid van de algemene 'Voorschriften en Wenken voor het ontwerpen van woningen'.[1] Die regels zouden te veel gebaseerd zijn op het standaard huishouden, zoals de beleidsmakers in Den Haag zich dat voorstelden. In de praktijk bleek een veel grotere en ook onvoorspelbare variatie aan woningtypen wenselijk te zijn.

In het *Actieprogramma Goedkoper Bouwen* van het ministerie van VROM (1984) was een vergaand voorstel opgenomen om een einde te maken aan de verschillende gemeentelijke bouwverordeningen en rigide ontwerpvoorschriften voor de gesubsidieerde woningbouw. Velen vonden dat het stelsel van ontwerpvoorschriften en technische bepalingen veel tegenstrijdige, achterhaalde en soms ook overbodige regels bevatte. Het zou vervangen moeten worden door een modern, exact geformuleerd en algemeen geldig stelsel van prestatie-eisen, gegroepeerd rondom enkele fundamentele kwaliteiten zoals veiligheid, duurzaamheid, energiezuinigheid en bruikbaarheid. Die laatste kwaliteit zou voortaan in hoofdlijnen worden vastgelegd in enkele maatvoorschriften en verder vooral gebaseerd zijn op het principe van 'vrije indeelbaarheid'. Een woning zou ruimte moeten bieden aan

housing and the government loans required to build at all were directly linked to the total investment costs. Resources were made available every year in the national budget to realize only a certain number of houses, which made it essential to monitor costs. However, interference from civil servants did not end with the realization of houses. In the first few years of development, there were annual contributions for which the necessary calculations had to be made, and, after several years, the phase of redeeming government loans followed. All of this had led to a detailed system of procedures and rules, from which an entire army of municipal departments derived their legitimacy and through which a significant workload was generated in municipal departments and housing associations. Decentralization and deregulation remained the guiding themes for many years, which turned the entire structure of public housing policy upside down.

In the meantime, a process of professionalization and expansion had taken place at the housing associations; their financial reach had increased enormously. The growth of their property since the Second World War had resulted in increasingly large organizations, where there was ever more space for all sorts of relevant specializations: project managers, lawyers, financial planning experts, rents administration, maintenance, house allocation and so on. The national housing association organizations, NWR and NCIV, made a significant contribution for decades by providing a large selection of courses and training. There was always a course available for every employee, sometimes even a few times per year, and the whole training circus resulted slowly but surely in a self-assured sector, which was ready for greater independence in the late 1980s.

Deregulation of Design Regulations

In this period, it also became apparent that building plans, more so than in the past, had to be tuned to local circumstances, specific housing requirements and special characteristics of different types of building sites. Small-scale urban renewal, in particular, demanded certain solutions and clever differentiation in types of houses, which additionally could often only be determined after protracted public debates. The complexity of building tasks increased and the government's building policy, based on general principles, was no longer good enough. In the 1970s, the introduction of a housing subsidy scheme for households with one or two people had sown doubt about the durability of the general *Voorschriften en Wenken voor het ontwerpen van woningen* (Regulations and Tips for the Design of Houses).[1] These rules were considered to be overly based on the standard household, as the national government imagined it to be. In reality, a much larger and also unpredictable variation in house types turned out to be desirable.

In the Ministry for Housing, Spatial Planning and the Environment's *Actieprogramma Goedkoper Bouwen* (Action Programme for Cheaper Building) (1984), there was a far-reaching proposal to put an end to the various municipal building regulations and rigid design rules for subsidized housing. Many people found that the system of design regulations and technical conditions contained a great deal of contradictory, outmoded and sometimes also unnecessary rules. It needed to be replaced with a set of modern, precisely formulated and generally applicable performance requirements, grouped round a few fundamental qualities such as safety, durability, energy conservation and practicability. The latter would from then on be recorded in outline in a few customized requirements and, apart from that, be mainly based on the principle of 'free arrangement'. A house should provide space for certain living functions and would therefore need to have a

Muziekwijk Almere, net na oplevering,1990
Music District Almere, after its completion,1990

Vrouwvriendelijk wonen in de jaren 1990: 'De functies van kamers moeten uitwisselbaar zijn, omdat vrouwen steeds zelfstandiger in het leven komen te staan. Vrouwen willen zelf bepalen hoe zij hun levens inrichten, al dan niet met een partner. Zij willen dus ook zelf uitmaken hoe ze hun woning bewonen, geheel aangepast aan eigen leefomstandigheden.' (L. Hartsuyker, 1990)
Female-friendly homes in the 1990s: 'The functions of the rooms should be interchangeable, because women are becoming increasingly independent. Women want to decide for themselves how to organize their lives, with or without a partner. Which means that they also want to decide how they inhabit their homes, completely adapted to their own living conditions'.
(L. Hartsuyker, 1990)

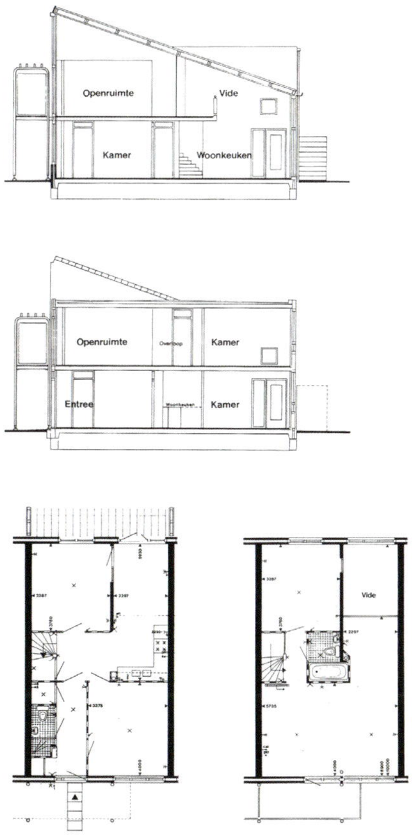

De woningen van Hartsuyker Architecten, anno 2013
The dwellings by Hartsuyker Architecten, 2013

bepaalde woonfuncties en daarvoor een minimum vloeroppervlak en enkele nader omschreven technische faciliteiten moeten bieden. Hoe die functies precies in vertrekken worden gegroepeerd, zou ter keuze zijn aan de bewoners, of de architect zou samen met zijn opdrachtgever een plattegrond overeen kunnen komen, die hen handig en aantrekkelijk leek. Geen landelijke voorschriften meer voor de woningindeling!

Met dit principe werd aangesloten bij een lange traditie van 'flexibiliteit en aanpasbaarheid', waarover decennia lang in nota's en analyses was gedebatteerd en in bouwprojecten geëxperimenteerd. Het principe van de 'vrije indeelbaarheid' is uiteindelijk in het nieuwe Bouwbesluit terecht gekomen, dat als één van de dereguleringsmaatregelen voor de bouwnijverheid in 1992 is ingevoerd.

Herwaardering van het architectonisch ontwerp

Keerpunten in de geschiedenis ontstaan als door bepaalde gebeurtenissen en ontwikkelingen tegelijkertijd op veel verschillende niveaus van het maatschappelijk leven veranderingen geforceerd worden, met een richting waarover op grote schaal overeenstemming bestaat. In het volkshuisvestingsbeleid van de jaren 1980 bestond op grote schaal eenstemmigheid over de noodzaak van deregulering, en ook decentralisatie was een door velen ondersteunde ambitie. De omstandigheden waren gunstig: een parlementaire enquête naar de werking van bouwsubsidies (1987) had aangetoond dat het stelsel van subsidies voor de woningbouw zo complex en onoverzichtelijk was geworden, dat allerlei onwenselijke en soms zelfs frauduleuze neveneffecten waren ontstaan. Velen vonden de procedures rond de ontwikkeling van woningbouwplannen traag en inefficiënt, en onvoldoende afgestemd op lokale omstandigheden en wensen. Bij woningcorporaties en het ministerie van VROM werd men zich bewust van de onnodige en energieverslindende procedures rond subsidieverlening enerzijds en terugbetalingsverplichtingen anderzijds. Het op deze manier 'rondpompen van geld' kon niet de bedoeling zijn van het volkshuisvestingsbeleid, dat toch vooral beoogde een bijdrage te leveren aan het oplossen van maatschappelijke problemen. Daarbij veronderstelde men dat de stagnatie in de koopwoningenmarkt ook wel eens een signaal kon zijn van dieper liggende fricties in het aanbod van woningen: teveel van hetzelfde en te weinig aansluiting van de woonlasten tussen de huur- en de koopsector.

In dit klimaat van heroverweging van allerlei fundamentele structuren in het volkshuisvestingsbeleid werd tegelijkertijd ook op allerlei fronten aandacht gevraagd voor een herwaardering van de architectonische en stedenbouwkundige kwaliteit van woningen en woonbuurten. De kritiek richtte zich aanvankelijk vooral op de kwaliteit van woningbouw in stadsvernieuwingsprojecten. Daar werd de uitkomst van planontwikkelingsprocessen zo langzamerhand vooral bepaald door inspraakprocedures en onderhandelingen over bouwkosten, bijkomende kosten, aanbestedingsresultaten, huurprijsberekeningen en verhuisvergoedingen, en al lang niet meer door tot de verbeelding sprekende ontwerpprincipes, architectonische allure of fraaie stedenbouwkundige composities. Waren opdrachtgevers en gemeentelijke politici nog wel persoonlijk betrokken bij projecten die de komende 100 jaar het stadsbeeld zouden bepalen? Kenden ze de grote prestaties van de jaren 1920 en 1930, en durfden ze hun eigen projecten te vergelijken met wat Berlage en de woningcorporaties van destijds in Amsterdam-Zuid hadden gepresteerd?

Dergelijke vragen kwamen aan de orde in de spraakmakende landelijke Werkgroep 5x5, die, mede op initiatief van de toenmalige Haagse wethouder Adri Duivesteijn, een grote kring van betrokkenen

minimum floor area and a few technical facilities to be described further. How these functions were to be grouped precisely in rooms would be up to the inhabitants themselves, or the architect would agree on a floor plan together with his client, one that appeared practical and attractive. No more national regulations for the layout of houses!

This principle was in keeping with a long tradition of 'flexibility and adaptability', which had been debated for decades in memoranda and analyses and experimented with in building projects. The principle of 'free arrangement' ultimately ended up in the new Building Regulations, which was implemented as one of the deregulatory measures for the building industry in 1992.

Reassessment of the Architectural Design

Turning points in history happen when certain events and developments simultaneously force change at many different levels of society, and take a direction over which there is broad consensus. There was large-scale unanimity about the necessity for deregulation in public housing policy in the 1980s, and for many people decentralization was also an ambition. The circumstances were favourable: a parliamentary enquiry into the functioning of building subsidies (1987) had demonstrated that the system of housing subsidies had become so complex and obscure that all sorts of undesirable and sometimes even fraudulent side effects had developed. Many people considered the procedures for the development of housing plans to be slow and inefficient, and insufficiently tuned to the local situation and wishes. At the housing associations and the Ministry for Housing, Spatial Planning and the Environment, people were aware of the unnecessary and energy-wasting procedures relating to the granting of subsidy on the one hand and repayment obligations on the other. This method of 'pumping money around' was surely not the intention of the public housing policy, which really aimed mainly to contribute to solving problems in society. In addition, people assumed that the stagnation in the owner-occupied property market could be a signal of deeper-lying friction in the supply of houses: too many of the same type and not enough of a match between housing expenses between the rental and private sectors.

In this climate of reconsideration of all sorts of fundamental structures in public housing policy, the issue of a reassessment of the architectural quality of houses and residential neighbourhoods was raised on many fronts simultaneously. Initial criticism was focused primarily on the quality of housing in urban renewal projects. In that area, the outcome of plan development processes had for a long time been gradually determined mainly by public debates, additional costs, tender results, rent calculations and house-moving allowances, and no longer by design principles that appealed to the imagination, architectural allure or attractive urban design compositions. Were clients and municipal politicians still personally involved in projects that would define the image of the city for the next century? Were they familiar with the significant achievements in the 1920s and 1930s and did they dare to compare their own projects with what Berlage and the housing associations had accomplished at that time in Amsterdam-South?

Questions like this came up in the high-profile national Werkgroep 5x5, which brought together a large circle of parties involved in local housing policy in symposiums and discussion meetings, partly on the initiative of The Hague city councillor at that time, Adri Duivesteijn. For a year, new ambitions were formulated, not in terms of official procedures, but for inspired clients and housing architecture that would make a worthy contribution to the quality of cities. Project teams in five municipalities were followed during a period of several months to find

bij lokaal woningbouwbeleid bij elkaar bracht in symposia en discussiebijeenkomsten. Een jaar lang werden nieuwe ambities geformuleerd, niet in termen van ambtelijke procedures, maar voor bezield opdrachtgeverschap en een woningbouwarchitectuur die een waardige bijdrage zou leveren aan de kwaliteit van steden. In vijf gemeenten werden gedurende enige maanden projectteams gevolgd om erachter te komen welke kwalitatieve ambities er eigenlijk aan de orde waren en wat daarvan in meer algemene beleidstermen geleerd kon worden. Tijdens de zogenaamde Week van de Volkshuisvesting werd in maart 1987 in Rotterdam een grote manifestatie gehouden met lezingen en een tentoonstelling, waarbij goede en slechte voorbeelden zonder enige terughoudendheid werden gepresenteerd. De tijd was rijp om opnieuw over woningbouw te praten in termen van ambities en prestaties. Konden we nog wel trots zijn op al die buurten in groeisteden en groeikernen als Nieuwegein en Maarssenbroek, en had de vernieuwing van de Schilderswijk in Den Haag wel een stedelijke omgeving opgeleverd met karakter en allure?[2]

Het lijkt erop dat in deze periode woningcorporaties als grote professionele opdrachtgevers in de woningbouw de weg terug vonden naar de betekenis van architectonische en stedenbouwkundige kwaliteit voor hun bedrijfsvoering en hun bedrijfsidentiteit. Het *Woningraad Magazine* van de Nationale Woningraad ging weer publiceren over ambitieuze bouwprojecten. Jarenlang was het in dat invloedrijke tijdschrift vooral gegaan over technische en ambtelijke onderwerpen als nieuwe subsidieregelingen, onderhoudsplanning, huuradministratie en bedrijfsautomatisering, terwijl het zichtbare resultaat van alle inspanningen, namelijk de woningen die werden gebouwd en de buurten die werden beheerd, niet in beeld kwam en dus ook niet besproken werd. In de vooroorlogse jaren had het *Tijdschrift voor Volkshuisvesting* regelmatig gepubliceerd over de buurten die woningcorporaties lieten bouwen. Ongetwijfeld is de brede verspreiding van het gedachtegoed en de vormentaal van de tuinstadbeweging uit die tijd mede te danken aan de vele publicaties daarover. Eind jaren 1980 nam de Nationale Woningraad de traditie van publicaties over projecten weer op, waardoor recent werk van architectenbureaus en ook van jong talent breder bekend werd.

Tijdens een zesdaagse NWR-conferentie over architectuur en volkshuisvesting (1989) werd een internationaal overzicht gegeven van ontwikkelingen in de architectuur. De belangstelling was groot en Jan de Vletter, jarenlang directeur van woningcorporatie Groene Stad Almere, beschrijft in zijn memoires hoe belangrijk die conferentie is geweest voor zijn ontwikkeling als opdrachtgever in de sociale woningbouw. Veel directeuren van woningcorporaties hadden zich vanuit administratieve en bestuurlijke functies ontwikkeld en ontdekten pas later de tradities en architectuur en stedenbouw als een welkome aanvulling op hun fascinatie voor de sector. Wat zich afspeelde in de kring van woningcorporaties werd natuurlijk mede geïnitieerd en gestimuleerd door wat elders gebeurde: de publicatie van een *Jaarboek voor Architectuur* vanaf 1987, de oprichting van het Nederlands Architectuurinstituut in Rotterdam in 1990, een Stimuleringsfonds voor architectuur van de rijksoverheid, de opkomst van lokale architectuurcentra. Het droeg allemaal bij aan een stimulerend en inspirerend klimaat, waardoor veel betrokkenen bij de woningbouw werden beïnvloed.

De NWR-BouwRAI Exposities in Almere

Eind jaren 1980 kwamen drie organisaties bij elkaar, die ieder op eigen wijze deel uitmaakten van de hiervoor geschetste ontwikkeling en die, samengebracht in één initiatief, achtereenvolgens twee buurten

out what their qualitative ambitions actually were and what could be learned from this in more general policy terms. During the so-called Public Housing Week, a large event was held in Rotterdam in March 1987 with lectures and an exhibition, where good and bad examples were presented without any restraint whatsoever. The time was ripe for talking about housing once again in terms of ambitions and achievements. Could the Dutch still be proud of all those neighbourhoods in growth cities and centres of urban expansion such as Nieuwegein and Maarssenbroek, and did the renewal of the Schilderswijk district in The Hague really produce an urban area with character and style?[2]

It seems that in this period housing associations, as large professional clients in the housing sector, found their way back to the meaning of architectural and urban design quality for their operations and company identity. The *Woningraad Magazine* (Housing Board Magazine) from the Nationale Woningraad (NWR; National Housing Board) started publishing articles again about ambitious building projects. For years, this influential publication had dealt mainly with technical and official subjects such as new subsidy schemes, maintenance planning, rent administration and company computerization, while the visible result of all the efforts, in other words the houses that were built and the neighbourhoods that were managed, were not in the picture and were therefore not discussed. In the pre-war years, the *Magazine for Public Housing* had regularly published about the neighbourhoods that housing associations had built. The broad dissemination of ideas and the form language of the garden city movement at that time were undoubtedly partly due to the many publications about these subjects. In the late 1980s, the NWR picked up the tradition of publications about projects once again, so recent work by architecture firms as well as young talent would become more widely known.

During a six-day NWR conference about architecture and public housing (1989), an international overview of developments in architecture was given. There was a great deal of interest and Jan de Vletter, for many years the director of the Groene Stad Almere housing association, described in his memoirs how important this conference was for his development as a client in the social housing sector. Many directors of housing associations had come from administrative and management functions and discovered only at a later stage the traditions and architecture and urban design as a welcome addition to their fascination for the sector. What happened within the circle of housing associations was naturally partly initiated and stimulated by what was taking place elsewhere: the publication of an *Architecture Yearbook* from 1987 onwards, the founding of the Netherlands Architecture Institute in Rotterdam in 1990, a government-backed Architecture Fund and the rise of local architecture centres. It all contributed to a stimulating and inspiring climate, which influenced many people involved in the housing sector.

The NWR-BouwRAI Exhibitions in Almere

In the late 1980s three organizations came together, each in their own way part of the development sketched above and once brought together in a single initiative, they realized two neighbourhoods one after the other, which expressed what the agenda should be for the housing sector in the years to come. The RAI in Amsterdam already had a grand tradition of well-attended trade fairs for the automotive industry, the catering sector, tourism, water sport, the installation sector, the cleaning trade and also the building industry. The NWR, the national umbrella organization for housing associations, had for several years

De woningen van Mecanoo Architecten, 2013
The dwellings by Mecanoo Architecten, 2013

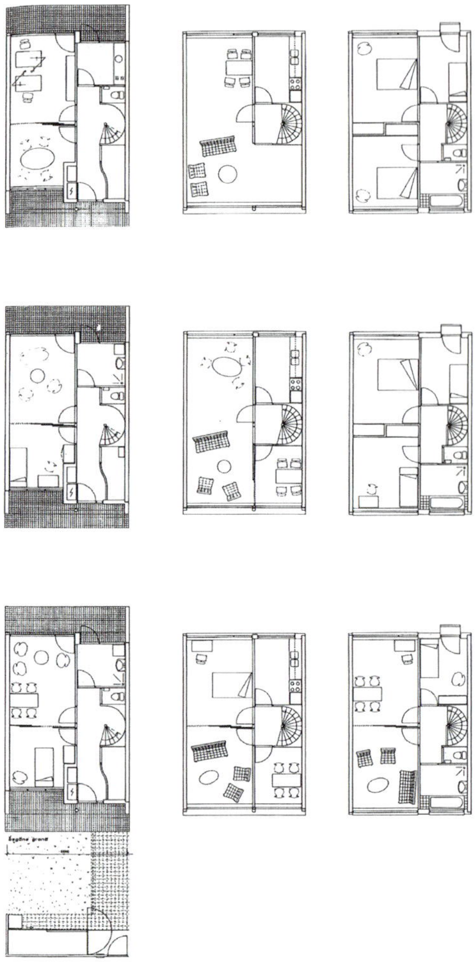

Samen wonen in 13 huizen: 'Er zijn meerdere samenlevingscombinaties te bedenken die een permanente of een tijdelijke sociale relatie met elkaar hebben en dit ook in het wonen tot uitdrukking willen brengen. Ons project laat zien hoe verschillende vormen van samenwonen in een gebouwstructuur kunnen worden ondergebracht.' (F. Houben, Mecanoo Architecten, 1990)

Living together in 13 houses: 'Various forms of living together can be conceived of that have a permanent or a temporary social relationship to each other, and that also want to be expressed in their residential form. Our project shows how different forms of cohabitation can all be accommodated in one building'. (F. Houben, Mecanoo Architecten, 1990)

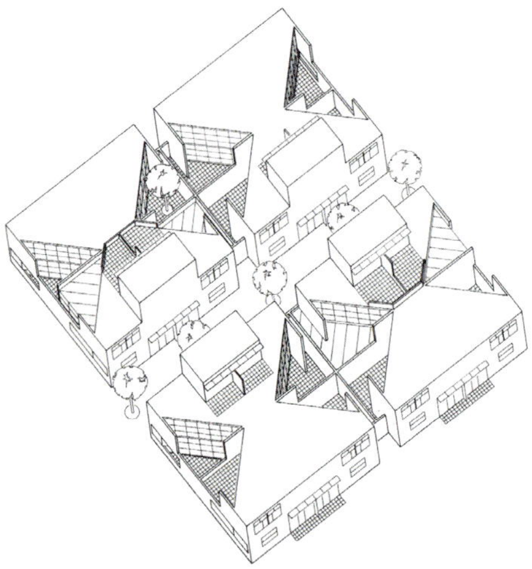

Herman Hertzberger, *woonwerkhuis/atelier 2000*
Herman Hertzberger, *Studiohouses 2000*

De woningen van Herman Hertzberger, 2013
The dwellings by Herman Hertzberger, 2013

tot stand brachten die uitdrukking gaven aan wat de agenda zou moeten zijn voor de woningbouw in de komende jaren. De RAI in Amsterdam had een grootse traditie achter de rug van goed bezochte vakbeurzen voor de autobranche, de horeca, toerisme, watersport, de installatiesector, de schoonmaakbranche en ook voor de bouwnijverheid. De NWR, de landelijke koepel van woningcorporaties, was al enige jaren betrokken bij de vakbeurs voor de bouwnijverheid en de woningbouw, die steeds meer dreigde af te zakken tot een banale tentoonstelling voor bedrijfspresentaties en nieuwe producten van bouwbedrijven en de toeleveringsindustrie. Hoewel er soms ook presentaties waren opgenomen van gemeenten, adviesbureaus, projectontwikkelaars en beroepsverenigingen constateerde men dat het aantal bezoekers al enige jaren terugliep en men zocht naar een nieuwe formule die een bezoek weer aantrekkelijk zou maken. De NWR zat midden in het overleg met de rijksoverheid over de herziening van de regelgeving in de volkshuisvesting en de herpositionering van woningcorporaties, gericht op een bredere opdracht dan het alleen onder strenge overheidsregie bouwen en beheren van goedkope huurwoningen. En dan was er de gemeente Almere, die een interessante partner bleek te zijn om de formule van de NWR-BouwRAI te vernieuwen omdat Almere, om aantrekkelijk te blijven voor woningzoekenden, zo langzamerhand meer moest kunnen bieden dan uniforme rijtjeswoningen met een tuintje voor en een tuintje achter. Er waren weliswaar lage huren en lage koopprijzen, en er was een aantal experimentele woningen gebouwd met verleidelijke namen als 'De Fantasie' en 'De Realiteit', maar het totale aanbod was uiteindelijk toch niet erg gevarieerd en ook het straatbeeld was meestal niet om over naar huis te schrijven.

Samen bedachten NWR, RAI en gemeente Almere in het voorjaar van 1988 een 'gebouwde' tentoonstelling van vernieuwende woningontwerpen, de NWR-BouwRAI Expositie onder de titel: 'Bouwen en wonen in de jaren negentig'. Bekende en ambitieuze opdrachtgevers en architecten zouden worden uitgedaagd nieuwe woningtypen te ontwikkelen als antwoord op de te verwachten woonbehoeften van de toekomst. Het project moest in minder dan twee jaar tot stand gebracht worden, van de allereerste afspraken tot opgeleverde en voor een groot deel bewoonde woningen. Daarbij werd meteen overeengekomen dat alle gebruikelijke procedures zouden worden gevolgd: de toekenning van subsidies voor sociale huur- en koopwoningen door de provincie, de bestemmingsplanprocedure, de planontwikkeling door opdrachtgevers en architecten, en de toetsing van bouwplannen aan de technische voorschriften en het welstandsadvies. Er zou een maximaal gedifferentieerd bouwprogramma gerealiseerd worden waarin alle sectoren van de woningbouw evenredig zouden zijn vertegenwoordigd: goedkoop en duur, huur en koop, gesubsidieerd en ongesubsidieerd, grondgebonden woningen en appartementen, grote en kleine woningen. Opdrachtgevers, die belangstelling toonden om mee te doen, zouden uitgedaagd worden om met bekende architecten te werken, van wie een grensverleggend ontwerp verwacht kon worden. De goedkeuring van voorstellen voor de te contracteren architecten kwam te liggen bij ambtenaren van de gemeente Almere. Omdat de gemeente Almere eigenaar was van de grond, lag zo'n beslissende rol voor de hand.

Achteraf zijn in de projecten van de eerste NWR-BouwRAI Expositie twee eigenschappen te onderscheiden die afwijken van wat destijds gangbaar was. Veel ontwerpers probeerden met toevoegingen aan gevels en soms met andere dan rechtlijnige schakelingen de veel besproken saaiheid van doorsnee rijtjeshuizen te doorbreken. Dat was op zichzelf geen onbekend ontwerpthema. Ook in de jaren 1970

been involved with the trade fair for the building industry and the housing sector, which was increasingly in danger of slipping down into nothing more than a banal exhibition of company presentations and new products from building companies and suppliers. Although sometimes presentations by municipalities, consultancy firms, property developers and professional associations were included, the number of visitors had been declining for several years and people were looking for a new formula that would make a visit an attractive proposition once again. The NWR was in the middle of discussions with the government to review the public housing regulations and the repositioning of housing associations, with the focus on a broader task than just building and managing cheap rented accommodation under strict government control. And then there was the municipality of Almere, which turned out to be an interesting partner to renew the NWR-BouwRAI formula because by now Almere had to offer more than standard rows of houses with a garden front and back to keep attracting house hunters. There were certainly low rents and house prices and some experimental houses had been built with appealing names such as 'The Fantasy' and 'The Reality', but the range of houses on offer was ultimately not very varied and the streetscape was usually nothing to write home about, either.

Together NWR, RAI and the municipality of Almere came up with the idea of a 'built' exhibition of innovative house designs in the spring of 1988 – the NWR-BouwRAI Exhibition under the title: 'Building and Living in the 1990s'. Well-known and ambitious clients and architects were to be challenged to develop new types of houses as a response to the expected housing requirements of the future. The project had to be realized in less than two years, from the very first specifications to finished and largely inhabited houses. In addition, the agreement was immediately reached that all the usual procedures would be followed: the awarding of subsidies for social rented and private properties by the province, the land use plan procedure, the process of development by clients and architects and the assessment of construction plans against technical regulations and the aesthetic control advice. A maximally differentiated building programme would be realized in which every housing sector would be evenly represented: cheap and expensive, rented and private, subsidized and unsubsidized, ground-floor houses and apartments, large and small houses. Clients expressing an interest in taking part would be challenged to work with well-known architects, who could be expected to create a pioneering design. The approval of proposals for the architects to be contracted was to be carried out by the civil servants at the municipality. The council owned the land so this deciding role was logical.

In retrospect, the projects in the first NWR-BouwRAI Exhibition had two characteristics that deviated from the standard at that time. Many designers attempted to break through the much-discussed dullness of average terrace houses with additions to the façades and sometimes by linking houses with non-straight lines. That was actually not an entirely unknown design theme. In the 1970s architects had also often used small-scale variations in façades and building block forms to make the streetscape livelier. But because of the austere housing of the 1980s, there was very little to be seen of this in the early 1990s. For years, the official (and political) instruction given to clients and architect was that 'trimmings' were to be avoided as much as possible.

But the principle of 'free arrangement' and the desirability of being able to live in a house in different ways were more important than appreciation of the external appearance. All the architects described the house type they had designed with terms such as flexibility, interchangeability of living functions, adaptability and free

hadden architecten vaak kleinschalige variaties in gevels en bouwblokvormen toegepast om het straatbeeld levendiger te maken. Maar door de sobere woningbouw van de jaren 1980 was daarvan begin jaren 1990 nog maar weinig terug te vinden. 'Toeters en bellen' moesten zoveel mogelijk worden vermeden, dat was jarenlang de ambtelijke en politieke instructie geweest aan opdrachtgevers en architecten.

Maar belangrijker dan waardering voor de uiterlijke verschijningsvorm was het principe van de 'vrije indeelbaarheid' en de wenselijkheid om een woning op verschillende manieren te kunnen bewonen. Alle architecten beschreven het door hen ontworpen woningtype met termen als flexibiliteit, uitwisselbaarheid van woonfuncties, aanpasbaarheid en vrije indeelbaarheid. Uitgangspunt was dat het toekomstig gebruik van de woning niet meer zo exact te voorspellen was als in voorafgaande decennia werd verondersteld. Er zou zich volgens de initiatiefnemers en architecten een toename van kleine huishoudens voordoen, maar het was onzeker hoe de samenstelling zou zijn en hoe ze zouden willen wonen. De woning moest dus hoe dan ook neutraal zijn, flexibel èn aanpasbaar. Dat was het adagium dat alle deelnemers aan de eerste NWR-BouwRAI Expositie, opdrachtgevers en architecten, centraal stelden. In alle toelichtingen op de ontwerpen werd, in verschillende bewoordingen en met verschillende ontwerptechnische consequenties, afstand genomen van het `doorsnee gezin' en de daarbij horende standaards voor woonpatronen en woningplattegronden. Om deze zo frappant overeenstemmende ambitie te realiseren, werden verschillende middelen ingezet: verplaatsbare binnenwanden, vrije aansluitmogelijkheden van installaties en sanitair op een voorzieningenwand, voorzieningen voor diverse opties (balkons, een dakopbouw, een buitentrap, een inpandige berging of garage), een neutrale maatvoering van vertrekken en accessoires die aan de woning konden worden toegevoegd (serres, erkers, carports, luifels, enz.). Naast deze nogal specifieke ontwerpstrategieën was er één maatregel om de woning neutraal, flexibel en aanpasbaar te maken, die door alle ontwerpers werd toegepast, en dat was overmaat. Grotere vertrekken laten meer gebruiksmogelijkheden toe dan kleine; grote woningen zijn minder dwingend in het gebruik dan kleine. Dit inzicht was eerder al als een voor de hand liggende conclusie naar voren gebracht in het proefschrift van H. Priemus *Wonen, kreativiteit en aanpassing* uit 1969.

De Muziekwijk van 1990

De eerste NWR-BouwRAI Expositie kwam in 1990 in grote haast tot stand. Nadat het idee tussen de drie initiatiefnemende partijen was besproken en omarmd, resteerde minder dan twee jaar voor de selectie van deelnemers, het planproces, de bouw en de oplevering. Er werd daarom gekozen voor een onbebouwde kavel tussen wijken die kort daarvoor waren opgeleverd. De aanleg van infrastructuur zou daardoor geen vertraging opleveren. Over het stedenbouwkundig plan werd niet moeilijk gedaan: de door de gemeente Almere geselecteerde opdrachtgevers mochten het ontwerp voor een woningtype indienen en een voorstel doen voor een bouwblokvorm zonder dat er bijzonderheden over de locatie bekend waren. De goedgekeurde bouwplannen zouden door stedenbouwkundigen van de gemeente Almere samengevoegd worden tot een aannemelijk stedenbouwkundig plan.

Juist op dat punt, de logische samenhang tussen bouwblokvormen en de verkaveling, werd het project in de vakpers nogal negatief becommentarieerd. Bouwblokken met hele specifieke vormen waren willekeurig in de verkaveling terecht gekomen en ook de welstandscommissie gaf een negatief advies af over het project, omdat er te weinig herkenbare samenhang tussen de bouwblokken was ontstaan. Het advies van de welstandscommissie werd echter niet overgenomen

arrangement. The rationale was that the future use of the house could no longer be predicted as precisely as had been assumed in previous decades. According to the initiators and architects, there would be an increase in small households, but it was uncertain what their composition would be and how people would want to live. So in any case, the house would need to be neutral, flexible and adaptable. That was the motto given a central role by all the participants in the first NWR-BouwRAI Exhibition, both clients and architects. In all the explanations of the designs, in different terms and with varying design consequences, the concept of the 'average family' and the corresponding standards of living patterns and floor plans was abandoned. In order to realize this strikingly consistent ambition, different interventions were deployed: moveable interior walls, free connection possibilities for installations and sanitary fittings on a facilities wall, amenities for various options (balconies, a roof structure, an external stair, an internal shed or garage), neutral dimensions of rooms and accessories that could be added to the house (sun lounges, bay windows, carports, canopies, and so forth). Besides these rather specific design strategies, there was one particular measure to make the house neutral, flexible and adaptable that was utilized by all the designers, and that was a degree of 'overmeasure'. Larger rooms allow for more possibilities of use than small ones; large houses are less imperative in use than those that are small. This insight had been brought to the fore earlier as a logical conclusion in H. Priemus's dissertation *Wonen, kreativiteit en aanpassing* (Living, creativity and adaptation), published in 1969.

The 1990 Muziekwijk

The first NWR-BouwRAI Exhibition was realized in 1990 in a great hurry. After the idea had been discussed and accepted by the three initiating partners, there were less than two years left for the selection of participants, the planning process, construction and realization. So the choice fell on an undeveloped plot between neighbourhoods that had become available shortly before. As a result, the installation of infrastructure wouldn't be delayed. There was no fuss made about the urban design: the clients selected by the municipality of Almere were allowed to submit the design for a house type and make a proposal for a building block form without any particulars of the location being known. The approved building plans would be combined to create a credible urban design by the city planners.

It was this particular point, the logical coherence between building block forms and the land division, which led to rather negative commentary about the project in the trade journals. Building blocks with very specific forms were sprinkled randomly across the land division and the aesthetic control committee's opinion of the project was also negative as there was insufficient recognizable coherence between the building blocks. However, the committee's advice was ignored, due to the special nature of the project. The entire preparation process came under a lot of pressure to make the date of the trade fair in the Amsterdam RAI; however, in retrospect, it can be said that it all went quite intuitively: on the basis of trust, the authority and experience of the project leader and the administrative departments of the municipality, and the shared enthusiasm for the idea of a built exhibition. The RAI organization was confident of an increase in the number of visitors, Almere wanted to present a high-profile neighbourhood, and for the NWR it was a wonderful opportunity to tempt the housing associations into a more free and inspired orientation on their role as client in the house-building sector. For the NWR, it was mainly the reports about the project in the national press and on television that were important in

Filmwijk Almere, net na oplevering, 1992
Film District, after its completion, 1992

De woningen van Sjoerd Soeters, 2013
The dwellings by Sjoerd Soeters, 2013

Sjoerd Soeters, 'Modern acropolisme'
Sjoerd Soeters, 'Modern acropolis'

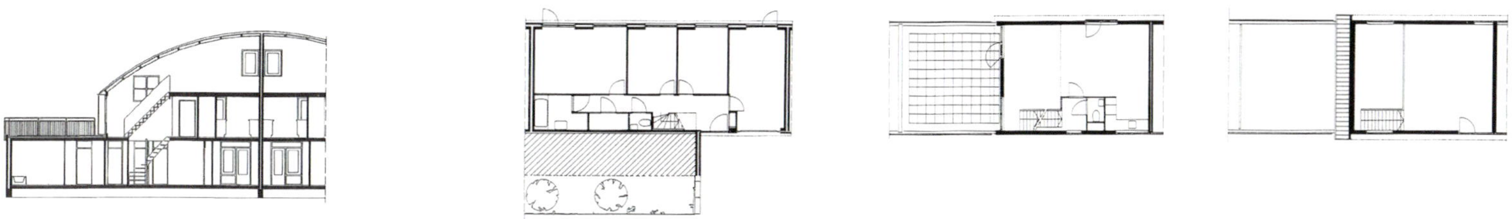

De woningen van Frits van Dongen/Architekten Cie., anno 2013
The homes by Frits van Dongen/ Architekten Cie., 2013

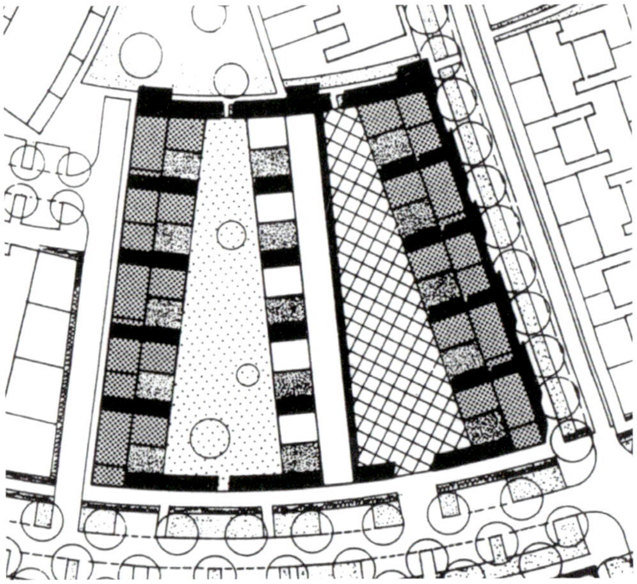

Frits van Dongen/ Architekten Cie., patiowoningen
Frits van Dongen / Architekten Cie., courtyard houses

De woningen van Atelier PRO, anno 2013
The homes by Atelier PRO, 2013

Atelier PRO, *SOL(itaire)/ (individuele) woningen*
Atelier PRO, *SOL(itary)/ (indiviual) houses*

vanwege het bijzondere karakter van het project. Het hele voorbereidingsproces stond onder hoge druk om de datum van de vakbeurs in de Amsterdamse RAI te halen. Achteraf kan gezegd worden dat het allemaal nogal intuïtief verliep: op goed vertrouwen, op gezag en ervaring van de projectleider en de ambtelijke diensten van de gemeente Almere, en op het gedeelde enthousiasme voor het idee van een gebouwde expositie. De RAI-organisatie vertrouwde op een toename van het aantal bezoekers, de gemeente Almere wilde met een spraakmakende woonwijk voor de dag komen en voor de NWR was het een uitgelezen kans om de woningcorporaties te verleiden tot een vrijere en meer geïnspireerde oriëntatie op hun rol als opdrachtgever in de woningbouw. Voor *goodwill* bij de woningcorporaties was voor de NWR vooral berichtgeving over het project in de landelijke pers en op tv belangrijk. En ook voor opdrachtgevers en architecten was de publiciteit een belangrijk argument om mee te doen.

Nog tijdens de voorbereiding van de eerste expositie werd duidelijk dat de belangstelling groot was. Alle dagbladen en vaktijdschriften publiceerden erover, de inschrijving voor de expositie was ver boven verwachting, gasten uit diverse Europese landen meldden zich, en zelfs de verhuur en verkoop van woningen ging sneller dan elders in Almere. Het lag dan ook voor de hand om de formule te herhalen, nu op grotere schaal en op basis van een aantrekkelijker stedenbouwkundig plan. Als locatie voor de tweede expositie werd gekozen voor een kavel dicht bij het station en het toekomstige stadscentrum.

De Filmwijk van 1992

Ook bij de expositie van 1992 zou het gaan om een nauwelijks nader gedefinieerde opdracht om een beeld te geven van wat opdrachtgevers en architecten zich voorstelden bij woningontwerpen voor de toekomst. In de selectie werd opnieuw aan opdrachtgevers gevraagd een architect te kiezen waarvan een grensverleggend ontwerp kon worden verwacht en er moest een interessant thema geformuleerd worden dat richting zou geven aan het ontwerpproces. Het woningontwerp zou net als in de eerste ronde ontwikkeld worden zonder rekening te houden met specifieke omstandigheden van een locatie. Er werden tot de verbeelding sprekende woningtypen gevraagd en voorstellen voor de groepering van woningen in een bouwblok. Speciale aandacht werd gevraagd voor maatregelen ter beperking van het energieverbruik; gaandeweg zou dat het verbindende thema worden voor deze tweede expositie. De stedenbouwkundigen van de gemeente Almere voegden de goedgekeurde ontwerpen samen tot een stedenbouwkundig plan. En dat lukte in de Filmwijk van 1992 beter dan in de Muziekwijk van 1990. De ambities waren dan ook hoger, omdat nu echt iedereen in de rij stond om mee te mogen doen.

Een hele generatie spraakmakende architecten heeft aan de tweede NWR-BouwRAI Expositie een bijdrage geleverd; zowel architecten met een destijds gevestigde reputatie als jong talent uit die tijd.[4] Hans Laumanns, de projectleider van de gemeente Almere en mede verantwoordelijk voor de selectie van opdrachtgevers en architecten, zei toen de eerste voorbereidingen achter de rug waren dat hij '(...) een toporkest had kunnen samenstellen'. Gaandeweg ontstond ook een stedenbouwkundig plan met veel kansen voor flexibiliteit in de positionering van bouwblokken, zonder dat de heldere structuur en de samenhang tussen de verschillende plandelen verloren ging. Met het oog daarop deed de gemeente Almere ook een grote investering in heggen en hekken, waarmee op uniforme wijze de privégrond van kavels zou worden gescheiden van het openbare gebied. Hiermee zou een zekere visuele samenhang ontstaan, maar vooral konden daarmee

creating goodwill with the housing associations. And for the clients and architects, publicity was also an important argument for participating.

Even during preparations for the first exhibition, it was clear there was a high level of interest. All the daily newspapers and trade journals published items, registration for the exhibition was far above expectations, guests from various European countries signed up, and even the rental and sale of houses accelerated in comparison with other parts of Almere. So it was a logical step to repeat the formula, but on a larger scale and on the basis of a more attractive urban design. For the location of the second exhibition, a piece of land close to the station and the future city centre was chosen.

The 1992 Filmwijk

The 1992 exhibition was also about a barely defined commission to illustrate what clients and architects imagined as house designs for the future. In the selection, clients were once again asked to choose an architect who could be expected to create a pioneering design, and an interesting theme had to be formulated that would give direction to the design process. Just as in the first round, the house design would be developed without taking into account the specific circumstances of a location. The request was to create house types that would appeal to the imagination as well as proposals for grouping houses in a building block. Special attention was asked for measures to limit energy consumption – gradually this would become the connecting theme for this second exhibition. Almere's urban planners combined the approved designs to create an overall urban design. And that was more successful in the 1992 Filmwijk than in the 1990 Muziekwijk. At any rate, the level of ambition was higher, because absolutely everyone was queuing up to participate.

An entire generation of high-profile architects contributed to the second NWR-BouwRAI Exhibition; architects who already had an established reputation, but also young talent of that time.[4] Hans Laumanns, the project leader from the municipality and jointly responsible for the selection of clients and architects, said when the initial preparations were completed that he 'had been able to put together a top orchestra'. Little by little an urban design plan was also created with many opportunities for flexibility in the positioning of building blocks, without losing the clear structure and coherence between the various plan elements. For this reason, Almere also made a big investment in hedges and fences, to divide private land from the public space in a uniform way. This would create a certain visual coherence, but in particular would avoid untidy fences, which disrupt the streetscape in so many new housing developments.

The 'free arrangement' on which there had been so much emphasis in the first NWR-BouwRAI Exhibition could also be found in various designs in the second exhibition as design theme; innovations in the sphere of technical installations and energy-saving measures were also present in many designs. But still the most striking aspect, in retrospect, is that all the house designs emphatically had their own architectural signature, with a great deal of extravagant aesthetic considerations. In this exhibition, there was no sign whatsoever of the retro style with references to traditional housing from the 1920s and 1930s, which became so popular shortly afterwards. Modernist austerity was combined here with an individual architectural character, by the deployment of colour, special façade materials and richly varied building block forms. Clients had apparently spared no efforts to be able to present a striking design. The construction costs were not always completely passed on in the rental and purchase prices and that led in some cases to painful misunderstandings later, when requests were received to realize a particular project elsewhere.

slordige schuttingen worden vermeden, die in zoveel nieuwbouwwijken het straatbeeld verstoren.

De 'vrije indeelbaarheid' waarop in de eerste NWR-BouwRAI Expositie zoveel nadruk was gelegd, is ook in diverse ontwerpen van de tweede expositie als ontwerpthema terug te vinden; ook werden in veel ontwerpen innovaties in de sfeer van technische installaties en energiebesparende maatregelen toegepast. Maar het meest opvallende is achteraf toch dat de woningontwerpen allemaal heel nadrukkelijk een eigen architectonische signatuur laten zien, met veel extravagante architectonische vormwil. Van de retro-stijl met verwijzingen naar de traditionele woningbouw uit de jaren 1920 en 1930, die korte tijd later zo populair zou worden, is in deze expositie nog helemaal geen sprake. Modernistische soberheid werd hier nog uitbundig gecombineerd met een eigen architectonisch karakter, door toepassing van kleur, bijzondere gevelmaterialen en rijk gevarieerde bouwblokvormen. Opdrachtgevers hadden er kennelijk heel wat voor over om met een opvallend ontwerp voor de dag te komen. De bouwkosten werden hier en daar niet volledig doorberekend in de huur- en koopprijzen en dat heeft later, bij verzoeken om een bepaald project elders te realiseren, soms tot pijnlijke misverstanden geleid.

De betekenis van de NWR-BouwRAI 20 jaar later

De condities waaronder woningbouw plaatsvindt, zijn sinds de jaren 1990 ingrijpend veranderd. Wie had destijds kunnen voorzien dat decentralisatie en deregulering van de volkshuisvesting zelfs zou leiden tot de opheffing van het ministerie van VROM? Wie kon voorspellen dat de invloedrijke Nationale Woningraad met meer dan 1.000 medewerkers tien jaar later niet meer zou bestaan? Wie heeft destijds voorzien dat er van de meer dan 1.200 woningcorporaties er binnen 20 jaar minder dan 400 over zouden zijn? Wie heeft de huidige crisis in de bouwnijverheid zien aankomen met een banenuitval van meer dan 30 procent in enkele jaren en een vrijwel totale stagnatie op de koopwoningenmarkt?

De crisis overheerst op dit moment alle beschouwingen over de woningbouw in Nederland. Er komt een parlementaire enquête over de beleidsontwikkeling bij woningcorporaties en over het tekort schietende toezicht daarop. Gemeentebesturen zijn druk doende om miljardenverliezen af te boeken op grondaankopen voor woningbouwplannen, die niet door kunnen gaan omdat er geen markt voor is. We zijn alweer ver verwijderd van de periode waarin gepleit moest worden voor een breed gedefinieerd opdrachtgeverschap voor woningcorporaties. Het gaat nu juist weer om de heroriëntatie op oorspronkelijke taken en verantwoordelijkheden. Het pleidooi voor architectonische allure en experimentele kwaliteiten is verdwenen achter de wolken van een economische recessie, die langdurig zal zijn door de internationale dimensie van de verstoorde financiële markten. De omvangrijke reserves van woningcorporaties en hun sterke positie om goedkoop geld te kunnen lenen, zijn in enkele jaren tijd ongewis geworden, terwijl het er na de verzelfstandiging allemaal zo veelbelovend uitzag.

De euforie over architectonische prestaties en de herwaardering voor stevige stedenbouwkundige plannen met heldere structuren en veel variatie in aantrekkelijke buurtjes is van korte duur geweest. Ongetwijfeld hebben de exposities in Almere bijgedragen aan de ambitieuze sfeer waarin later gewerkt werd aan Vinex-locaties als Vathorst in Amersfoort. En wellicht kan zelfs de kwaliteit van een binnenstedelijke herstructurering als het Oostelijk Havengebied in Amsterdam ermee in verband gebracht worden, omdat daar het architectonische spel met kleur, variaties in gevelopbouw en typedifferentiatie kon bijdragen aan een nieuwe stedelijke cultuur. In de

The Impact of the NWR-BouwRAI 20 Years Later

The conditions under which house-building takes place has changed radically since the 1990s. Who could have anticipated then that decentralization and deregulation of public housing would lead to the dissolution of the Ministry for Housing, Spatial Planning and the Environment? Who could have predicted that the influential National Housing Board with more than 1,000 employees would no longer exist ten years later? Who foresaw then that of the more than 1,200 housing associations, there would be less than 400 remaining 20 years on? Who anticipated the current crisis in the building industry, which would end up costing more than 30 per cent of jobs and almost total stagnation in the private property market?

In 2013, the crisis is dominating every view of housing in the Netherlands. There will be a parliamentary enquiry into policy development at housing associations and about the failing supervision in this area. Municipal administrations are busy writing off losses in the millions against land purchases for housing plans that cannot be implemented because there is no market for them. Once again we are far removed from the time when a plea had to be made for a broadly defined role for housing associations as clients. Now it is about the reorientation on original tasks and responsibilities again. The plea for architectural style and experimental qualities has disappeared behind the clouds of an economic recession, which will be long-lasting because of the international dimension to the disrupted financial markets. The extensive reserves of housing associations and their strong position to be able to borrow money cheaply have become uncertain in just a few years' time, although it all looked so promising after privatization.

Euphoria about architectural achievements and the reassessment of sturdy urban designs with clear structures and plenty of variation in attractive neighbourhoods did not last for long. The exhibitions in Almere undoubtedly contributed to the ambitious atmosphere in which work was later carried out on Vinex locations such as Vathorst in Amersfoort. And perhaps even the quality of city-centre restructuring such as the Eastern Docklands in Amsterdam can be linked to it, because there the architectural play with colour, variations in façade composition and type differentiation were able to contribute to a new urban culture. In the first few years after the NWR-BouwRAI Exhibitions, it was possible to work on architectural adaptations of classic housing assignments, such as the combination of different house types in a building block, the building block forms in relation to façade images and flexibility in the use of floor plans.

In subsequent years, when clients increasingly asked to copy the external appearance of houses from the 1920s and 1930s, to apply standard floor plans and omit modernist experiments, because 'the home consumer' would not appreciate it, the climate around housing began to get more venomous. And after a short period of euphoria concerning private clients as the universal remedy for all the misery in institutional housing, the achievements of the exhibitions in Almere could be entered into the annals of history as a curiosity.

But attention paid to versatile possibilities in use, the limitation of energy consumption and an attractive urban design structure as the basis for housing remains important. Apart from that, there is little to be learned from the NWR-BouwRAI Exhibitions for the time being, except perhaps that a great deal can be achieved with personal involvement, talent and enthusiasm, at least if the circumstances are favourable. Surfing is an attractive challenging sport that must be practised on the boundaries of control and daredevilry – but it also requires waves!

eerste jaren na de NWR-BouwRAI-Exposities kon op grote schaal worden gewerkt aan eigentijdse architectonische bewerkingen van klassieke woningbouwopgaven als de samenvoeging van verschillende woningtypen in een bouwblok, de bouwblokvormen in relatie tot gevelbeelden en straatprofielen, en flexibiliteit in het gebruik van woningplattegronden.

Toen in de jaren daarna opdrachtgevers steeds meer vroegen om de uiterlijke verschijningsvorm van de woningbouw van de jaren 1920 en 1930 te kopiëren, standaardplattegronden toe te passen en modernistische experimenten achterwege te laten, omdat 'de woonconsument' daar geen prijs op zou stellen, begon het klimaat rond de woningbouw venijniger te worden. En na een korte euforie rond het particulier opdrachtgeverschap, als panacee voor alle ellende in de institutionele woningbouw, konden de verworvenheden van de exposities in Almere als curiositeit in de annalen van de geschiedenis worden bijgeschreven.

Maar de aandacht voor veelzijdige gebruiksmogelijkheden, voor de beperking van energieverbruik en een aantrekkelijke stedenbouwkundige structuur als onderlegger voor woningbouw blijft belangrijk. Verder is van de NWR-BouwRAI-Exposities voor nu weinig te leren, behalve misschien dat met persoonlijke betrokkenheid, talent en enthousiasme veel te bereiken is, als ten minste de omstandigheden gunstig zijn. Surfen is een mooie en uitdagende sport, die beoefend moet worden op de grenzen van beheersing en waaghalzerij, maar er zijn wel golven voor nodig!

Bronnen

Deze tekst is tot stand gekomen op basis van informatie van Hans Laumanns, projectleider van de gemeente Almere, en informatie van het Stads Archief Almere. Zie voor verdere informatie: J. Koffijberg, *Getijden van beleid, omslagpunten in de Volkshuisvesting* (Delft: DUP Science, 2005); N. de Vreeze, *Woningbouw, inspiratie & ambities, kwalitatieve grondslagen van de sociale woningbouw in Nederland* (Almere: Nationale Woningraad, 1993); Jan de Vletter, *Almere halverwege: een persoonlijke impressie van 30 jaar sociale woningbouw in Almere* (Almere: De Alliantie Flevoland, 2007); Nationale Woningraad, *Bouwen en Wonen in de jaren negentig* (Almere: NWR, 1990); Nationale Woningraad, *Grensverleggend bouwen* (Almere: NWR, 1992).

Noten

1 Zie illustratie: ministerie van Volkshuisvesting en Ruimtelijke Ordening, *Voorschriften en wenken voor het ontwerpen van woningen* (Den Haag: Staatsuitgeverij, 1965).
2 Fred Feddes en Adri Duivesteijn, *Voorbij het gangbare: een pleidooi voor de kwaliteit van volkshuisvesting en stedebouw. Werkgroep 5x5* (Amsterdam: De Balie, 1989).
3 Zie citaten uit de toelichtingen van de architecten van woningen in de NWR BouwRAI 1990, die gebruikt zijn als bijschriften bij de illustraties van enkele projecten van 'Bouwen en wonen in de jaren negentig'.
4 De volgende architecten o.a. maakten een ontwerp voor de tweede NWR-BouwRAI Expositie: Aldo van Eyck, Herman Hertzberger, Theo Bosch, Wim Quist, Kees Rijnboutt, Wiek Röling, Kees de Kat, Cees Dam, Jon Kristinsson, Hans van Beek van Atelier PRO, Duinker en Van der Torre, Liesbeth van der Pol, Benthem en Crouwel, Hans Sluijmer, Jurriaan van Stigt en Marianne Loof, Sjoerd Soeters, Roelf Steenhuis, Arne van Herk en Sabine de Kleijn, Kees Brandjes, Erick van Egeraat van Mecanoo, Frits van Dongen van de Architekten Cie., Madeleine Steigenga en Fons Verheyen.

Sources

This text was realized on the basis of information from Hans Laumanns, project leader from the municipality of Almere, and information from the Almere City Archives. For further information, see: J. Koffijberg, *Getijden van beleid, omslagpunten in de Volkshuisvesting* (Delft: DUP Science, 2005); N. de Vreeze, *Woningbouw, inspiratie & ambities, kwalitatieve grondslagen van de sociale woningbouw in Nederland* (Almere: Nationale Woningraad, 1993); Jan de Vletter, *Almere halverwege: een persoonlijke impressie van 30 jaar sociale woningbouw in Almere* (Almere: De Alliantie Flevoland, 2007); Nationale Woningraad, *Bouwen en Wonen in de jaren negentig* (Almere: NWR, 1990); Nationale Woningraad, *Grensverleggend bouwen* (Almere: NWR, 1992).

Notes

1 See illustration: Ministry for Housing, Spatial Planning and the Environment, *Regulations and Tips for the Design of Houses* (The Hague: State Publishers, 1965).
2 Fred Feddes and Adri Duivesteijn, *Voorbij het gangbare: een pleidooi voor de kwaliteit van volkshuisvesting en stedebouw. Werkgroep 5x5* (Amsterdam: De Balie, 1989).
3 See quotations from the explanatory remarks by architects of houses in the NWR BouwRAI 1990, which have been used as captions for the illustrations of several projects from 'Building and Living in the 1990s'.
4 Architects who made a design for the second NWR-BouwRAI Exhibition include: Aldo van Eyck, Herman Hertzberger, Theo Bosch, Wim Quist, Kees Rijnboutt, Wiek Röling, Kees de Kat, Cees Dam, Jon Kristinsson, Hans van Beek from Atelier PRO, Duinker den Van der Torre, Liesbeth van der Pol, Benthem en Crouwel, Hans Sluijmer, Jurriaan van Stigt en Marianne Loof, Sjoerd Soeters, Roelf Steenhuis, Arne van Herk en Sabine de Kleijn, Kees Brandjes, Erick van Egeraat from Mecanoo, Frits van Dongen from de Architekten Cie., Madeleine Steigenga and Fons Verheyen.

'Volgens mij is het 1:1 project een instrument voor debat...'

'I Think of the 1:1 Project as a Discursive Tool ...'

Javier Arpa &
Frederique van Andel

Interview met/with **Barry Bergdoll**

House in the Museum Garden, Marcel Breuer, 1949. © Ezra Stoller/Esto

House in the Museum Garden, Marcel Breuer, 1949. © Ezra Stoller/Esto

Het in 1929 gestichte Museum of Modern Art in New York heeft een belangrijke rol gespeeld bij de popularisering van moderne architectuur. Toen de sectie architectuur en design in 1932 werd opgericht, was het wereldwijd de eerste keer dat een museum een afdeling wijdde aan het raakvlak tussen architectuur en design. De eerste hoofdcurator, Philip Johnson, organiseerde samen met Henry-Russell Hitchcock in 1932 de tentoonstelling 'Modern Architecture – International Exhibition'. Ze schreven daarbij het beroemde boek *The International Style*. Barry Bergdoll is sinds 2007 de 'Philip Johnson hoofdcurator voor architectuur en design' en is ook verbonden aan Columbia University's School of Arts and Sciences, waar hij sinds 1985 professor is. Hij praat met *DASH* over zijn inspanningen het MoMA een grotere rol te laten spelen als publiek platform waar architecten hun experimenten kunnen bepleiten.[1]

In zijn 'Home Delivery', een tentoonstelling uit 2008, verkende hij de prefab woningbouw tussen 1833 en 2008. Naast zalen waar de architectuur op traditionele wijze werd tentoongesteld, maakte Bergdoll gebruik van een braakliggend terrein naast het museum om vijf woningen op ware grootte te laten zien. Met deze levensgrote tentoonstellingshuizen blies Bergdoll een oude traditie nieuw leven in. Ook in 1949, 1950 en 1954 immers had het MoMA mock-ups van woonhuizen, die invloedrijke ideeën uit de architectuurgeschiedenis representeerden, gefinancierd en tentoongesteld in de tuin van het museum.

De belangrijkste reden waarom het MoMA in 1949 het eerste, door Marcel Breuer ontworpen tentoonstellingshuis bouwde was 'om goede architectuur te laten zien'.[2] Vindt u ook dat een museum de mensen moet leren wat goed is, en wat niet?

Ik denk dat de missie van het museum is veranderd. Vooral in het midden van de twintigste eeuw vond MoMA het erg belangrijk om het traditionele negentiende-eeuwse bourgeois museum, waar men heenging om te leren wat goede smaak was, te veranderen in een instelling ter verheffing van het volk. Daarom kwamen die naoorlogse architectuurshows er. MoMA wilde een bepaalde vormentaal – nog steeds in de geest van de Internationale Stijl – populariseren en de architecten introduceren die dergelijk vormen konden maken. Ik wil niet een specifieke architect promoten, maar het idee achter de architectuur. Toch denk ook ik dat het ontzettend belangrijk is om het publiek iets te leren, opdat het zich een oordeel kan vormen.

Het is mijn bedoeling te laten zien wat de inzet van het architectonisch denken is. Ik denk eerder dat het mijn rol als curator is om respect af te dwingen voor de handeling, voor de daad van het ontwerpen, dan dat ik moet kunnen zeggen wat goed is en wat slecht.

Dan leert u de mensen toch ook iets?

Jazeker. Ik hoopte dat de bezoekers van 'Home Delivery' naar huis zouden gaan met een immens respect voor wat er bij de schepping van een vernieuwend, succesvol en uiteindelijk bevredigend architectonisch ontwerp komt kijken.

MoMA bouwde in 1950 in de museumtuin een tweede huis 'om te laten zien dat goede moderne architectuur ook bij een commercieel gebouwd huis mogelijk is, het soort huis waar de meeste Amerikaanse gezinnen in leven'.[3] In Europa is er buiten een stedenbouwkundige setting zelden een full-scale woningbouwtentoonstelling gewijd aan het enkele eengezinshuis. Hoe verklaart u dat verschil?

De tentoonstellingshuizen in de museumtuin kan men zien als een volledige en ongemodereerde weergave van de

The Museum of Modern Art in New York, established in 1929, played an important role in the propagation of modern architecture. The Department of Architecture and Design was founded in 1932 as the first museum department in the world dedicated to the intersection of architecture and design. Philip Johnson, the department's first head, directed, with Henry-Russell Hitchcock, the Museum's 1932 'Modern Architecture –International Exhibition' and they wrote the famous accompanying book *The International Style*. Barry Bergdoll, the Philip Johnson Chief Curator of Architecture and Design at MoMA since January 2007, and a professor of art history at Columbia since 1985, discusses with DASH his efforts to expand MoMA's role to support experimentation and advocacy in architecture and design.[1]

In 2008 he curated the exhibition 'Home Delivery', which examined factory-produced houses from 1833 to today. In addition to a gallery with traditional architectural display tools, Bergdoll took advantage of a vacant lot next to the museum where five full-scale houses were shown. With these full-scale exhibition houses Bergdoll renewed an old tradition, since, in 1949, 1950 and 1954, MoMA had already sponsored and hosted mock-ups of houses that reflected seminal ideas in the history of architecture in the garden of the museum.

The main reason for MoMA to build the first exhibition house (1949), designed by Marcel Breuer, was 'to display good architecture'.[2] Do you share this opinion that a Museum should educate people on 'what is good or not'?

I think the mission of the Museum has shifted. MoMA, particularly at mid-century, was very involved with taking the traditional idea of the nineteenth-century bourgeois museum, which is about taste formation, into consumer formation. That is what those post-war architecture shows were about. MoMA's idea was to promote a set of forms – still in the spirit of the International Style – and to present the architects who could provide those forms. I do not want to promote a single architect as I want to promote the idea of architecture. Nevertheless, I still think it is incredibly important to educate the public in order to allow them to make judgements for themselves.

My aim is to show what the stakes of thinking architecturally are. I see my role as a curator as something that can build respect for the act and the activity of design rather than necessarily the ability to say what is good or bad.

That is educating, isn't it?

For sure. With 'Home Delivery' I hope the public went home with an enormous respect for what went in to creating an innovative, successful and ultimately pleasing architectural design.

In 1950 a second house was built by MoMA in the museum garden to 'demonstrate that good modern architectural design is possible in the speculatively built house, which is the kind lived in by most American families'.[3] In Europe, the single-family house, outside of an urban context, was seldom the subject of a Housing Exhibition. How do you explain this difference?

The exhibition houses in the museum garden mirror very straightforwardly the ideological and political values of the USA in the 1940s and 1950s. Those exhibitions promoted the idea of home ownership. Their statements were written for white middle-class Americans who were moving to single-family housing suburbs after the war and were supposed to live their 'American Dream'.

However, I would dispute the fact that in Europe there

ideologische en politieke waarden van de Verenigde Staten in de jaren 1940 en 1950. Via die tentoonstellingen werd het eigenwoningbezit gepopulariseerd. De begeleidende teksten waren geschreven voor Amerikanen uit de blanke middenklasse die na de oorlog naar een eengezinshuis in een suburb verhuisden om daar (ogenschijnlijk) de *American Dream* te gaan realiseren.

Maar volgens mij waren er ook in Europa wel degelijk tentoonstellingen over afzonderlijke huizen. Er waren er heel veel zelfs, en ze waren bijna altijd in Amerika samengesteld. Die tentoonstellingen waren één manier om de amerikanisering van zowel de markt als de buitenwijken van Europa momentum te geven. Feitelijk bestond er een soort trans-Atlantische familie van dit type tentoonstellingen. De 'Houses in the Museum Garden' zijn er een soort sterk geësthetiseerde versie van.

Het was niet de bedoeling dat het huis van Breuer zou gaan concurreren met geprefabriceerde of in serie geproduceerde constructies.[4] Breuer had echter veel waardering voor prefabricage en ook andere architecten experimenteerden ermee, maar het is nooit de enige echte manier geworden om betaalbare woningen te realiseren. Breuer voorzag dat de toekomst van het geprefabriceerde huis – helaas – in handen zou vallen van 'commerciële producenten die geen boodschap hebben aan architectuur'.[5] 'Home Delivery' was een tentoonstelling die in haar geheel gewijd was aan prefabricage. Waarom bracht u dit onderwerp opnieuw ter tafel?

Ik heb een tijdje aan een boek over Marcel Breuer gewerkt en vond het fascinerend dat iemand, die eerder zó volledig was opgegaan in prefabricage, uiteindelijk een huis bouwde waarover een persbericht verscheen met daarin een anti-prefab manifest. Breuer's bijdrage aan de 'House in the Museum Garden' was de uitkomst van een nogal pragmatische beslissing van de toenmalige afdeling architectuur van het MoMA: om modellen te maken die door ontwikkelaars in de suburbs konden worden nagebouwd, en hen van een eenvoudig setje tekeningen te voorzien. Een Breuer-huis kan op ongeveer zes velletjes papier zodanig worden uiteengezet dat iedereen het kan maken. Het huis staat model voor een te bouwen suburbaan Amerika, op een andere manier dan met geprefabriceerde woningbouw of via zoiets als een Levittown.

'Home Delivery' was ondertussen een nogal paradoxale tentoonstelling. Ik was gefascineerd door het huis van Breuer en door de ongelofelijke mate waarin een tentoonstelling van een levensgroot woonhuis erin slaagde de aandacht te trekken – en tot de verbeelding te spreken – van een zeer breed publiek. Een beetje opportunistisch besloot ik de mogelijkheid van digitale productie te onderzoeken. Om een aantal van de meest geavanceerde en ingewikkelde architectonische experimenten te laten zien, in relatie tot nieuwe productiemethoden en *mass customization,* koos ik voor het gebouwtype 'huis'. Veel van deze productiemethoden zijn eigenlijk beter geschikt voor andere gebouwtypen dan voor eengezinshuizen, maar dat spreekt een minder breed publiek aan: het bekijken van andermans huis is onder Amerikanen het favoriete tijdverdrijf.

Maar ik wilde geen tentoonstelling over het ideale huis maken in de naoorlogse traditie. Het was daarom enorm belangrijk dat de huizen in tegenstelling tot de 'Houses in the Museum Garden' ongemeubileerd bleven, zodat mensen zich niet zouden laten afleiden door interieurkwesties. Zo werd het hopelijk duidelijk dat ik zowel eer wilde bewijzen aan de traditie die 60 jaar eerder was begonnen, als ermee breken.

weren't shows of individual houses. There were plenty of them and they were almost all American produced. Those shows were meant to be one motor of the Americanization of both the markets and the suburbs of Europe. There was actually a kind of transatlantic 'family' of these types of exhibitions of which 'The Houses in the Museum Garden' is a sort of very aestheticized version.

Breuer's house was not intended 'to compete with prefabricated or mass-produced structures'.[4] Breuer was very into prefab though, and many other architects experimented with prefabrication, but it never seems to have become 'the' solution for affordable housing. In Breuer's eyes, the future of the prefabricated house would unfortunately rest within the hands of 'commercial fabricators who don't bother about architecture'.[5] The 'Home Delivery' exhibition was all about prefabrication. What was your reason to bring this topic to the front again?

For some time I worked on a book about Marcel Breuer, and I was fascinated with precisely how somebody who had been so preoccupied with prefabrication would end up building this house that has an anti-prefabrication manifesto in its press release. Breuer's contribution to the 'Houses in the Museum Garden' gave form to a very pragmatic decision on the part of the then Department of Architecture: to create models that could be reproduced by suburban developers and to provide a simple set of drawings. A Breuer house can be represented in about six sheets that are enough for anybody to do it. The house is a model for building suburban America in an image other than prefab housing and other than Levittown.

Meanwhile, the 'Home Delivery' show was a bit of a paradox. I was fascinated by Breuer's house, and the incredible capacity of the display of a full-scale residential unit to get the attention and the imagination of a very broad public. Somewhat opportunistically, I decided to look at the issue of digital fabrication and to show some of the most sophisticated and challenging architectural experiments about new modes of production and mass customization through the medium of the house. Much of these fabrication methods lend themselves almost better to other building types rather than they do to individual family houses. But that's not as appealing to a broad audience as the favourite American pastime, which is visiting other people's houses.

However, I didn't want to do an ideal home exhibition in the post-war tradition. On that score, not furnishing these houses, unlike the Houses in the Garden, was absolutely key to keep people's mind from wondering about interior design modalities. In that way, I hope that it was clear that I was simultaneously paying homage to a tradition of 60 years earlier and breaking with it.

What happened to the houses built for 'Home Delivery' after the exhibition closed?

They had various fates directly related to the scale at which they were indeed truly fabricated offsite. One of the ironies of the show was that some of the most advanced parametric design brought with it a renaissance of handwork and handicraft. For instance, the house by Douglas Gauthier and Jeremy Edmiston, which was the most advanced in terms of its parametric design, was the most artisanal in terms of its assembly and therefore could not be easily moved. The house by KieranTimberlake Associates was dismantled and shipped back to Philadelphia. The one by Oskar Leo Kaufmann went back to the town in Austria where it had come from. The house by Horden Cherry Lee Architects / Haack + Höpfner Architects was sold to a client

Presentatieplattegrond, House in the Museum Garden, Marcel Breuer, 1949
Presentation floor plan, House in the Museum Garden, Marcel Breuer, 1949

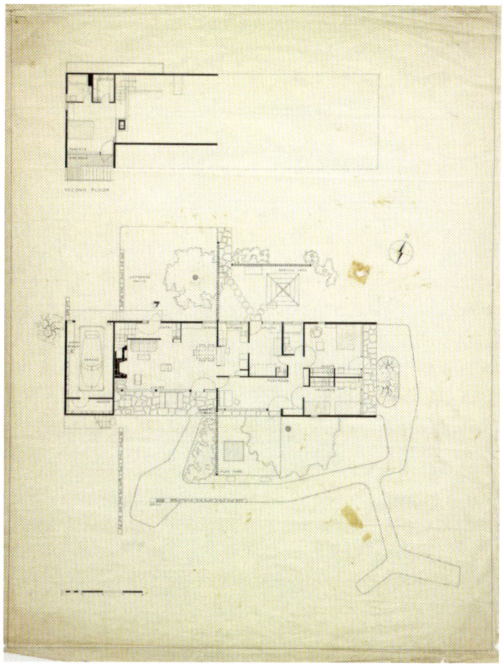

House in the Museum Garden

GETTING DINNER ready for the breadwinner is a full-time job, but it doesn't prevent the housewife of tomorrow from watching her brood who have decided that swinging on the clothes dryer is the most fun in the world.

THE REACH from stove to breakfast table is a very short one when the sliding partition is used. The young man of the family gets his cereal while it's hot, and his mother can see that he eats it without moving from the kitchen.

WHEN THE SUN is shining the children play in their own backyard, complete with sandbox and chairs, all of which can be viewed through wide windows from practically every room in the house.

The efficient design of the House in the Museum Garden, built on the grounds of the Museum of Modern Art, has solved the problems of the mother who has to keep house at the same time she keeps watch over her brood.

By placing strategic openings in the walls of the kitchen and the playroom, and by giving the young fry a place they can call their own, Marcel Breuer, the architect, has greatly simplified the life of the modern housewife.

WHEN THE RAIN keeps the scene of the action indoors the playroom provides adequate and well lighted space for the release of youthful energy. Mother doesn't have to waste her energy running from the kitchen to the playroom—thanks to the opening in the wall.

EVEN ESCAPE to the great outdoors does not mean that the young ones are out of sight and out of mind, because it's just a step for Mother to take from the bedroom to the balcony that looks out over the yard.

Pagina uit de *New York Journal-American* van 17 juli 1949, waarin wordt uitgelegd hoe het huis van Breuer de problemen oplost van vrouwen die zowel het huishouden moeten doen als op hun kinderen letten

Page from the *New York Journal-American* of 17 July 1949, which explains how the house designed by Breuer solves the problems of women who have to keep house and also take care of the children.

Het huis van Breuer stond model voor een toekomstig suburbaan Amerika
The house designed by Breuer was a model for the future of American suburbia

Het tentoonstellingshuis van Gregory Ain (1950) in de tuin van het Museum of Modern Architecture. © Ezra Stoller/Esto
The exhibition house of Gregory Ain (1950) in the garden of the Museum of Modern Architecture. © Ezra Stoller/Esto

De tentoongestelde huizen maakten tijdelijk deel uit van 54th Street
The exhibited houses were temporarily part of 54th Street

Van voor naar achter: Huis van Horden Cherry Lee & Haack + Höpfner Architects, Oskar Leo Kaufman en Jeremy Edminston & Douglas Gauthier
From front to back: House of Horden Cherry Lee & Haack + Höpfner Architects, Oskar Leo Kaufman en Jeremy Edminston & Douglas Gauthier

Het huis van Lawrence Sass en het Massachusetts Institute of Technology net na voltooiing
The house designed by Lawrence Sass and the Massachusetts Institute of Technology after it was completed

Covers van de publicaties behorend bij de genoemde tentoonstellingen van het MoMA uit respectievelijk 1949, 1950, 1954 en 2008
Catalogue covers from the mentioned exhibitions of MoMA from respectively 1949, 1950, 1954 and 2008

Wat is er na afloop van de tentoonstelling gebeurd met de voor 'Home Delivery' gebouwde huizen?

Dat verschilde per huis en hield rechtstreeks verband met de mate waarin ze echt buiten het museum werden gemaakt. Sommige van de meest geavanceerde parametrische ontwerpen uit de tentoonstelling brachten ironisch genoeg een opleving van handwerk en ambachtelijkheid teweeg. Het parametrische ontwerp van het huis van Douglas Gauthier en Jeremy Edmiston was bijvoorbeeld het meest geavanceerd, maar ook het meest ambachtelijk qua montage en was daarom moeilijk te verplaatsen. Het huis van KieranTimberlake Associates is ontmanteld en teruggebracht naar Philadelphia. Dat van Oskar Leo Kaufmann ging terug naar de Oostenrijkse stad waar het vandaan kwam. Het huis van Horden Cherry Lee Architects / Haack + Höpfner Architects is verkocht, we weten niet waar de koper het heeft gelaten. Dan het huis van Lawrence Sass, dat feitelijk nooit is afgebouwd; we hebben het opzettelijk laten staan als een 'werk in uitvoering', om te laten zien hoe dat ging. Na afloop van de tentoonstelling is het ontmanteld en weggegooid; het was onbewoonbaar, omdat het niet af was.

Hebben de bouwmethoden die op de tentoonstelling te zien waren nog resultaten opgeleverd?

Dat is moeilijk te zeggen, ze maakten allemaal deel uit van lopend onderzoek. De tentoonstelling was niet bedoeld om een consistente stijl te laten zien of om een bepaalde methode te promoten. 'Home Delivery' was eerder een voortgangsrapportage dan een manifest waarachter men zich kon scharen.

U gebruikt het museum niet alleen om architectuur als kunst tentoon te stellen, maar ook als publiek platform om architectuur te promoten. Waarom? Is dat wel eens eerder gedaan?

Ja, dat is eerder gedaan; ik denk zelfs dat er veel precedenten zijn als het om lobbyen gaat. Een specifiek voorbeeld is de MoMA-tentoonstelling 'The New City' uit 1967.[6]

Het grote verschil tussen die tentoonstelling en de lobbymodellen die ik in de tentoonstellingen 'Rising Currents' (2010)[7] en 'Foreclosed' (2012)[8] heb ontwikkeld, is dat ik de ontwerpers fysiek het museum heb binnengehaald, zodat het publiek het ontwerpproces kon zien en horen, en er interactie plaatsvond. De onderwerpen die we kozen, vertegenwoordigen geen traditionele architectonische problemen. Zo kan het grote publiek zien welke voordelen het oplevert om ontwerpers over problemen te laten nadenken, en dat intelligent design iets is dat altijd gaandeweg ontstaat, dus tijdens het omgaan met de opgave.

Volgens mij is dat de kern van de zaak als ik beweer dat ik architectuur niet als kunst wil tentoonstellen. Ik probeer architectuur te ontdoen van haar mythes. Als er één ding is dat architectuur in een museum moet bewerkstelligen, dan is dat volgens mij: opwindende ideeën ontsluiten voor het publiek. Ik wil de architectuur redden van marginalisering, door het al generaties heersende wantrouwen jegens architecten te bestrijden.

Stel, een instituut als het MoMA gaat nadenken over nieuwe manieren om te interveniëren in de wereld. Waarmee zou u dan willen beginnen?

Ik ben gefascineerd door de demografische revolutie die Noord-Amerika en Europa momenteel ondergaan. De bevolking vergrijst hier enorm. In wat voor soort omgeving gaat die vergrijzingsexplosie zich afspelen? Maar er zijn meer mogelijke onderwerpen. Het hele mobiliteitslandschap verandert dramatisch. Steeds meer steden worden fietssteden. Hoe

who put it somewhere we do not know. Meanwhile, the house by Lawrence Sass was actually never completed (here we left it as a work in progress on purpose to show how it was done). It was dismantled and discarded at the end of the show: it was inhabitable because it wasn't finished.

Did the processes shown in the exhibition have some kind of offspring?

That's hard to say because they were all part of ongoing research. The target of the exhibition was not to show a consistent style or endorse one way of doing things. 'Home Delivery' was more of a progress report than a manifesto for everybody else to get in line with it.

You use the museum as a public forum for advocacy and not only for the display of architecture as art. Why? Are you the first to do so?

I am not the first one to do so. I think there are precedents for this advocacy in many ways. One specific precedent was an exhibition called 'The New City' in 1967 at MoMA.[6]

The big difference between that show and the advocacy models that I developed in the exhibitions 'Rising Currents' (2010)[7] and 'Foreclosed' (2012)[8] is that I actually bring the designers into the museum, so that people see, hear and interact with the design process. We tried to take topics that aren't traditional architectural problems and demonstrate to a broad public not only the benefits that designers can bring, thinking about those issues, but to see that design intelligence is something that happens in the tackling of issues from the very beginning.

That I think is the key difference when I say I do not want to exhibit architecture as art. By doing this I am trying to demystify architecture. I think the most imperative role for architecture in the museum is to make the excitement of ideas open and available to the public. I want to save architecture from its marginalization by trying to counteract the several-generations-old mistrust of architects.

If an institution like MoMA should tend to think 'of new ways to intervene in the world', what do you think are the topics to start looking at?

One that really fascinates me is the demographic revolution that is going on in North America and Europe, where the population is aging enormously. What will be the environment for such an explosion of the elderly population?

There are many other topics. The whole landscape of mobility is shifting dramatically. More and more cities have given over to bicycles. How do you make a city bicycle friendly? Where do you store all those bicycles? How do you make them part of everyday life? We have transportation infrastructures – more dramatically in North America than in Europe – that are kind of out of date with the emerging ways of how we are going to move.

In Europe this year the Internationale Bauausstellung Hamburg (IBA) is celebrating its final year (2013). It addresses the topics of 'Cosmopolis', 'Metrozones' and 'Cities and Climate Change'. Some special houses have been built as an 'Exhibition within an Exhibition'. If you were to build a full-scale Housing Exhibition, what issues would it address?

Obviously, speaking from New York City it's impossible not to say that we need houses that are going to be more resilient for the incredibly erratic weather patterns. How is the house going to adapt to this new climate patterns without becoming an even greater guzzler of energy resources? How

maak je een stad veilig voor fietsers? Waar moeten al die fietsen staan? Hoe maak je ze onderdeel van het dagelijks leven? Onze transportinfrastructuur – in Noord-Amerika is dat erger dan in Europa – is nogal ouderwets, als je ziet hoe wij ons in de toekomst gaan voortbewegen.

In Europa viert de Internationale Bauausstellung Hamburg (IBA) momenteel haar laatste jaar (2013). De thema's van de tentoonstelling zijn 'Kosmopolis', 'Metrozones' en 'De stad en klimaatverandering'. Er is een aantal bijzondere huizen gebouwd dat fungeert als een soort tentoonstelling binnen de tentoonstelling. Als u een tentoonstelling van woningen op ware grootte mocht samenstellen, welke kwesties zou u dan aan de orde stellen?

Ik kan vanuit New York natuurlijk alleen maar bevestigen dat we woningen nodig hebben die beter bestand zijn tegen de ongelofelijk grillige weersomstandigheden. Kan een huis worden aangepast aan de huidige klimaatpatronen zonder dat het nog meer energie opslorpt dan het nu al doet? Kan een huis gaan bijdragen aan de productie van energie in plaats van energie te gebruiken?

Normaal gesproken zijn architecturale objecten in een museum niet 1:1. Wat zou uw volgende 1:1 model zijn? En het thema daarvan?

Dat is heel moeilijk te zeggen, een diplomatiek antwoord is volgens mij: vergeet niet dat 1:1 architectuur niet alleen gaat over gebouwen in een museale context. De geschiedenis van museale installaties op ware grootte omvat ook een aantal van de grootste ruimtelijke experimenten van de twintigste eeuw: prototypen van nieuwe ervaringen, de bouw van onverwachte en unieke ruimten.

De reden om hedendaagse architectuur op ware grootte te laten zien is dat het een indrukwekkender ervaring oplevert voor een groter aantal bezoekers – ook al is het vaak peperduur en kan het materiaal achteraf niet worden hergebruikt. Bezoekers kunnen meedoen aan een discussie over alles wat belangrijk is. Volgens mij is het 1:1 project eerder een instrument voor debat dan een object als zodanig.

can the house participate in energy production rather than merely being a place of energy consumption?

A museum is not usually 1:1. What would your next 1:1 model be? On what theme?

That is very hard to say, but I suppose a *non-answer* to that would be just to remind us that 1:1 architecture is not only about buildings moved inside the museum. The history of 1:1 installations in museums also includes some of the greatest spatial experiments of the twentieth century: prototypes of new experiences and building unexpected and unprecedented spaces.

The reason to do 1:1 scale temporary architecture – often incredibly expensive and not reusable – is because it creates a more powerful experience for a greater number of people to enter into a debate about whatever is important. I think of the 1:1 project as a discursive tool more than as an object per se.

Noten

1 Kort na het interview kondigde Barry Bergdoll aan dat hij heeft besloten zijn aanstelling als 'Philip Johnson hoofdcurator' bij het MoMA in september 2013 op te geven om een aanstelling te aanvaarden bij de Meyer Schapiro Chair of Art History and Archaeology aan Columbia University's School of Arts and Sciences.

2 *Interim Report: House in the Museum Garden, 1949.* Marcel Breuer Digital Archive, Syracuse University, New York.

3 Persbericht nr. 500515-37, 'Exhibition house with sliding walls opens May 19 in Museum Garden', Museum of Modern Art, 1950.

4 Persbericht nr. 1449-51, 'House designed by Marcel Breuer being built in Museum Garden', Museum of Modern Art, 1949.

5 Barry Bergdoll en Peter Christensen, *Home Delivery: Fabricating the Modern Dwelling* (New York: Museum of Modern Art, 2008), 88.

6 *The New City* plaatste kanttekeningen bij de stadsvernieuwing zoals die in de jaren 1960 door de Amerikaanse overheid werd uitgevoerd. Teams van vier universiteiten (Columbia, Cornell, Princeton en M.I.T.) werd gevraagd vier locaties in Manhattan en de Bronx te bestuderen en alternatieven te bedenken voor de massale sloop en herbouw van post-CIAM modellen.

7 http://press.moma.org/2012/11/rising-currents-projects-for-new-yorks-waterfront-2/.

8 http://press.moma.org/wp-content/files_mf/foreclosed_pressrelease_final.pdf.

Notes

1 Shortly after the interview Barry Bergdoll announced that he has decided to step down from his post as Philip Johnson Chief Curator in September 2013 to assume the Meyer Schapiro Chair of Art History and Archaeology at Columbia University's School of Arts and Sciences.

2 From: *Interim Report: House in the Museum Garden, 1949,* Marcel Breuer Digital Archive, Syracuse University New York.

3 From: Press Release 500515-37, *Exhibition house with sliding walls opens May 19 in Museum Garden*, The Museum of Modern Art, 1950.

4 From: Press Release 1449-51, *House designed by Marcel Breuer being built in Museum Garden*, The Museum of Modern Art, 1949.

5 Quote from: Barry Bergdoll and Peter Christensen, *Home Delivery: Fabricating the Modern Dwelling* (New York: The Museum of Modern Art, 2008), 88.

6 The New City was a critic on urban renewal practiced by the US Government in the 1960s. Four university teams (Columbia, Cornell, Princeton and the MIT) were invited to look at four sites in Manhattan and the Bronx and propose alternatives to mass demolition and reconstruction on post-CIAM models.

7 See: http://press.moma.org/2012/11/rising-currents-projects-for-new-yorks-waterfront-2/.

8 See: http://press.moma.org/wp-content/files_mf/foreclosed_pressrelease_final.pdf.

IBA BERLIN 2020
De nalatenschap
The Legacy

Hans Teerds

Interview met/with **Vanessa Miriam Carlow**

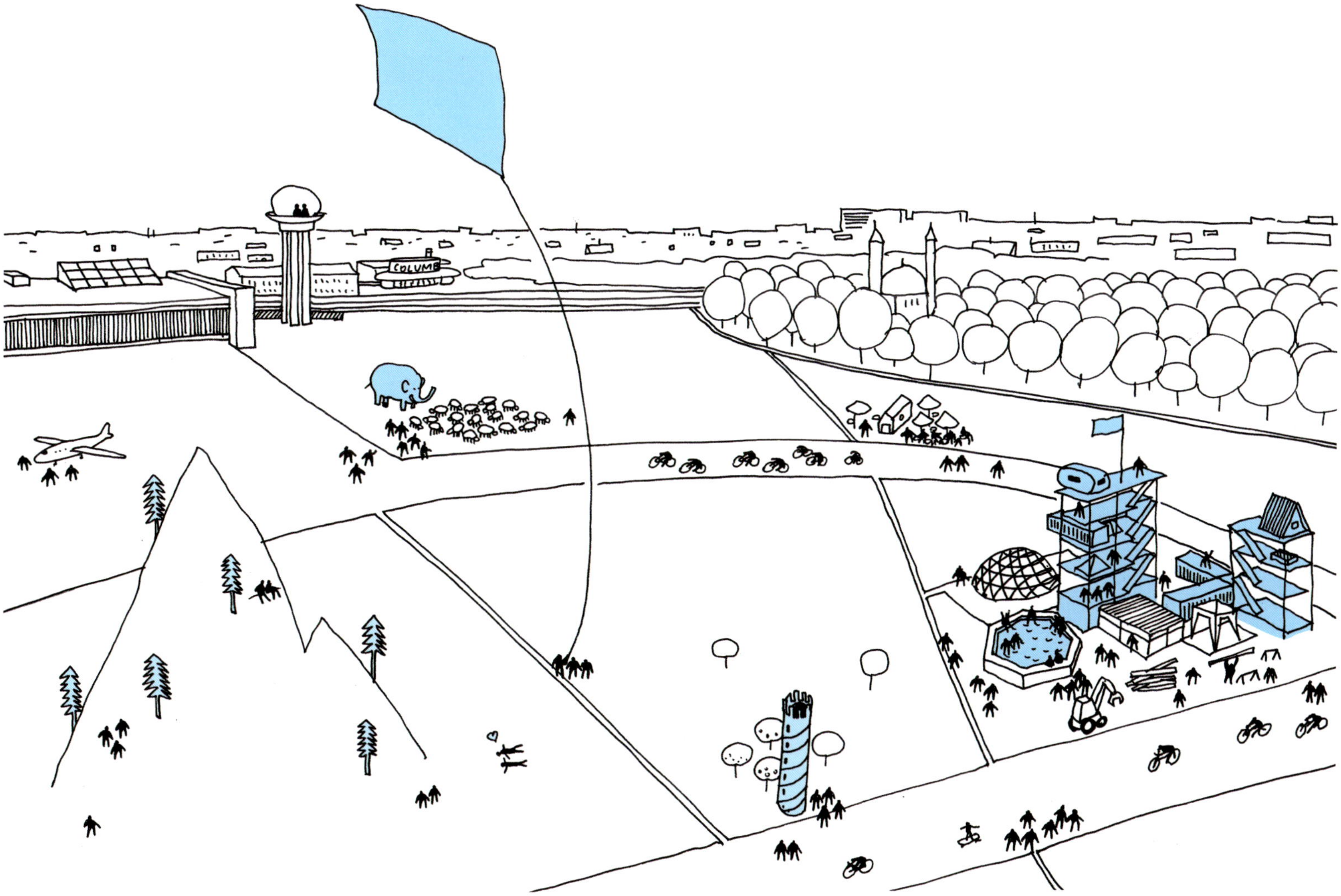

Transformatieruimte in de stad Berlijn, luchthaven Tempelhof
Transformation zone in the city of Berlin, at Tempelhof airport

‘Wenn es um architektonischen Glanz geht, dann träumt man in Berlin gerne von vergangener Größe’. Met deze analyse opende de Berlijnse krant *Tagesspiegel* een artikel over de sloop van het Lützowplatzcomplex, een woningbouwproject naar ontwerp van de bekende architect Matthias Oswald Ungers.[1] Dit project was één van de concrete resultaten van IBA 1987, de Internationale Bauausstellung die dat jaar aan het publiek werd gepresenteerd. De woningen werden begin 2013 afgebroken; de sloop viel ongeveer samen met het plan om de Kreuzbergtoren, John Hejduk’s bijdrage aan IBA 1987, af te breken. De Kreuzbergtoren (overigens een van Hejduk’s weinige gerealiseerde projecten) ontsprong de dans, heeft nu zelfs de monumentenstatus gekregen en wordt bovendien door de nieuwe eigenaren gerestaureerd.

Intussen werden plannen gemaakt voor een nieuwe Bauausstellung: de IBA Berlin 2020. Kort samengevat waren de ambities van deze IBA dat in de stad niet alleen ‘dromen van vergane glorie’ verwezenlijkt worden, zoals de herbouw van het voormalige stadsslot (tegenwoordig het *Humboldtforum*), maar dat de inwoners ook trots moeten kunnen zijn op de eigentijdse antwoorden, die hun stad weet te formuleren op actuele vraagstukken van huisvesting en openbare ruimte. Helaas werden de voorbereidingen voor de nieuwe IBA dit najaar stopgezet. Een bericht op de officiële website laat weten dat de Senaat geen budget heeft gereserveerd in de begroting van 2014-2015 om de IBA te continueren. Desondanks ‘zullen de belangrijke thema’s op de agenda blijven, ook zonder het kader van een Internationale Bauausstellung’.[2]

In het voorjaar van 2013 interviewde ik Vanessa Miriam Carlow, hoofd van het Institute for Sustainable Urbanism (ISU) van de TU Braunschweig en samen met Dan Stubbergaard eigenaar van COBE, een architectenbureau met vestigingen in Kopenhagen en Berlijn. Carlow was lid van het ‘prae-IBA-team’[3] dat de IBA Berlin 2020 voorbereidde. In het interview reflecteerde ze met name op de achterliggende ideeën die ook na deze IBA van cruciaal belang zouden blijven voor de stad. Op dat moment was de situatie veelbelovend: verschillende politieke partijen hadden het project tijdens de campagne voor de lokale verkiezingen van 2011 gesteund en de ‘grote coalitie’ van SPD en CDU die tegenwoordig in de stad aan de macht is, had met het programma ingestemd. Maar nu de voorbereidingen voor de IBA definitief zijn afgezegd, kun je je afvragen wat alleen al het initiatief voor een dergelijk evenement de stad heeft opgeleverd. Dit interview onderzoekt zowel de gekozen benadering van IBA Berlin 2020 als het (helaas al in 2013) vroegtijdig einde daarvan.

Achter een initiatief om een IBA te organiseren gaat een zekere urgentie schuil, een analyse en onderkenning van een ruimtelijk probleem dat integraal opgepakt moet worden. Wat is het probleem van Berlijn vandaag de dag, ruimtelijk gezien?

Er zijn drie niveau’s te onderscheiden waarop de huidige ruimtelijke problematiek van Berlijn zich ontvouwt. De meeste stedenbouwkundige plannen en architectuurprojecten van de afgelopen 20 jaar, na de val van de muur in 1989, waren bedoeld om van Berlijn weer één geheel te maken, om de scherpe kantjes van de tweedeling in West- en Oost-Berlijn te verzachten. Deze in feite esthetische strategie, die was ontwikkeld tijdens de IBA 1987, was opgezet als ‘kritische reconstructie’ van het stedelijk weefsel. Dit heeft echter geresulteerd in heel traditionele en weinig vernieuwende (architectuur)projecten. Nu het project om van Berlijn weer een stad te maken bijna is voltooid, moeten we erachter zien te komen wat het volgende samenbindende

‘If it’s about architectural splendour, Berlin is eager to dream of faded glory,’ Berlin newspaper *Tagesspiegel* recently stated as the opening of an article announcing the demolition of the Lützowplatz building, a housing complex designed by well-known architect Matthias Oswald Ungers.[1] This project was one of the tangible results of the 1987 Internationale Bauausstellung (IBA). This residential complex was demolished in early 2013; at the same time there were plans to break down the Kreuzberg tower, architect John Hejduk’s contribution to the 1987 IBA. The Kreuzberg tower – a rare example of Hejduk’s built work – was fortunately saved at the last minute and is now even protected by the government and being restored by its new owners.

In the mean time plans were being made for a new Bauausstellung: IBA Berlin 2020. The objectives of this IBA were to realize ‘dreams from past ruins’ for the city, represented, for instance, by the rebuilding of the former city castle (now known as the *Humboldtforum*), but also to proudly present the city’s contemporary responses to current questions concerning housing and public space. Unfortunately, the preparation of this new IBA came to an early end in the fall of 2013. As the official website states: the Senate didn’t reserve room in the 2014/2015 budget to continue the preparation. Nevertheless, ‘even without the format of an International Building Exhibition these issues will remain on the agenda’.[2]

In the spring of 2013 I interviewed Vanessa Miriam Carlow, head of the Institute for Sustainable Urbanism (ISU) at the Technical University in Brunswick (Germany) and co-owner, with Dan Stubbergaard, of the architecture firm COBE, based in Copenhagen and Berlin. Carlow was a member of the ‘prae-IBA-team’,[3] the team preparing IBA Berlin 2020. In the interview she reflected on the ideas that would continue to be of crucial importance to the city after the IBA. At the time the situation seemed promising: the IBA had been embraced by distinct political parties during the local election campaign in 2011, and valued afterwards by the ‘grand coalition’ of SPD and CDU that govern the city today. Now that it’s been cancelled, the question remains what value even just the initiative to prepare such an event may have offered the city. This interview therefore investigates both the approach to the IBA Berlin 2020, as well as its – regrettably untimely – aftermath.

Beyond the initiative to organise an IBA, there is always an analysis and recognition of an urgent spatial problem that needs to be addressed from multiple perspectives. What are the actual problems of Berlin, spatially seen?

Berlin’s actual spatial problems are threefold. For roughly 20 years after the fall of the wall in 1989, most urban projects and architectural plans in the city were meant to weave the city together again, to wipe away the hard edge between the Western and the Eastern part. This actually was an aesthetically driven strategy, invented during the 1987 IBA that aimed to develop a ‘critical reconstruction’ of the city fabric, which as a result led to very traditional and less innovative architectural projects. At this very moment, since the project of uniting the city almost is finished, we have to figure out what the next big narrative of the city should be. What should the vision that shapes the future of Berlin be?

The second important point is that after 1989, although it was expected that Berlin would welcome over 1 million new inhabitants, the city initially shrank. This trend has turned: we, the citizens of Berlin, even can feel the city growing. Berlin is so attractive! Space is getting scarce. Everything within the S-Baan circle, which is a really large area, is under pressure. This of course increases the

IBA-studio, een openbare werk- en discussieruimte
IBA-studio, an open space for work and discussion

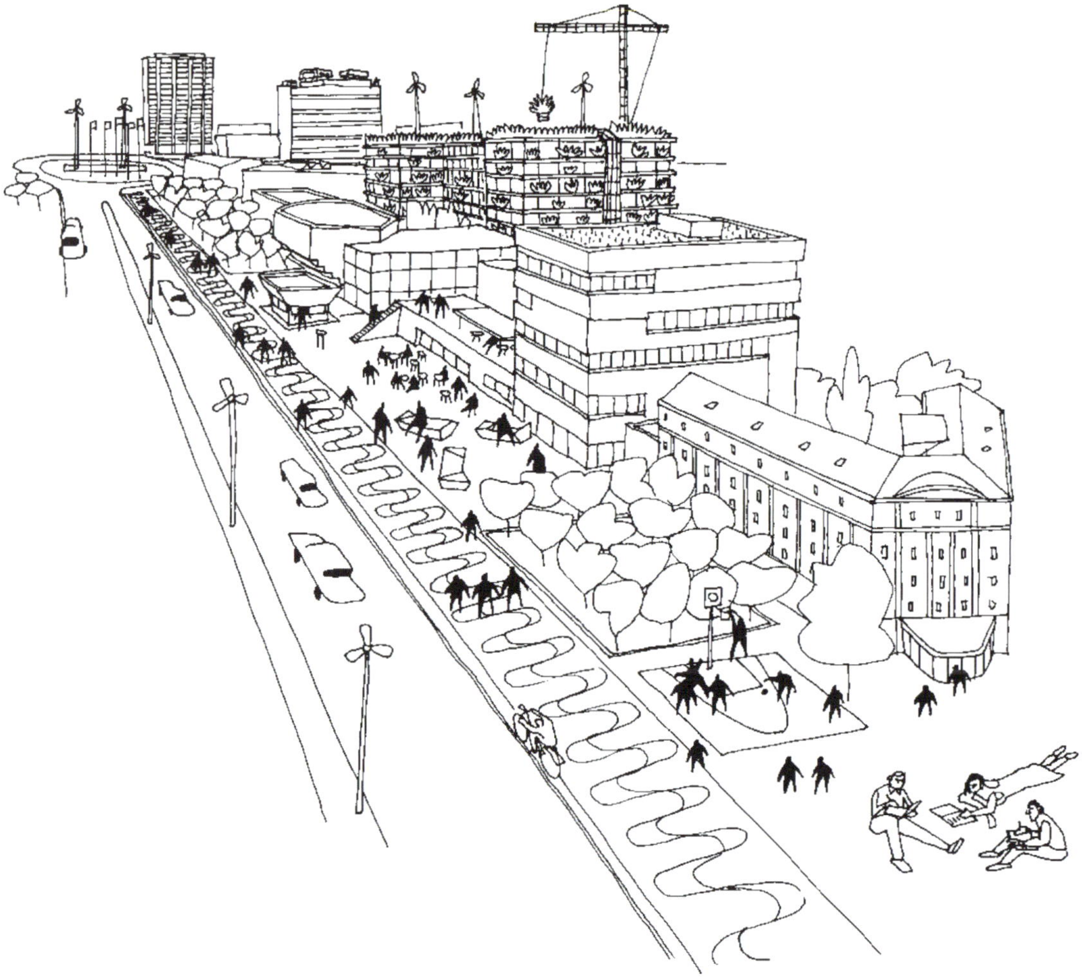

Charlottenburg als binnenstedelijke campus met een hoge kwaliteit van educatie, werken, verblijven en leven
Charlottenburg as an inner-city campus, with a high degree of quality in terms of education, work, housing and living

Voormalige luchthaven Tempelhof, Berlijn
The former airport at Tempelhof, Berlin

Stadslandbouw op de voormalige luchthaven Tempelhof, Berlijn
Urban farming at the former Tempelhof airport, Berlin

narratief voor de stad zou kunnen zijn. Vanuit welke optiek krijgt de toekomst van Berlijn vorm?

Een tweede belangrijk punt is dat het inwonertal van Berlijn na 1989 in eerste instantie afnam, terwijl de stad had verwacht meer dan 1 miljoen nieuwe inwoners te mogen verwelkomen. Het tij is gekeerd: wij Berlijners kunnen de stad bijna voelen groeien. Berlijn is zo aantrekkelijk! Ruimte begint schaars te worden. Alles binnen de ring van de S-bahn, en dat is echt een heel groot gebied, staat onder druk. Hierdoor neemt het belang van vragen over ruimtelijke segregatie en gentrificatie toe.

De derde vraag heeft te maken met de financiën van de stad. Berlijn staat er niet goed voor, wat is veroorzaakt door de verkoop van land en openbare voorzieningen in de jaren 1990. De stad kan daardoor niet alleen geen druk uitoefenen op de markt, maar is ook niet in staat zelf nieuwe sociale woningbouwprojecten op te zetten of te bouwen. Gelukkig gaat deze situatie gepaard met een ongekende gretigheid onder Berlijners om betrokken te zijn bij het maken van de stad, bijvoorbeeld via collectieve particuliere bouwprojecten, 'guerilla-tuinieren', enzovoort.

Over het algemeen heeft een IBA-project richting en concentratie nodig om niet vast te lopen in 'ein bisschen alles oder nichts', waarvan de lokale politieke partij Die Grünen de IBA Berlin 2020 beschuldigde. Zij stelden dat het project de 'echte' vragen van vandaag zou negeren: huurverhoging, gentrificatie en klimaatverandering.[4] Welke thema's wilde IBA Berlin 2020 precies adresseren?

Ik ben het eens met de analyse dat dit actuele vragen zijn, maar absoluut oneens met de constatering dat deze IBA ze niet aan de orde zou stellen. Je moet weten dat het project oorspronkelijk, toen de stadsarchitect van Berlijn, Regula Lüscher, er in 2008 mee begon, bedoeld was om het masterplan voor het voormalige vliegveld Tempelhof te onderzoeken. Dat masterplan was gemaakt al voordat de luchthaven werd opengesteld voor het publiek. Sinds de hekken open zijn is het vliegveld een succes: het is een magisch park in de stad en, zeker in de zomer, drukbezocht. Ook in de omgeving van Tempelhof gaat het goed, vooral in de wijk Neukölln, die eerder bekend stond als een van de slechtste wijken van Berlijn. Een IBA-project organiseren op Tempelhof, terwijl dat al een succes is, zou belachelijk zijn! Ik heb daarom voorgesteld niet alleen het vliegveld, maar ook andere braakliggende terreinen en leegstaande gebouwen als onderwerp te kiezen. Hoe kunnen we die ruimte(n) zien als het kapitaal van de stad?

De IBA-studio ging van start met wekelijkse bijeenkomsten: discussies met het publiek, wetenschappers, vormgevers en politici. Op basis van die discussies ontwikkelden we drie concepten met het oog op de toekomst van Berlijn: *Hauptstadt*, *Raumstadt* en *Sofortstadt*. Deze concepten werden aan de hand van gesprekken met het publiek uitgewerkt voor specifieke locaties in de stad.[5] Tot het moment waarop IBA werd stopgezet, is doorgewerkt met de twee laatst genoemde concepten. Het eerste concept is al snel komen te vervallen, wat ik jammer vond, omdat dit ging over de spanning tussen de invloed op de stad en haar stedenbouwkundige ontwikkeling van zowel de federale staat, die in deze stad veel land bezit, als de lokale politiek. Het tweede concept, *Raumstadt*, onderstreepte hoe de leegstand in de stad kan worden ingezet om een duurzame omgeving en gemeenschap te realiseren. *Sofortstadt*, ten slotte, ging over de spanning tussen de *longue durée* van het architectonische project en de korte aandachtsspanne van het publiek, en beoogde meer gebruikersparticipatie te genereren.

Het was de bedoeling van IBA Berlin 2020 een spannend

question of spatial segregation and gentrification.

The third layer is the deficit of the city caused by the sell-out of land and (formerly publicly owned) facilities during the 1990s. The city lacks leverage and therefore is not able to start or even build new affordable social housing projects by itself. Fortunately, this situation is combined with an unique eagerness of the Berlin citizens to be involved in the production of the city, for instance in collective private building projects, 'guerrilla gardening', and so forth.

In general, an IBA project needs focus, in order not to be stuck in 'a little bit of everything and a whole lot of nothing', something the local political party of the Grünen accused the IBA Berlin 2020 of. They state that the project overlooks the 'real' questions of today: increasing rents, gentrification and climate change.[4] What are actually the themes that IBA Berlin 2020 did choose to address?

I agree on the analysis that these questions are contemporary problems, but surely not on the remark that this IBA didn't address these issues. You have to know that when Berlin's city architect Regula Lüscher initiated the project in 2008, it was initially intended to research the master plan of the closed airport of Tempelhof. This master plan, however, was made before the site was opened to the public. Ever since the opening of the fences to the public, the site is a success, the most amazing spot in the city, a crowded park in summertime. The surroundings of the airfield are also successful, specifically the neighbourhood Neukölln, which previously was one of the most stigmatized neighbourhoods of Berlin. Therefore, to organize an IBA project on Tempelhof, which is already a success, would be ridiculous! I thus suggested addressing not only these airfields, but also other voids and vacant buildings in the city. How can we understand these as the very capital of Berlin?

We started the IBA-studio with weekly events: discussions with the public, with scientists, designers and politicians. These helped us to developed three concepts that addressed the future of Berlin: *Hauptstadt*, *Raumstadt* and *Sofortstadt*, which were detailed in specific locations all over the city as a result of a broad public debate.[5] Until the preparations were cancelled, we focused on the latter two concepts, the first was dropped quite soon after the presentation, which I found sad. It would have addressed the tension between the influence on urban planning of the federal state, which owns a lot of land in this city, on the one hand and the local politics on the other. The second concept, *Raumstadt*, emphasized how the vacancies in the city can be used in order to create a sustainable environment and community, whereas *Sofortstadt* finally addressed the tension between the *longue durée* of the architectural project and the short-term attention of the public, and therefore allows for better user participation.

The intention was to turn the IBA into an exciting project that would enable the citizens of Berlin to become co-producers of the city. The question of rents, gentrification and even climate change, to come back to the criticism of the Grünen, actually were at the very heart of this IBA Berlin 2020. The reuse of buildings, the awareness of the importance of temporal uses, the importance of the local economy, the ability to construct affordable housing – all were specific responses to our contemporary questions.'

According to you, how were these concepts and projects related to the problem of housing – which is, as you stated, one of the central spatial questions of the city of Berlin today?

project te maken dat Berlijners in staat zou stellen mede stad te maken. Vragen over huur, gentrificatie en zelfs klimaatverandering, om terug te komen op de kritiek van Die Grünen, stonden in feite centraal tijdens deze IBA. Hergebruik van gebouwen, besef van het belang van tijdelijk gebruik, het belang van de lokale economie en de kunst betaalbare woningen te bouwen, waren allemaal specifieke antwoorden op eigentijdse vragen.

Hoe verhielden deze concepten en projecten zich met de huisvestingsproblematiek die tegenwoordig volgens u een van de belangrijkste ruimtelijke vraagstukken van Berlijn is?

Ik kan natuurlijk geen concrete projecten of experimenten laten zien, omdat we nog in de conceptuele fase van het project zaten. Maar ik denk dat de IBA Berlin 2020 minstens vijf vraagstukken met betrekking tot huisvesting aan de orde zou hebben gesteld. Om te beginnen bestaat er behoefte aan nieuwe 'standaarden' en 'normen', vooral met het oog op hergebruik van leegstaande gebouwen. Een Internationale Bauausstellung maakt immers ruimte voor experimenten, opdat wensen en verwachtingen kunnen worden getest en uitgedaagd.

Ten tweede hebben de woningbouwverenigingen sinds 1989 hun woningvoorraad vooral gerenoveerd, maar vrijwel niets nieuws gebouwd. Het is daarom heel opwindend om na te denken over nieuwe sociale of collectieve woningbouw en hoe die te realiseren onder de huidige Berlijnse omstandigheden.

Vervolgens zijn er de *Genossenschaften*, een oud model uit de jaren 1920 waarbij mensen geld inbrengen en vervolgens gezamenlijk betaalbare woonruimte bouwen. De winst wordt weer in het project gestoken; er wordt door de deelnemers geen geld mee verdiend. Het is een model dat speculatie vertraagt of tegenhoudt. De IBA had kunnen demonstreren wat dergelijk initiatieven voor de stad betekenen. En dan zijn er nog de *Baugemeinschaften*, waarbij mensen met elkaar en voor zichzelf een woningbouwproject opzetten. Dit model moet worden verbeterd, opdat het ook kan worden gebruikt om betaalbare woningen voor mensen met een smallere beurs te bouwen en om openbare voorzieningen te ontwikkelen. Opnieuw: een IBA is in staat te laten zien hoe dergelijke projecten aan kwaliteit, vitaliteit en leefbaarheid kunnen winnen als er ook rekening wordt houden met maatschappelijke behoeften.

Ten slotte was het plan dat de IBA demografische veranderingen aan de orde zou stellen, omdat toekomstige woningbouwprojecten bijvoorbeeld afgestemd moeten worden op het toenemende aandeel migranten en ouderen.

Een project als de IBA is uniek. Het begint met discussies en workshops, tentoonstellingen en excursies, en eindigt met tastbare bouwprojecten, bouwwerken die te bezoeken, aan te raken, te ruiken zijn. Het is een manier om geld, initiatieven, talent en stakeholders samen te brengen en effectief in te zetten om projecten tot stand te brengen. Wat zijn volgens u de belangrijkste aspecten van een IBA?

Er zijn concrete ruimtelijke experimenten nodig om specifieke concepten te ontwikkelen en ingang te doen vinden. Nee, het woord experiment is verkeerd gekozen, want experimenten kunnen mislukken. De IBA zou, beter gezegd, een concrete werkplaats voor de toekomst zijn geweest, waarbij mensen betrokken zijn en waaraan ze deelnemen, bewoners én professisonals. Dat is een unieke kans, omdat de 'gewone' projectontwikkeling of plannenmakerij meestal geen rekening houdt met deze conditie van (publiek) onderzoek en implementatie. Belangrijk is ongetwijfeld het politieke debat en de betrokkenheid van het publiek bij ruimte-

I cannot, of course, show concrete projects or experiments, since we only presented a few concepts. To my mind the IBA Berlin 2020 would have addressed at least five questions related to housing. First is the need to find new 'standards' and 'norms', specifically in respect to the reuse of vacant buildings. An IBA creates room for experiments, through which desires and expectations can be challenged.

Second are the social housing corporations that after 1989 renovated their building stock, but almost never built anything new. It is very exciting to think about new social or collective housing, and how that can be done in these new Berlin circumstances.

The third question is what we call *Genossenschaften*, an old model from the 1920s, where people bring in money and then build affordable housing together. The financial gains are reinvested in the project: it is not meant to earn personal economic benefit. This model therefore stops or slows down speculation. The IBA would have shown what such initiatives mean for the city. The fourth aspect is the model of *Baugemeinschaften*, in which people together construct a housing project for themselves. This model needs to be improved, in order to create room for affordable housing and public amenities. The IBA should have shown how these projects gain quality, vitality and liveability by incorporating public needs.

Finally, the IBA should have addressed the changing demographics, since future housing projects need to deal with the large population of migrants, and the increasing amount of elderly people.

An IBA project is quite unique in the world: it starts with debates and workshops, with exhibitions and excursions, and ends with tangible building projects, construction that can be visited, touched, smelled. It is a means to streamline money and initiatives, talent and stakeholders, in order to make projects happen. What would you describe as the most important aspects of an IBA?

Concrete spatial experiments are needed in order to develop or enhance the concepts that are drawn. No, not experiments, since these can fail. The IBA, better said, would have been a concrete test bed of the future in which people are involved and participate, both inhabitants and professionals! That is actually a unique situation, regular development plans or future proposals don't deliver this condition of (public) research and implementation! Important aspects are the political debate and the involvement of the public in the spatial questions of today and tomorrow. Even in our very initial state of preparation, a lot of people showed up at the IBA studio and participated in the debates, we got a lot of excited responses from citizens, from corporations, from *Stiftungen* (foundations), funds and universities. Politically, the IBA is an opportunity to make projects happen, to work towards a better city. But even more importantly, it withstands the general trend to turn governmental services into bureaucratic administrative entities. Concrete projects for the future of the city – that is the heart of politics! In other words, an IBA project brings architectural design to the heart of the political arena, as well as vice-versa: it shows how important a political debate on architecture, the city and its future is.

But now that it has been cancelled, what do you see as the legacy of the preparations for the IBA studio?

As Regula Lüscher said: the IBA may have died, but the problems are still here. Surely, the work in order to prepare the IBA had sharpened the understanding of Berlin's problems and potentials. What is considered most urgent is

lijke vraagstukken die nu en in de toekomst spelen. Er zijn echt een heleboel mensen naar de IBA-studio gekomen om deel te nemen aan de discussies die we in het begin hebben georganiseerd. We kregen veel positieve reacties van Berlijners, van bedrijven, en van stichtingen, fondsen en universiteiten. In politiek opzicht is de IBA een kans om projecten te verwezenlijken, om een bijdrage te leveren aan een betere stad. Maar een IBA kan ook weerstand bieden tegen de algemene tendens om overheidsdiensten in bureaucratische administratieve entiteiten te veranderen. Concrete projecten voor de toekomstige stad behoren tot de kern van de politiek! Het IBA-project plaatste, met andere woorden, de architectuur midden in de politieke arena, en vice versa: het liet zien hoe belangrijk het is dat er een politiek debat gevoerd wordt over architectuur, over de stad en haar toekomst.

Wat beschouw je als erfenis van al die voorbereidingen van de IBA-studio, nu het project is afgelast?

Zoals Regula Lüscher zei: de IBA mag dan zijn overleden, maar de problemen zijn nog springlevend. Natuurlijk heeft het voorbereidend werk op scherpe wijze de problemen van de stad gesignaleerd en ook begrepen. Het woningtekort is het meest urgente probleem. Zelfs het huidige gemeentebestuur onderkent dit met zijn verklaring dat er tot 2020 ongeveer 30.000 nieuwe woningen moeten worden bijgebouwd. Lüscher initieerde daartoe samen met zeven stadswijken, zoals Charlottenburg-Wilmersdorf, Neukölln, Pankow, Tempelhof-Schöneberg en Treptow-Köpenick, en alle grote Berlijnse woningbouwcorporaties een serie workshops, waaraan een door een jury geselecteerd, breed arsenaal aan architecten meedoet. Wij, COBE Berlijn, zijn er – gelukkig – ook bij betrokken. Je kunt deze workshops zeker zien als een direct vervolg van de IBA. Doel is de standaardmodellen voor woningbouw te bevragen, om zo nieuwe modellen en experimenten te ontwikkelen. Wat goed is aan een workshop is de focus en het concrete resultaat. Het ontwikkelen en de uitvoering van een IBA is een lang en ook uitvoerig proces dat veel energie en aandacht vergt, omdat er zoveel mensen bij betrokken zijn. Een workshop is daarom flexibeler: ze kunnen klein zijn en een beperkte scope hebben, ze kunnen snel opgezet en geagendeerd worden, en ze gaan altijd over concrete onderwerpen. Workshops houden zich bezig met actuele situaties en reageren daarop – en dat trekt de aandacht van het publiek: ze herkennen zich erin en kunnen zich met die onderwerpen engageren.

the housing shortage. Even the contemporary city council has urged this question through their statement that until 2020 about 30,000 new houses must be built. In collaboration with seven city districts, including Charlottenburg-Wilmersdorf, Neukölln, Pankow, Tempelhof-Schöneberg and Treptow-Köpenick, and all of Berlin's large housing corporations, Lüscher therefore initiated a range of workshops in which a wide array of architects were selected by a jury to participate. We, COBE Berlin, are involved as well, luckily. These workshops can be seen as a direct follow-up of the IBA preparations. Their aim is to question the standard models of urban housing in order to develop new models and experiments. The good thing about a workshop is its focus, actually, as well as its concrete result. Preparing and executing an IBA is a long and broad process that takes lots of energy and attention, since lots of people are involved. Single workshops on the other hand are a much more flexible instrument: they can be small and limited, can be developed and inserted quickly, and are bound to concrete topics. Workshops start with regarding and reacting to actual situations – and that attracts attention, recognition and resistance from the public.

Noten

1 Christian Schröder, 'Stad ohne Mas', http://www.tagesspiegel.de/kultur/iba-bauten-werden-abgerissen-stadt-ohne-mass/7814198.html (geraadpleegd 3 mei 2013). (geraadpleegd 3 mei 2013).

2 Zie: http://www.stadtentwicklung.berlin.de/staedtebau/baukultur/iba/index_en.shtml (geraadpleegd 14 oktober 2013)

3 Het 'prae-IBA-team' bestaat uit Martin Heller, Vanessa Miriam Carlow, Sonja Beeck, Markus Bader, Pamela Dorsch, Thilo Lang en Fritz Reusswig.

4 Citaat uit: Thomas Loy, 'Rückzug vom Tempelhofer Feld', http://www.tagesspiegel.de/berlin/internationale-bauausstellung-rueckzug-vom-tempelhofer-feld/7359514.html

5 Het oorspronkelijk concept voor IBA Berlin 2020 is te downloaden via: http://www.stadtentwicklung.berlin.de/staedtebau/baukultur/iba/download/Iba berlin_konzept.pdf (geraadpleegd 19 april 2013).

Notes

1 Christian Schröder, 'Stad ohne Mas', http://www.tagesspiegel.de/kultur/iba-bauten-werden-abgerissen-stadt-ohne-mass/7814198.html (accessed 3 May 2013).

2 See: http://www.stadtentwicklung. berlin.de/staedtebau/baukultur/iba/index_en.shtml (accessed 16 October 2013).

3 The prae-IBA-team consisted of: Martin Heller, Vanessa Miriam Carlow, Sonja Beeck, Markus Bader, Pamela Dorsch, Thilo Lang and Fritz Reusswig.

4 Quote from: Thomas Loy, 'Rückzug vom Tempelhofer Feld', http://www.tagesspiegel.de/berlin/internationale-bauausstellung-rueckzug-vom-tempelhofer-feld/7359514.html (accessed 3 May 2013).

5 The initial concept for IBA Berlin 2020 can be downloaded at: http://www.stadtentwicklung.berlin.de/staedtebau/baukultur/iba/download/Iba_berlin_konzept.pdf (accessed 19 April 2013).

De Wiener Werkbundsiedlung op de dag van de opening, 4 juni 1932
The Wiener Werkbundsiedlung on the day of the opening, 4 June 1932

Plandocumentatie Woningbouw-tentoonstellingen

Plan Documentation Housing Exhibitions

Frederique van Andel & Dick van Gameren

Met bijdragen van/With contributions by:
Paul Kuitenbrouwer, Nelson Mota, Pierijn van der Putt & Karin Theunissen

Tekeningen/Drawings:
Guido Greijdanus, Cederick Ingen-Housz, Carlyn Simoen & Wing Yung

Housing Exhibitions

The planning documentation for this ninth issue of *DASH* contains ten exhibition projects that give an overview of the different approaches to, and motivations behind, housing exhibitions during the past 100 years. All of the documented examples featured homes exhibited on a 1:1 scale. With the exception of the exhibition 'Die Wohnung unserer Zeit', which was meant to be temporary, the homes in the other nine projects remained even after the exhibition period was finished, and have since been permanently inhabited. Each of these ten exhibitions forms a mirror of the prevailing Zeitgeist. They call for change, expose shortcomings, form a platform for experimentation, offer a stage for political propaganda, or attempt to initiate urban renewal.

'Ein Dokument deutscher Kunst' (*Darmstadt*, 1901) was the first architecture exhibition that consisted entirely of homes and buildings, which themselves formed the objects that were on display. 'Die Wohnung unserer Zeit' (Berlin 1931) represents a highpoint in the series of exhibitions from the interwar period. As a result of the exhibition's temporary nature (all of the exhibited homes or parts of the residential buildings were constructed on a 1:1 scale inside of an exhibition hall), it has since fallen into oblivion. The 'Wiener Werkbundsiedlung' (Vienna, 1932) was the last in the series of Werkbund exhibitions, and it focused primarily on the ground-floor, single-family home as a counterpart to the urban superblocks that dominated Vienna's municipal housing programme. On the eve of the Second World War, 'Schaffendes Volk' (Düsseldorf, 1937) was the first exhibition in which the political system used a (housing) building exhibition as a propaganda tool.

The substantial efforts made in terms of post-war reconstruction and housing led anew to a number of important and influential housing exhibitions. For example, 'Q.T.8 - Quartiere Sperimentale di Triennale di Milano VIII' (Milan, 1947) was the first major post-war exhibition in Europe, and wound up covering an entire city district. The first projects in Q.T.8 displayed experiments that were meant to find efficient solutions for high-rise and compact low-rise construction. 'Plan Internationaal' (Doorwerth, 1967) took place in a period where new voices against the modernist ideals of mass housing began to be heard. The exhibition's mostly detached prefab homes from abroad, along with several houses designed by Dutch architects, were meant to give the public the opportunity to compare the Dutch residential style to that of other countries.

In 'Documenta Urbana' (Kassel, 1982), an appeal was made for small, compact housing in a variety of housing types. In this way, the exhibition critiqued both post-war, large-scale residential architecture and the later sprawling, low-rise neighbourhoods and the exodus from the city. The 'Internationale Bauausstellung' (Berlin, 1987) continued these themes, and was the first exhibition to deal not only with new construction, but also with urban renewal and renovation. The exhibition seemed to want to definitively break away from post-war modernism in urban planning and housing, as seen in the 1957 'Interbau' exhibition, which also took place in Berlin (in the Hansaviertel). The exhibition 'Bo01 City of Tomorrow' (Malmö, 2001) introduced, alongside a wide variety of housing types, several principles and ideas for a more ecological and sustainable kind of urban development. And finally, the 'Internationale Bauausstellung' in Hamburg cannot go unmentioned. It is the most recent building exhibition to have finished (on 3 November 2013), after six years of construction and exhibition activities. The IBA Hamburg addressed the themes of 'ecology, sustainability, and climate', 'the multicultural city', and 'inner-city peripheries'.

To make these plans transparent and comparable, the projects have been redrawn in a uniform style. The starting point for these scale drawings was to be the original urban planning diagram, but it proved impossible to achieve this in a uniform way for all of the projects. That is why it was decided to present the project 'Ein Dokument deutscher Kunst' (1901) in the form of two maps. The 'Wohnung unserer Zeit' took place in a hall; a diagram of this has been drawn, with the floor plans of the individual homes placed on top of it. For 'Schaffendes Volk', the exhibition's 1937 plan was used as a kind of structural grid, with the current urban situation added on top of it: today, in 2013, the exhibition grounds are mainly used as a park (called Nordpark), and the residential areas from the exhibition have been partially expanded. For 'Quartiere Sperimentale' (Q.T.8.) in Milan the third plan by Piero Bottoni, was drawn (III piano, 1953), again set in the current context. In 'Plan Internationaal', several homes have since been converted or even demolished; the drawing here shows the plan that was originally realized, based on the exhibition brochure.

The plans for 'Documenta Urbana' were ambitious, and were only partially implemented. The drawing in this issue of *DASH* shows the designers' original intent. The IBA Berlin of 1987 was the first exhibition that took place across several areas. At various locations in the city, work was done on the reconstruction programme that had been drawn up. Instead of a new overview diagram, what has been drawn here is the situation of the two documented projects. In Malmö, the area in Västra Hamnen (Western Harbour) where construction was to take place had not yet been finished at the time of the 'Bo01 City of Tomorrow' exhibition. For this project, *DASH* shows the final (current) situation. The IBA Hamburg ended in late 2013, and many of the projects that it encompassed will be continued in the coming years. For this issue of *DASH*, a section of the exhibition in Wilhelmsburg-Mitte (known as 'the building exhibition within a building exhibition') has been drawn. All of these projects have since been completed, and are open to visitors.

Several characteristic homes or residential buildings from each of these exhibitions have been elaborated upon. For each of these projects, the most essential floor plans and profiles are shown. The drawings are based on historical publications and archival material. The recent projects in Malmö and Hamburg have been drawn up on the basis of documentation that was provided by the designers who were involved. For this issue, new photo reportages have been made of the projects in Vienna, Düsseldorf, Doorwerth, Milan, Kassel, Berlin, Malmö and Hamburg. For Darmstadt, existing photo footage was used, which is also the case for Berlin, 1931. Old photographs and archival materials were also used for the other projects in order to give an image of these projects during the actual exhibition.

Woningbouwtentoonstellingen

In de plandocumentatie van deze negende *DASH* staan tien tentoonstellingsprojecten die een overzicht bieden van de verschillende benaderingen bij woningbouwtentoonstellingen gedurende de afgelopen 100 jaar. In alle voorbeelden was (en is) sprake van het tentoonstellen van woningen schaal 1:1. Met uitzondering van de als tijdelijk opgezette tentoonstelling 'Die Wohnung unserer Zeit' zijn de woningen na de tentoonstellingperiode behouden en permanent bewoond. De tien tentoonstellingen vormen stuk voor stuk een spiegel van de heersende tijdgeest. Ze roepen op tot verandering, stellen misstanden aan de kaak, vormen een platform voor experiment of politieke propaganda en zijn initiator van stedelijke vernieuwingsprocessen.

'Ein Dokument deutscher Kunst' (Darmstadt, 1901) is de eerste architectuurtentoonstelling die in haar geheel bestond uit gebouwen, die zelf de tentoon te stellen objecten vormden. 'Die Wohnung unserer Zeit' (Berlijn 1931) is een hoogtepunt in de reeks tentoonstellingen uit het interbellum. Het tijdelijke karakter – alle tentoongestelde woningen of delen van woongebouwen waren in een beurshal schaal 1:1 opgebouwd – heeft deze tentoonstelling in vergetelheid doen verzinken. De 'Wiener Werkbundsiedlung' (Wenen, 1932) is de laatste Werkbund-tentoonstelling en legde de nadruk op de grondgebonden eengezinswoning als tegenhanger van het stedelijke superblok dat centraal stond in het woningbouwprogramma van Wenen. Aan de vooravond van de Tweede Wereldoorlog is 'Schaffendes Volk' (Düsseldorf, 1937) de eerste tentoonstelling die de politiek als propagandamiddel gebruikte.

De grote reconstructie- en woningbouwopgaven na de Tweede Wereldoorlog leidden opnieuw tot een aantal invloedrijke tentoonstellingen. 'Q.T.8 - Quartiere Sperimentale di Triennale di Milano VIII' (Milaan, 1947 e.v.) besloeg uiteindelijk een gehele stadswijk. De eerste projecten in Q.T.8 tonen experimenten met efficiënte oplossingen voor hoogbouw en compacte laagbouw. Met 'Plan Internationaal' (Doorwerth, 1967) komt een tegengeluid op gang tegen de idealen van massawoningbouw. Merendeels vrijstaande prefab woningen uit het buitenland moesten, samen met een aantal door Nederlandse architecten ontworpen huizen, het publiek de mogelijkheid bieden de Nederlandse stijl van wonen te vergelijken met die van andere landen.

In 'Documenta Urbana' (Kassel, 1982) wordt een pleidooi gehouden voor kleinschalige, compacte woningbouw in een veelvoud aan woningtypen. De tentoonstelling formuleerde zo een kritiek op zowel de naoorlogse, grootschalige woningbouwarchitectuur als de latere, uitdijende laagbouwwijken en de leegloop van de stad. De Internationale Bauausstellung (Berlijn, 1987) zette deze thema's voort, en was de eerste tentoonstelling die zich niet alleen bezighield met nieuwbouw, maar ook met stadsvernieuwing en renovatie. De tentoonstelling leek definitief af te willen rekenen met het naoorlogse modernisme in stedenbouw en woningbouw, zoals getoond in de in 1957 eveneens in Berlijn gehouden Interbau-tentoonstelling (Hansaviertel). 'Bo01 City of Tomorrow' (Malmö, 2001) introduceert naast een grote verscheidenheid aan woningtypen, ideeën voor een meer ecologische, duurzame stedelijke ontwikkeling. Tot slot kon de IBA in Hamburg niet ontbreken, die 3 november 2013, na zes jaar, werd afgesloten. IBA-Hamburg stelde 'Ecologie, duurzaamheid en klimaat', 'De multiculturele stad' en 'Binnenstedelijke periferieën' aan de orde.

Om de plannen vergelijkbaar te maken, zijn de projecten opnieuw getekend in een uniforme tekenstijl. Uitgangspunt voor de situatietekening is de oorspronkelijke stedenbouwkundige opzet, wat niet bij alle projecten was te realiseren. Voor het project 'Ein Dokument deutscher Kunst' (1901) is daarom gekozen om twee kaarten op te nemen. Die 'Wohnung unserer Zeit' vond plaats in een hal; hiervan is een plattegrond getekend waarin de woningplattegronden zijn gemonteerd. Voor 'Schaffendes Volk' is de plankaart uit 1937 gemonteerd in de huidige stedenbouwkundige situatie. Anno 2013 fungeert het tentoonstellingsterrein grotendeels als park en zijn de woonwijken uit de tentoonstelling ten dele uitgebreid. Voor het 'Quartiere Sperimentale' (Q.T.8) in Milaan is het derde plan van Piero Bottoni getekend (1953), wederom geplaatst in de huidige context. In 'Plan Internationaal' zijn enkele woningen inmiddels verbouwd of gesloopt. Getekend is het oorspronkelijk gerealiseerde plan, op basis van de tentoonstellingsbrochure.

De plannen voor 'Documenta Urbana' waren ambitieus en zijn maar ten dele uitgevoerd. De tekening in deze *DASH* laat de oorspronkelijke bedoeling zien. De IBA-Berlijn (1987) was de eerste gebiedsoverschrijdende tentoonstelling. Een nieuwe overzichtskaart is niet getekend, wel de situatie van de twee gedocumenteerde projecten. In Malmö was het te bebouwen gebied in Västra Hamnen (Westelijk Havengebied) nog niet helemaal af ten tijde van de tentoonstelling 'Bo01 City of Tomorrow'. *DASH* laat hier de huidige situatie zien. Van IBA-Hamburg zal een groot aantal projecten nog de komende jaren gecontinueerd worden. Voor deze *DASH* is getekend een deelgebied in Wilhelmburg-Mitte. Hiervan zijn alle projecten inmiddels opgeleverd.

Van elke tentoonstelling zijn enkele karakteristieke woningen of woongebouwen verder uitgewerkt met de meest essentiële plattegronden en doorsneden. De tekeningen zijn gebaseerd op historische publicaties en archiefmateriaal. De recente projecten in Malmö en Hamburg zijn uitgetekend op basis van documentatie die ter beschikking is gesteld door de betrokken ontwerpers. Voor dit nummer zijn nieuwe fotoreportages gemaakt van de projecten in Wenen, Düsseldorf, Doorwerth, Milaan, Kassel, Berlijn, Malmö en Hamburg. Voor Darmstadt is gebruik gemaakt van bestaand fotomateriaal, evenals, uiteraard, voor Berlijn, 1931. Ook voor de andere projecten is oud foto- en archiefmateriaal gebruikt om een beeld te geven van het project tijdens de tentoonstelling.

Ein Dokument Deutscher Kunst Darmstadt

Joseph Maria Olbrich et al.

Ein Dokument Deutscher Kunst: Alexandraweg, Mathildenhöhweg, Darmstadt, Duitsland/ Germany
Initiatief/Initiative: Groothertog Ernst Ludwig von Hessen
Ontwerp woningen/Design of the homes: Joseph Maria Olbrich (Haus Olbrich*, Haus Christansen, Grosses Glückerthaus*, Kleines Glückerthaus, Haus Habich, Haus Keller, Haus Deiters) en/and Peter Behrens (Haus Behrens*)
Interieur woningen/Interior of the homes: Patriz Huber, Hans Christiansen, Joseph Maria Olbrich, Peter Behrens
Stedenbouwkundig plan/Urban plan: Joseph Maria Olbrich
Supervisie/Supervision: Joseph Maria Olbrich
Aantal woningen/Number of homes: 8
Initiatief/Initiative- Oplevering/ Completion date: 1899-1901
Tentoonstelling/Exhibition: 15 mei-15 oktober 1901/ 15 May-15 October 1901

* Projecten uitgewerkt in plandocumentatie/Projects are elaborated on in the planning documentation.

Bronnen/Sources:

Joseph Maria Olbrich, *Das Haus Olbrich: Katalog* (Darmstadt: 1901).
Kurt Breysig, 'Das Haus Peter Behrens: mit einem Versuch über Kunst und Leben', *Deutsche Kunst und Dekoration*, 9 (1902), 131-194.
Hans-Joachim Kadatz, *Peter Behrens* (Leipzig: Seemann, 1977).
Ausstellungsgesellschaft Ein Dokument Deutscher Kunst, *Ein Dokument Deutscher Kunst; Darmstadt 1901-1976*, 5 (Darmstadt: Roether, 1976).
Ian Latham, *Joseph Maria Olbrich* (Londen/London: Academy Editions, 1980).
Alan Windsor, *Peter Behrens; Architect and Designer* (Londen/ London: Architectural Press, 1981).
Johannes Cramer & Niels Gutschow, *Bauausstellungen: eine Architekturgeschichte des 20. Jahrhunderts* (Stuttgart: Kohlhammer, 1984).
Peter Haiko & Bernd Krimmel, *Joseph Maria Olbrich Architektur; vollständiger Nachdruck der drei Originalbände von 1901-1914* (Tübingen: Wasmuth, 1988).
Ralf Beil & Regina Stephan, *Joseph Maria Olbrich 1867-1908 Architekt und Gestalter der frühen Moderne* (Ostfildern: Hatje Cantz, 2010).

Het Kleines Glückerthaus gezien vanuit het westen (Alexandraweg 25)
The small Glückerthaus seen from the west (Alexandraweg 25)

In 1899 richtte Ernst Ludwig von Hessen, groothertog van Hessen-Darmstadt en kleinzoon van koningin Victoria, de *Darmstädter Künstlerkolonie* op. Darmstadts kunstuitgever Alexander Koch had in het jaar daarvoor, in een verhandeling aan de groothertog, duidelijk gemaakt dat het verweven van kunst en ambacht van groot belang was, niet alleen vanuit een esthetisch oogpunt, maar ook vanuit economisch perspectief. Koch stelde voor een werk- en leefgemeenschap voor kunstenaars te stichten, welk idee door de groothertog werd omarmd. Hij had een voorliefde voor kunst en architectuur (het interieur en de meubels van zijn paleis liet hij ontwerpen door Baillie Scott) en nodigde vier kunstenaars (Hans Christiansen, Rudolf Bosselt, Paul Bürck, Patriz Huber) uit om een vrije creatieve gemeenschap te vormen waarin ze konden leven en werken. Kort na de oprichting werden ook de architect Joseph Maria Olbrich (oud-leerling van de Weense architect Otto Wagner), de schilder Peter Behrens en de beeldhouwer Ludwig Habich naar Darmstadt gehaald. Olbrich had in de jaren ervoor samen met onder andere Gustav Klimt, Koloman Moser en Josef Hoffmann de Wiener Secession opgericht, een vereniging van beeldende kunstenaars, beeldhouwers en architecten.
Om de samenwerking tussen de verschillende kunstrichtingen te kunnen demonstreren, overhandigden de kunstenaars de groothertog een programma met daarin een plan voor een tentoonstelling genaamd 'Ein Dokument Deutscher Kunst'. Ze wilden geen museumachtige tentoonstelling, maar blijvende gebouwen: woningen, een theater en een werkplaats voor de kolonieleden, die als ensemble op overtuigende wijze de opvattingen van de kunstenaars tot uitdrukking zouden brengen. De groothertog stelde een stuk grond ter beschikking op de Mathildehöhe. Als enige architect in de groep (Peter Behrens was toen nog kunstschilder) kreeg Joseph Maria Olbrich de leiding. Al in 1900 werd de eerste steen gelegd voor het ateliergebouw (het *Ernst-Ludwig-Haus*), dat Olbrich als centraal oriëntatiepunt gebruikte in het stedenbouwkundig plan van de tentoonstellingswijk. Er tegenover werd een theater (*Haus für Flachenkunst*) gebouwd. Dwars op deze as werden de kunstenaars- en privéhuizen gebouwd: *Haus Behrens*, het *Grosses Glückerthaus*, het *Kleines Glückerthaus*, *Haus Habich*, *Haus Keller*, *Haus Deiters*, *Haus Christiansen* en *Haus Olbrich*. In het plan waren ook enkele gebouwen voorzien die na de tentoonstelling weer afgebroken werden, onder andere een ingangsgebouw, een 'bloemenhuis' en een postkaartenkiosk. Olbrich ontwierp alle gebouwen voor de tentoonstelling, behalve Haus Behrens, het huis van kunstschilder Peter Behrens die met dit huis zijn eerste stap richting een professionele carrière als architect maakte. De interieurs werden ofwel ontworpen door Olbrich zelf, of door de betreffende kunstenaar-eigenaar.

De tentoonstelling kreeg veel lof, maar de Künstlerkolonie bleek een financieel drama, met grote gevolgen: vijf kunstenaars trokken zich terug en verlieten Darmstadt, onder wie Behrens. Olbrich bleef en bepaalde samen met enkele nieuw aangetrokken kunstenaars tot 1908, het jaar van zijn dood, de activiteiten van de Künstlerkolonie. In de jaren na 'Ein Dokument Deutscher Kunst' werden met verschillende thema's nog drie tentoonstellingen georganiseerd (1904, 1908, 1914), die stuk voor stuk een bijdrage aan de actuele vragen over het bouwen moesten leveren. (fva)

In 1899, Ernst Ludwig von Hessen, the Grand Duke of Hesse-Darmstadt and the grandson of Queen Victoria, founded the *Darmstädter Künstlerkolonie* (Darmstadt Artists' Colony). In the previous year, the Darmstadt art publisher Alexander Koch had made it clear in a treatise to the Grand Duke that the intertwining of art and craft was of great importance, not only from an aesthetic point of view, but also from an economic perspective. Koch suggested establishing a working and living community for artists, and the Grand Duke embraced the idea. He had a passion for art and architecture (the interior and the furniture of his palace, for example, was designed by Baillie Scott), and he invited four artists (Hans Christiansen, Rudolf Bosselt, Paul Bürck, and Patriz Huber) to form a free creative community in which they could live and work. Shortly after the colony was established, architect Joseph Maria Olbrich (a former student of Viennese architect Otto Wagner), painter Peter Behrens and sculptor Ludwig Habich were also brought to Darmstadt. In the years prior to this, Olbrich, together with Gustav Klimt, Koloman Moser and Josef Hoffmann, had founded the Vienna Secession, an association of artists, sculptors and architects.

To be able to demonstrate the cooperation between the various art movements, the artists presented the Grand Duke with a programme and a plan for an exhibition called 'Ein Dokument Deutscher Kunst' ('A Document of German Art'). They did not want a museum-like exhibition, but instead wanted permanent buildings: houses, a theatre and a workshop for the colony members, which as an ensemble would convincingly express the views of the artists. The Duke made a piece of land available on the Mathildehöhe. As the only architect in the group (Peter Behrens was then still a painter), Joseph Maria Olbrich was put in charge. As early as 1900, the foundation stone was laid for the workshop building (the *Ernst-Ludwig-Haus*), which Olbrich used as a central landmark in the urban plan for the exhibition area.
A theatre (the *Haus für Flachenkunst*) was built across from the workshop and along this axis were the artists' houses and the private houses: *Haus Behrens*, the *Grosses Glückerthaus*, the *Kleines Glückerthaus*, *Haus Habich*, *Haus Keller*, *Haus Deiters*, *Haus Christiansen* and *Haus Olbrich*. The plan also included several buildings that could be dismantled after the exhibition, including an entrance building, a 'flower house' and a postcard kiosk. Olbrich designed all the buildings for the exhibition with exception of the *Haus Behrens*, which was the home of painter Peter Behrens; with the design of this house, Behrens took his first steps towards a professional career as an architect. The house interiors were designed by either Olbrich himself or by the respective artist-owner.

The exhibition was very well received, however the Artists' Colony was a financial disaster, which had major consequences: five artists, including Behrens, withdrew and left Darmstadt. Olbrich stayed at Darmstadt and until his death in 1908 he continued to direct the activities of the Artists' Colony, along with several new artists who had joined. In the years following 'Ein Dokument Deutscher Kunst', three more exhibitions with different themes were organized (in 1904, 1908, and 1914), each of which was meant to contribute to the current issues that were confronting architecture. (fva)

Situatietekening oorspronkelijke ontwerp 'Ein Dokument deutscher Kunst' (1901)
Original urban plan 'Ein Dokument deutscher Kunst' (1901)

1 **Poort/** Gate
2 **Bloemenhuis/** Flowerhouse
3 **Haus Behrens**
4 **Grosses Glückerthaus**
5 **Kleines Glückerthaus**
6 **Haus Christiansen**
7 **Ernst-Ludwig-Haus**
8 **Haus Olbrich**
9 **Haus Habich**
10 **Haus für Flächenkunst**
11 **Haus Keller**
12 **Haus Deiters**
13 **Theater/** Theatre
14 **Kaarten paviljoen/** Postcard pavilion
14 **Restaurant**
16 **Muziekpaviljoen/** Music pavilion
17 **Bar**
18 **Russische kerk/** Russian church

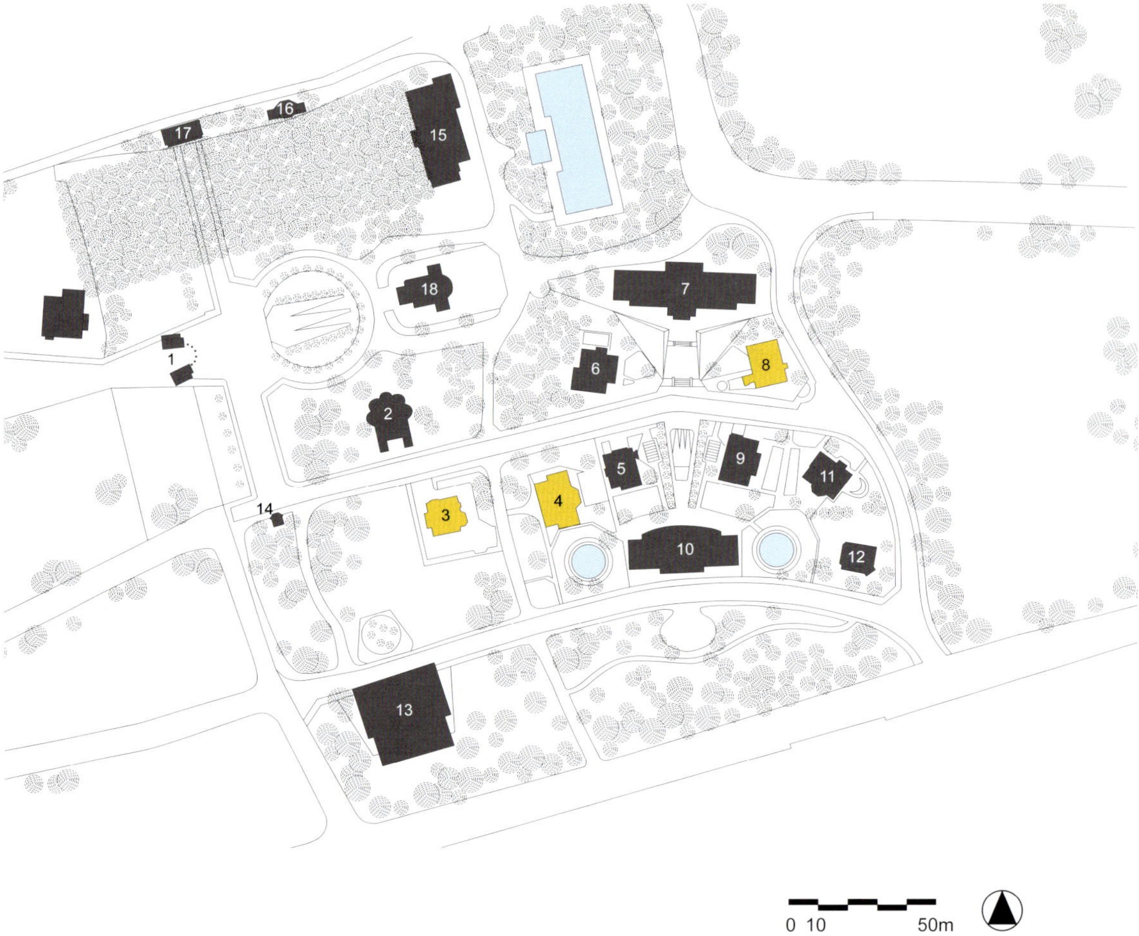

Huidige ligging (2013) van de nog bestaande bouwwerken uit de tentoonstelling 'Ein Dokument deutscher Kunst'
Current situation (2013) of the still existing buildings from the 'Ein Dokument deutscher Kunst' exhibition

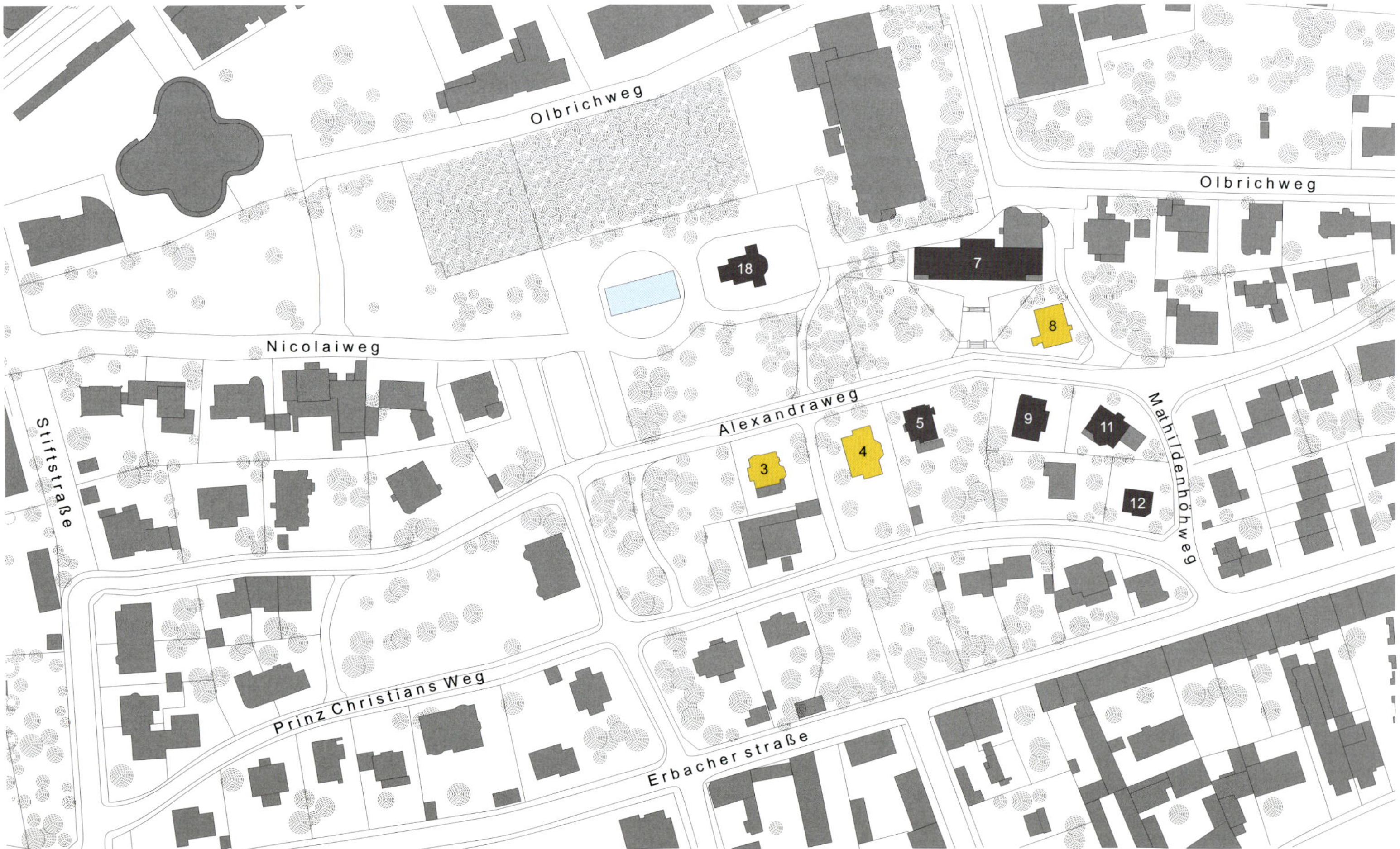

Links Haus Habich en rechts het *Haus für Flächenkunst* op de dag van de opening, 15 mei 1901
On the left Haus Habich, and on the right the *Haus für Flächenkunst* on the day of the opening, 15 May 1901

Ingangsportaal voor de tentoonstelling 'Ein Dokument Deutscher Kunst', 1901
Entry portal to the exhibition 'Ein Dokument Deutscher Kunst', 1901

Ansichtkaart (1901). Zicht op het *Haus für Flachenkunst* vanuit het *Ernst-Ludwig-Haus*. Links Haus Olbrich, Keller en Habich, rechts Haus Christiansen, het *Grosses* en *Kleines Glückerthaus*
Postcard (1901). View of the *Haus für Flachenkunst* seen from the *Ernst-Ludwig-Haus*. On the left, Haus Olbrich, Keller and Habich, and on the right Haus Christiansen and the *Grosses* and *Kleines Glückerthaus*

Affiche voor de tentoonstelling 'Ein Dokument Deutscher Kunst', 1901
Poster for the exhibition 'Ein Dokument Deutscher Kunst', 1901

Atelier van Olbrich in het *Ernst-Ludwig-Haus*, 1901
Olbrich's studio in the *Ernst-Ludwig-Haus*, 1901

Ernst-Ludwig-Haus (1901)

Haus Olbrich

Joseph Maria Olbrich

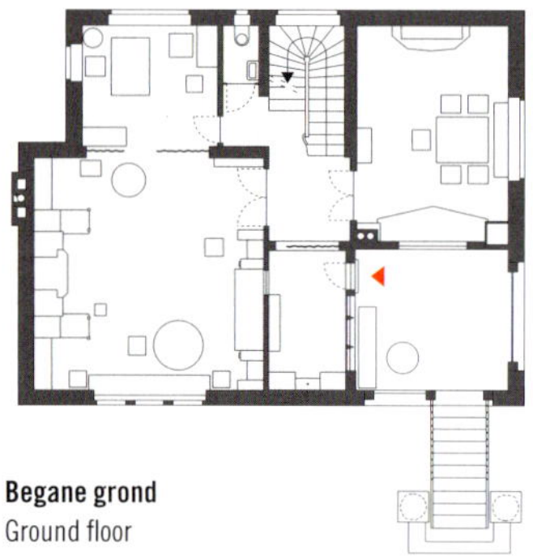

Begane grond
Ground floor

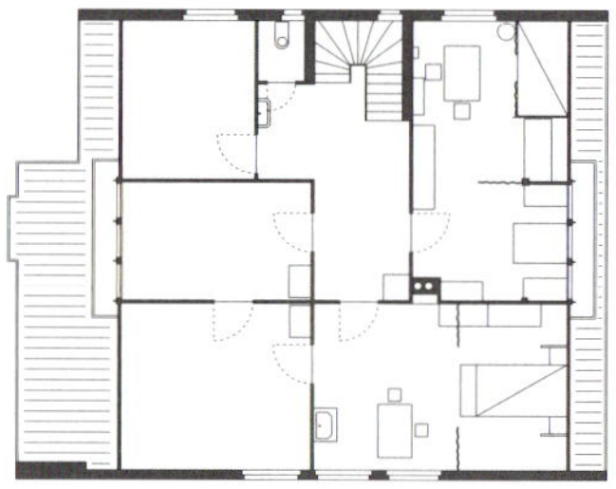

Tweede verdieping
Second floor

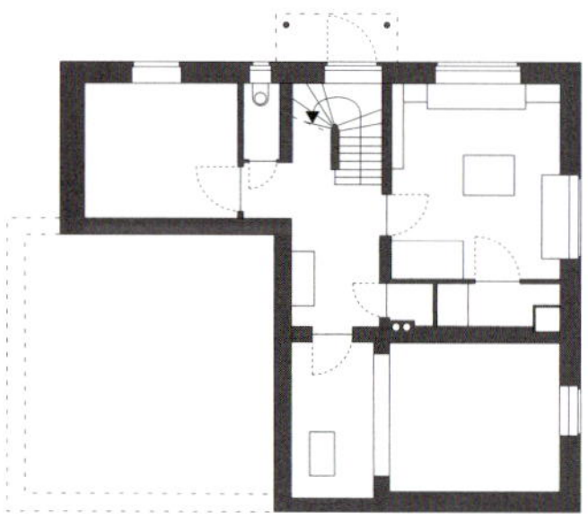

Kelder
Basement

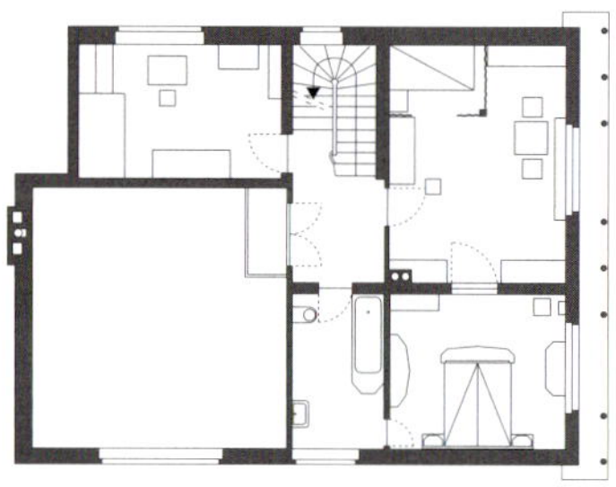

Eerste verdieping
First floor

Op een kavel direct grenzend aan het *Ernst-Ludwig-Haus* bouwde Olbrich zijn eigen huis. Het huis werd in de Tweede Wereldoorlog zwaar beschadigd en is later sterk gewijzigd weer opgebouwd. Een trap voerde naar de begane grond met een overdekte *piazza*: 'een half-interieur, dat de gevel diepte geeft en de bezoeker voorbereid op het volgende interieur,' aldus Olbrich (*Das Haus Olbrich: Katalog*, 1901). Op deze verdieping lag ook een dubbelhoge multifunctionele hal. Grenzend aan de hal positioneerde Olbrich zijn werkkamer en degradeerde hiermee de keuken naar de kelder. De woonverdieping lag een niveau hoger en bevatte zowel de woonkamer als de slaapkamer, badkamer en een gastenkamer. Onder het dak lagen de bedienden- en (extra) gastenkamers, die allen in een andere kleur waren ingericht.

On a plot immediately adjacent to the *Ernst-Ludwig-Haus*, Olbrich built his own house. It was severely damaged in the Second World War and was later rebuilt in a significantly revised form. A staircase led to the ground floor with a covered piazza, 'a half-interior that gives depth to the façade, and that also prepares the visitor for the next interior', as Olbrich put it (*Das Haus Olbrich: Katalog*, 1901). This floor also included a two-storey multipurpose hall. Olbrich placed his office adjacent to this hall and relegated the kitchen to the basement. The residential floor was one level higher and contained the living room as well as the bedroom, bathroom and a guest room. Below the roof were the servants' quarters and the (extra) guest rooms, all of which were decorated in different colours.

Haus Behrens

Peter Behrens

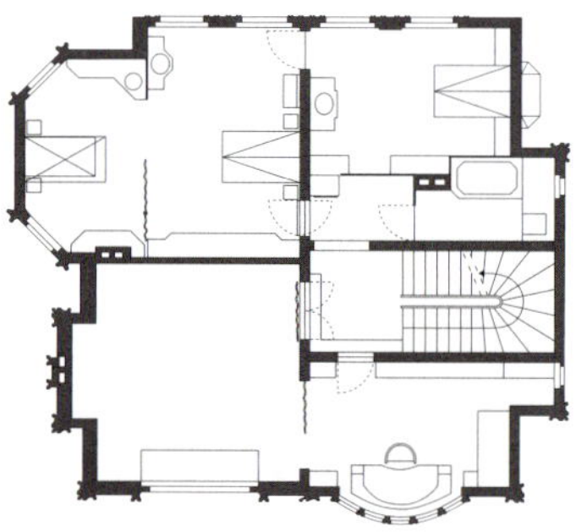

Eerste verdieping
First floor

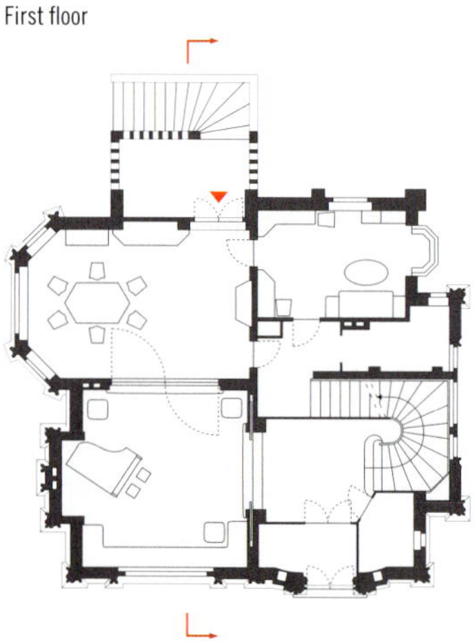

Begane grond
Ground floor

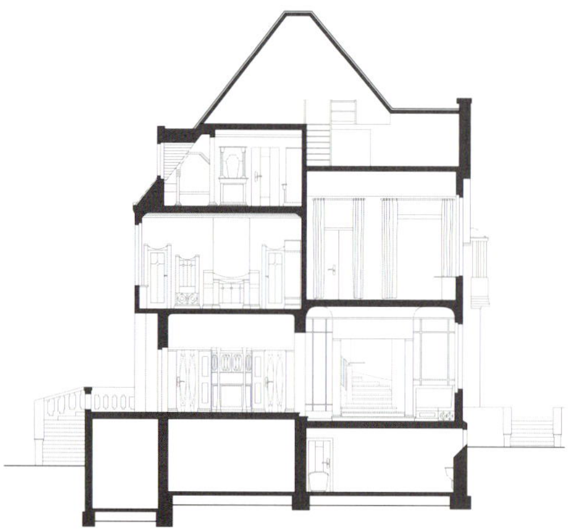

Doorsnede
Section

***Haus Behrens* betekent het debuut van Behrens als architect. Hij heeft er nooit gewoond, maar besloot het te verkopen kort na de tentoonstelling. Het telt aan de zuidzijde, bovenop de kelderverdieping waarin zich de keuken bevindt, drie verdiepingen. Boven de eetkamer lag de beoogde slaapkamer voor mevrouw Behrens en dochter Petra (gescheiden door een gordijn). Op zolder was de kamer voor zoon Josef en een gastenkamer voorzien. Aan de noordkant van het huis zijn de kamers hoger en telt het huis maar twee verdiepingen met daarin de (entree)hal en de muziekkamer, met daarboven de werkkamer van Behrens. Behrens zag de muziekkamer als belangrijkste ruimte in het huis. Vanuit de hal openden brede schuifdeuren naar de muziekkamer, die om de hoek weer met de eetkamer was verbonden. Op deze manier kon bijna de gehele begane grond geopend worden tot een continue ruimte voor bijvoorbeeld muziekavonden.**

Haus Behrens was Behrens' debut as an architect. He never wound up living there, but decided instead to sell the house soon after the exhibition. It has three floors on its southern side, above the basement where the kitchen is located. Above the dining room was the bedroom intended for Mrs Behrens and daughter Petra (separated by a curtain). In the attic was a room meant for son Joseph, as well as a guest room. On the north side of the house, the rooms are higher; the house has only two floors, containing the (entrance) hall and music room, with Behrens' office upstairs. Behrens considered the music room to be the most important room in the house. From the hall, a wide set of sliding doors opened onto the music room, which was connected to the dining room around the corner. This allowed almost the entire ground floor to be opened into a continuous space that could be used, for example, for music evenings.

Haus Olbrich in originele staat, 1901. Tijdens de Tweede Wereldoorlog raakte het zwaar beschadigd en werd het sterk veranderd weer opgebouwd
Haus Olbrich in its original condition, 1901. During the Second World War it was heavily damaged, and later rebuilt in a largely revised way

De dubbelhoge hal met achter het gordijn de werkkamer van Olbrich, 1901
The double-height hall, with Olbrich's study behind the curtain, 1901

Haus Behrens gezien vanaf de Alexandraweg met op de achtergrond het *Grosses* en *Kleines Glückerthaus*, 2012
Haus Behrens as seen from the Alexandraweg, with the *Grosses* and *Kleines Glückerthaus* in the background, 2012

Grosses Glückerthaus

Joseph Maria Olbrich

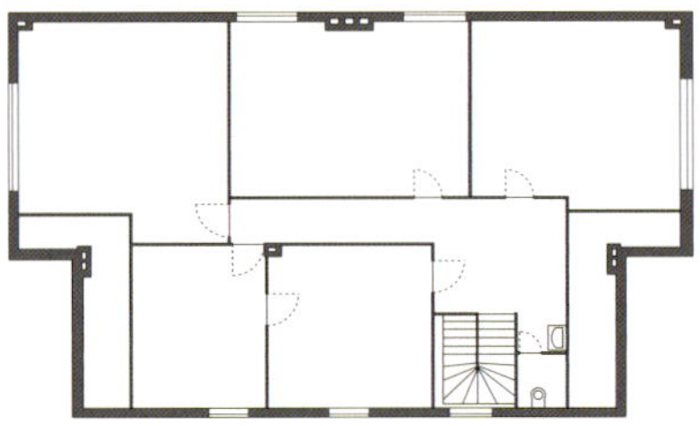

Tweede verdieping
Second floor

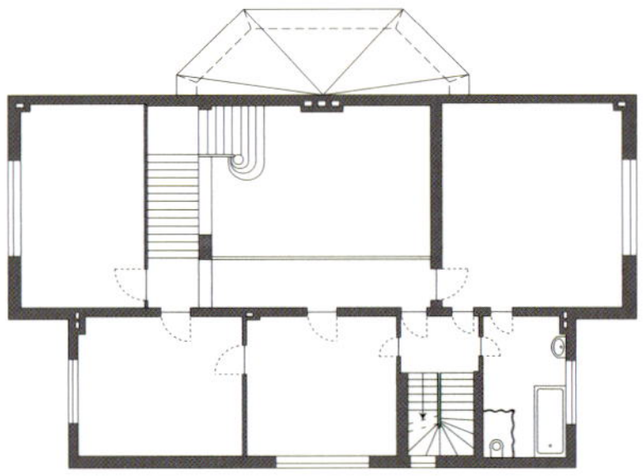

Eerste verdieping
First floor

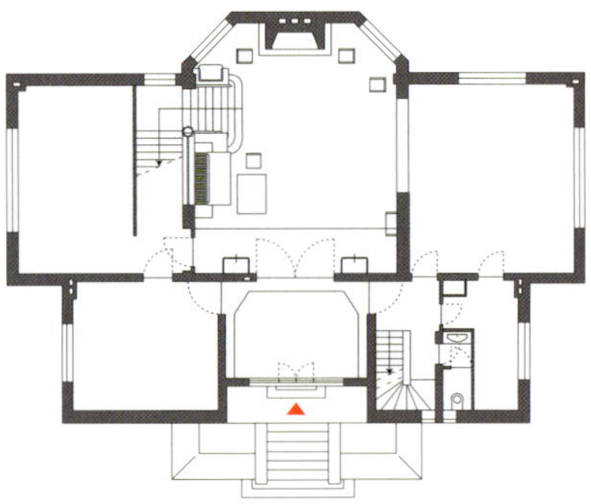

Begane grond
Ground floor

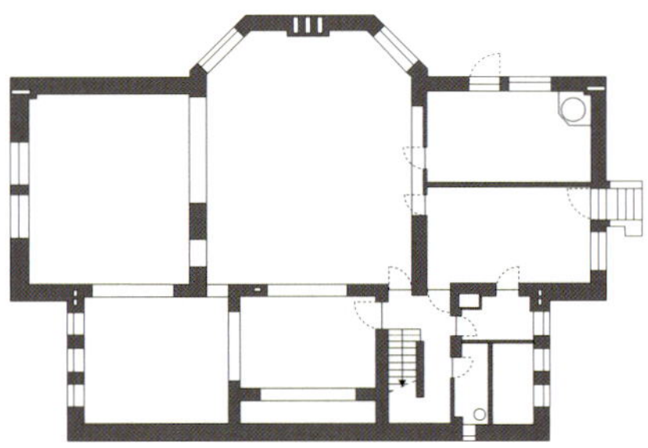

Kelder
Basement

Herenkamer in het *Grosses Glückerthaus*, 1901
Gentlemen's room in the *Grosses Glückerthaus*, 1901

Een imposante, omega-vormige deur vormt het startpunt van de symmetrie-as waarover de plattegrond van het *Grosses Glückerthaus* is opgebouwd. De as eindigt in een rijk versierde open haard, die zich bevindt in een dubbelhoge hal met een galerij die de woonkamer en slaapkamers op de verdieping ontsluit. Het huis was oorspronkelijk bedoeld voor Julius Glückert, de eigenaar van een meubelfabriek in Darmstadt. Uiteindelijk werd het huis gebruikt als tentoonstellingsgebouw voor meubels van de Glückertfabriek en trok Julius Glückert in het naastgelegen huis (*Kleines Glückerthaus*). Voor de derde tentoonstelling van de Künstlerkolonie ('Hessische Landesausstellung', 1908) richtte Olbrich de begane grond compleet opnieuw in.

An imposing, omega-shaped door is the starting point of the symmetry axis upon which the floor plan for the *Grosses Glückerthaus* was designed. The axis ends in an ornate fireplace, which is located in a double-height hall with a gallery that allows access to the living room and the bedrooms on the first floor. The house was originally intended for Julius Glückert, the owner of a furniture factory in Darmstadt. Eventually the house was used as an exhibition space for furniture from the Glückert factory, and Julius Glückert moved into the adjacent house (*Kleines Glückerthaus*). For the third exhibition of the Künstlerkolonie (Artists' Colony), the 'Hessische Landesausstellung' of 1908, Olbrich completely redecorated the ground floor.

Het *Grosses Glückerthaus* gezien vanuit het noordwesten, 2012
The *Grosses Glückert Haus* as seen from the northwest, 2012

Noordgevel van het *Grosses Glückerthaus*, 2012
North façade of the *Grosses Glückerthaus*, 2012

De hal van het *Grosses Glückerthaus*, 2012
The hall of the *Grosses Glückerthaus*, 2012

Die Wohnung unserer Zeit Berlijn/Berlin

Ludwig Mies van der Rohe et al.

Die Wohnung unserer Zeit: Tentoonstelling in hal II als onderdeel van de Deutsche Bauausstellung in Berlijn, 1931/ Exhibition in Hall II as part of the Deutsche Bauausstellung in Berlin, 1931
Initiatief/Initiative: Fachausschuss für Ausstellungsfragen der Bauwirtschaft, Berliner Ausstellungs- und Messeamtes
Ontwerp woningen/Design of the homes: o.a./including Josef Albers*, Marcel Breuer*, Carl Fieger, Walter Gropius, Erwin Gutkind, Hugo Häring*, Otto Haesler & Karl Volker, Ludwig Hilberseimer, Wassili & Hans Luckhardt, Ludwig Mies van der Rohe*, Karl Otto & Jan Ruthenberg, Heinz Rau & Heinrich Schäfer, Lilly Reich*, Franz Schuster, Hans Volger, Robert Vorhölzer*, Max Wiederanders*, Walther Schmidt*
Stedenbouwkundig plan/Urban plan: Hans Poelzig & Martin Wagner (totale tentoonstellings-terrein/complete exhibition grounds of the Deutsche Bauausstellung, Berlijn/Berlin, 1931)
Supervisie/Supervision: Mies van der Rohe (hal/Hall II: 'Die Wohnung unserer Zeit')
Aantal woningen/Number of homes: 23
Initiatief/Initiative- Oplevering/ Completion date: 1926-1931
Tentoonstelling/Exhibition: 9 mei-2 augustus 1931/9 May - 2 August 1931

* Projecten uitgewerkt in plandocumentatie/Projects are elaborated on in the planning documentation.

Bronnen/Sources:
Moderne Bauformen, nr./no. 7 (1931), 329-347 en nr./and no. 8 (1931), 374-391.
Die Form, Zeitschrift für gestaltende Arbeit, nr./no. 7 (1931), 241-270.
Johannes Cramer & Niels Gutschow, *Bauausstellungen; eine Architekturgeschichte des 20. Jahrhunderts* (Stuttgart: Kohlhammer, 1984).

In 1931, midden in de economische crisis, opende in Berlijn de Deutsche Bauausstellung. Het was het resultaat van een enkele jaren eerder ontstaan initiatief om een permanente bouwbeurs te openen in Berlijn. Onderdeel van deze beurs vormden een aantal afzonderlijke, tijdelijke tentoonstellingen, zoals de 'Internationale Ausstellung für Städtebau und Wohnungswesen' en de tentoonstelling 'Die Wohnung unserer Zeit'. Deze laatste tentoonstelling besloeg een gehele tentoonstellingshal en was opgezet onder leiding van Mies van der Rohe. Mies leek hier de draad op te pakken van de eveneens door hem geleide Stuttgarter Weissenhofsiedlung in 1927. De tentoonstelling speelde zich echter nu binnen af, in een hal waarin 1:1 modellen waren gebouwd van de ontwerpen van de deelnemers, nu beperkt tot in Duitsland wonende en werkende architecten. Mies introduceerde de tentoonstellingen met de stelling: '*Die Wohnung unserer Zeit gibt es noch nicht. Die veränderten Lebensverhältnisse aber fordern ihre Realisierung.*'

Een van de hoofdthema's was het door Gropius aan de orde gestelde vraagstuk hoogbouw versus laagbouw. Door de opstelling in een hal, waarbij appartementen alleen als fragment van een groter geheel getoond konden worden, kon een directe vergelijking tussen de twee woonvormen echter moeilijk gemaakt worden; de aandacht ging nu vooral uit naar de indeling en inrichting van de woningen. De inzendingen lijken in twee categorieën uiteen te vallen. Meest opvallend waren de met blinkend buismeubilair ingerichte interieurs voor villa's en appartementen van architecten als Mies van der Rohe, Breuer, Hilbersheimer en Gropius, allen verbonden aan het Dessauer Bauhaus. Daartegenover stond de meer functionalistische benadering van het vraagstuk van de kleine, al of niet grondgebonden woning door onder andere Häring en Schuster. Als mogelijk antwoord op Mies' vraag naar woningen voor de veranderde leefpatronen ontwierp een aantal ontwerpers appartementen in een 'Boarding Haus', met collectieve ruimten op de begane grond.

Op een omloop rond de geëxposeerde projecten bevond zich een tentoonstelling van bouwmaterialen, op abstracte, zorgvuldig gecomponeerde wijze uitgestald naar ontwerp van Lily Reich. Zij ontwierp ook twee woningen op de tentoonstelling, een appartement in het Boarding Haus, en een villa die door een doorlopende muur was verbonden met de villa van Mies.

Waar de Weissenhofsiedlung nog een radicaal manifest was, leek deze tentoonstelling veel meer een bevestiging van het inmiddels ontwikkelde idioom van de moderne woning. Bruno Taut schreef in het Russische dagblad *Izvestija*: ' Wat in 1927 in Stuttgart vermetelheid was, is hier arrivé.' De getoonde interieurs zijn echter een onbetwist hoogtepunt in de ontwikkeling van het Nieuwe Bouwen, die in 1933 tot een abrupt einde kwam. (dvg)

In 1931, amid the economic crisis, the Deutsche Bauausstellung opened in Berlin. It was the result of an initiative started several years beforehand to open a permanent building exhibition in Berlin. Part of this exhibition was to consist of several separate, temporary exhibitions, such as the 'Internationale Ausstellung für Städtebau und Wohnungswesen' and the exhibition 'Die Wohnung unserer Zeit'. This latter exhibition covered an entire exhibition hall, and was set up under the leadership of Mies van der Rohe. It seemed that Mies here was picking up the thread from Stuttgart's Weissenhof Siedlung in 1927, which he had also organized. But this new exhibition would be taking place indoors, in a hall where 1:1 models were built based on the designs of the participants, who were now limited to architects living and working in Germany. Mies introduced the exhibitions with the statement: 'The home for our age has not yet been created. But changes in living conditions will ensure that this new home will indeed be created.'

One of the main themes was the issue that Gropius had addressed, namely high-rise versus low-rise buildings. Yet by being set in a large hall, where apartments could only be displayed as a fragment of a larger whole, it was difficult to make a direct comparison between the two forms of housing; instead, attention was now focused on the layout and the design of the homes. The entries seemed to fall into two categories. Most striking were the shiny interiors for villas and apartments featuring tube-based furniture by architects such as Mies van der Rohe, Breuer, Hilbersheimer and Gropius, all of whom were affiliated with Dessau's Bauhaus. The other category of entries took a more functionalist approach to the issue of small (and often ground-floor) homes by architects including Häring and Schuster. As a possible answer to Mies's call for housing that resonated with changing living patterns, a number of designers created apartments for a 'Boarding Haus', with collective spaces on the ground floor.

Around the periphery of the exhibited projects was an exhibition of building materials, which were displayed in an abstract and carefully composed way based on a design by Lily Reich. She also designed two homes for the exhibition: one was an apartment in the Boarding Haus, and the second a villa that was connected by a continuous wall to the villa that Mies had designed.

While the Weissenhof Siedlung was a radical manifesto, this exhibition seemed more a confirmation of the (now further developed) idiom of the modern home. Bruno Taut wrote in the Russian newspaper *Izvestiya*: 'What was seen in Stuttgart in 1927 as audacity, here is seen as having "arrived".' Yet the interiors that were exhibited here are an undisputed highlight in the development of modernism, which came to an abrupt end in 1933. (dvg)

Mock-up van een tweelaags appartement, bedoeld voor toepassing in hoogbouw. Ontwerp Otto Haesler en Karl Völker
Mock-up of a two-layer apartment, designed for use in high-rise buildings. Design by Otto Haesler and Karl Völker

Overzichtstekening van de tentoonstelling 'Die Wohnung unserer Zeit' in Halle II op de Bauausstellung Berlin, 1931
Overall drawing of the exhibition 'Die Wohnung unserer Zeit' in Halle II at the Bauausstellung Berlin, 1931

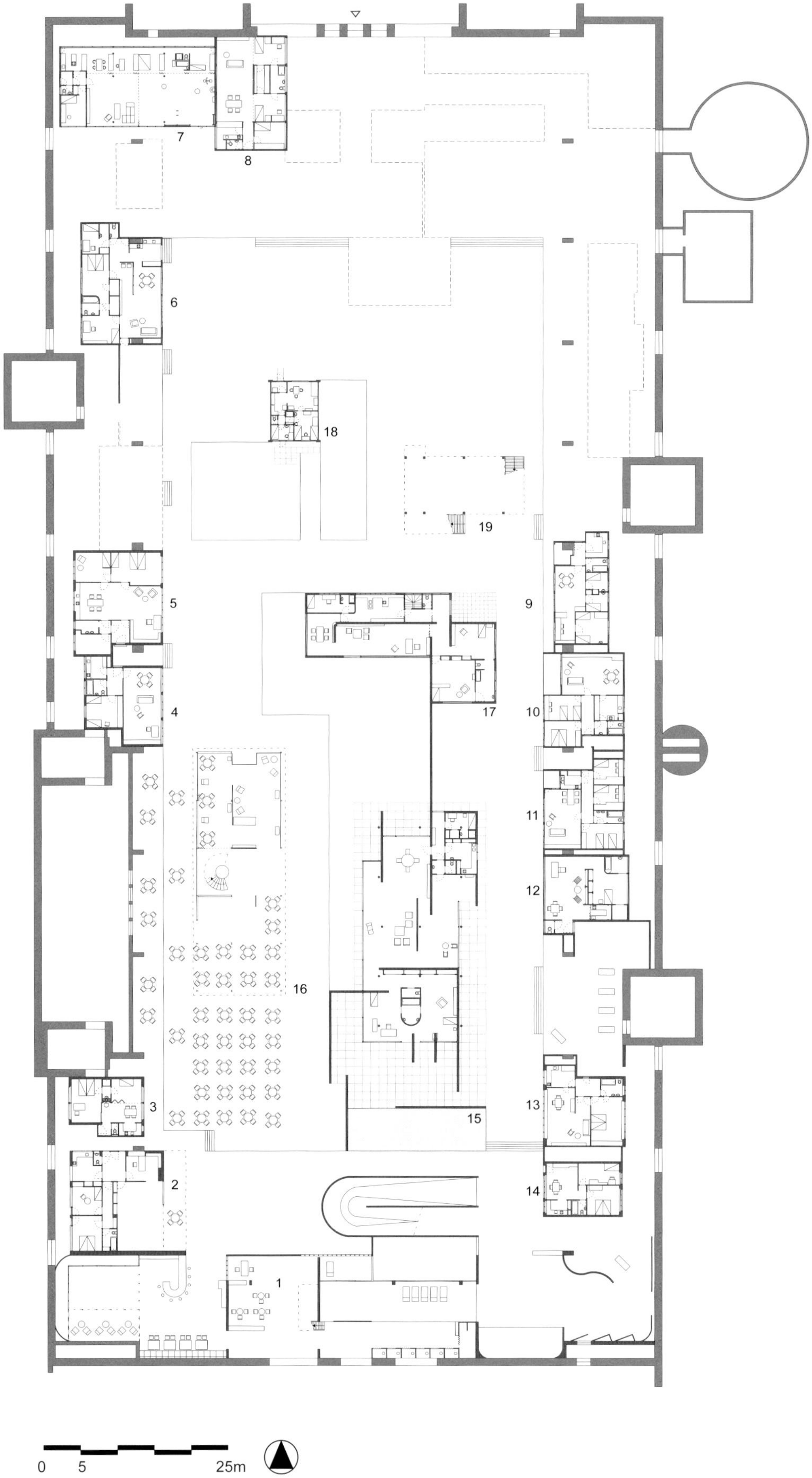

1 Walter Gropius
2 Brüder Luckhardt
3 Carl Fieger
4 Bauhaus Dessau
5 Erwin Gutkind
6 Carl Otto & Jan Ruthenberg
7 Marcel Breuer
8 Marcel Breuer
9 Otto Haesler & Karl Völker
10 Ludwig Hilberseimer
11 Ludwig Hilberseimer
12 Ludwig Mies van der Rohe
13 Franz Schuster
14 Franz Schuster
15 Ludwig Mies van der Rohe
16 Lilly Reich, Vorhoelzer/Wiederanders/Schmidt, Josef Albers
17 Lilly Reich
18 Hugo Häring
19 Otto Haesler & Karl Völker

Opgang naar de rondlopende galerij met o.a. een textieltentoonstelling, ingericht door Lilly Reich
Entrance to the circular gallery, including a textile exhibition, designed by Lilly Reich

Oude ansichtkaart van de Bauausstellung Berlin, 1931
Old postcard of the Bauausstellung Berlin, 1931

Mock-up van de lees- en presentatieruimte in een hoog woongebouw met een doorblik naar de gemeenschappelijke sportruimte. Ontwerp Walter Gropius
Mock-up of the reading & presentation space in a high-rise residential building, with a view of the shared sports area. Design by Walter Gropius

Ontwerpschetsen voor de tentoonstelling
Design sketches for the exhibition

Catalogusomslag Bauausstellung Berlin, 1931
Cover of the catalogue for the Bauausstellung Berlin, 1931

Boarding Haus

Lilly Reich, Vorhoelzer/ Wiederanders/Schmidt, Josef Albers

Midden in de tentoonstellingshal stond een drie lagen tellende constructie met daarin op de twee bovenlagen een aantal verschillende appartementen, specifiek ontworpen voor alleenstaande mannen, alleenstaande vrouwen, echtparen en twee samenwonende vrouwen. Op de begane grond bevonden zich gemeenschappelijke voorzieningen: restaurant, ontmoetingsruimte en een lees- en speelkamer.

In the middle of the exhibition hall was a three-storey structure. Its upper two layers featured a variety of apartments, specifically designed for single men, single women, couples and two cohabiting women. The communal facilities were located on the ground floor: a restaurant, a meeting room and a room for reading and games.

Tweede verdieping
Second floor

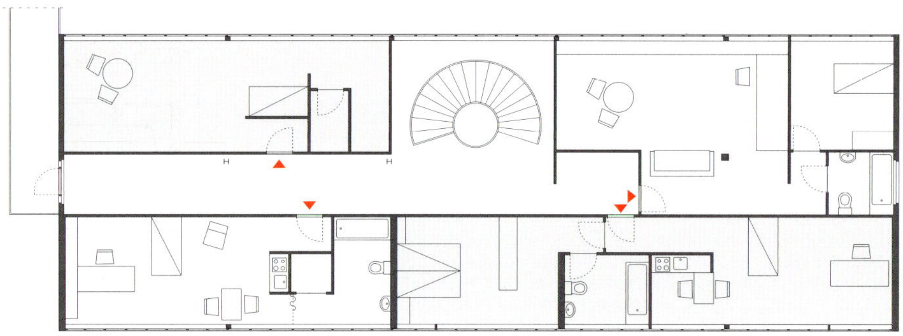

Eerste verdieping
First floor

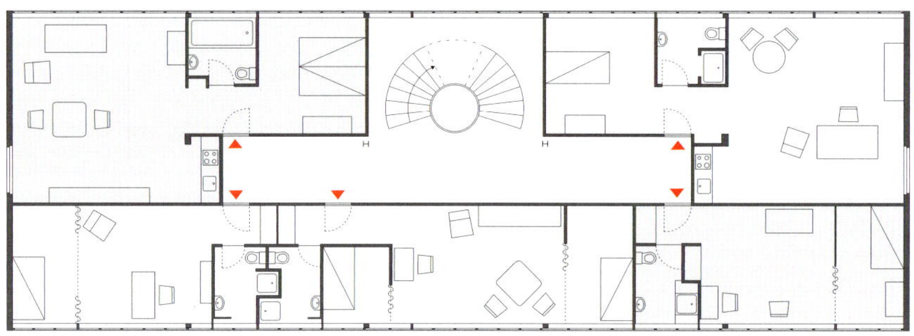

Begane grond
Ground floor

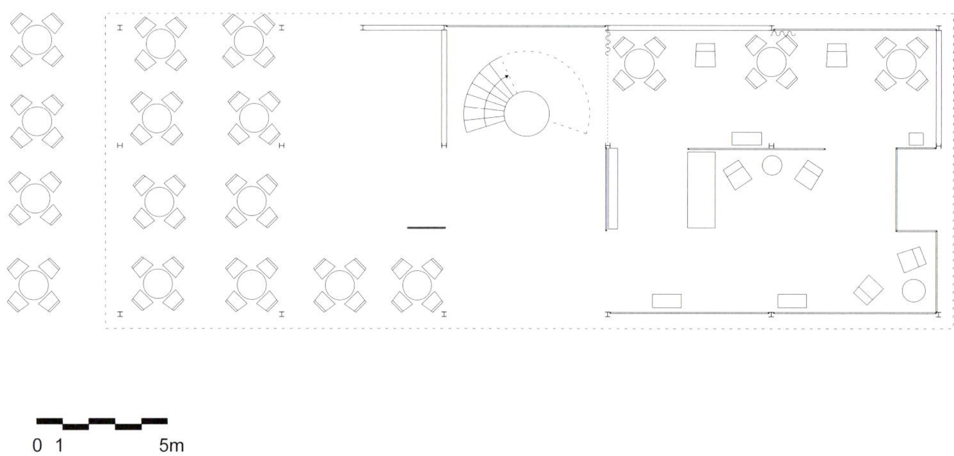

Boarding Haus: de gemeenschap-pelijk hal, ontwerp Vorhoelzer/Wiederanders/Schmidt
Boarding Haus: the communal hall, design by Vorhoelzer/Wiederanders/Schmidt

Boarding Haus: vrijgezellenwoning, ontwerp Lilly Reich
Boarding Haus: bachelor home, design by Lilly Reich

Blik op de begane grond van Boarding Haus
View of the ground floor of the Boarding Haus

Huis voor een echtpaar zonder kinderen & Huis in een tuin

Home for a childless couple & House in a garden

Lilly Reich & Mies van der Rohe

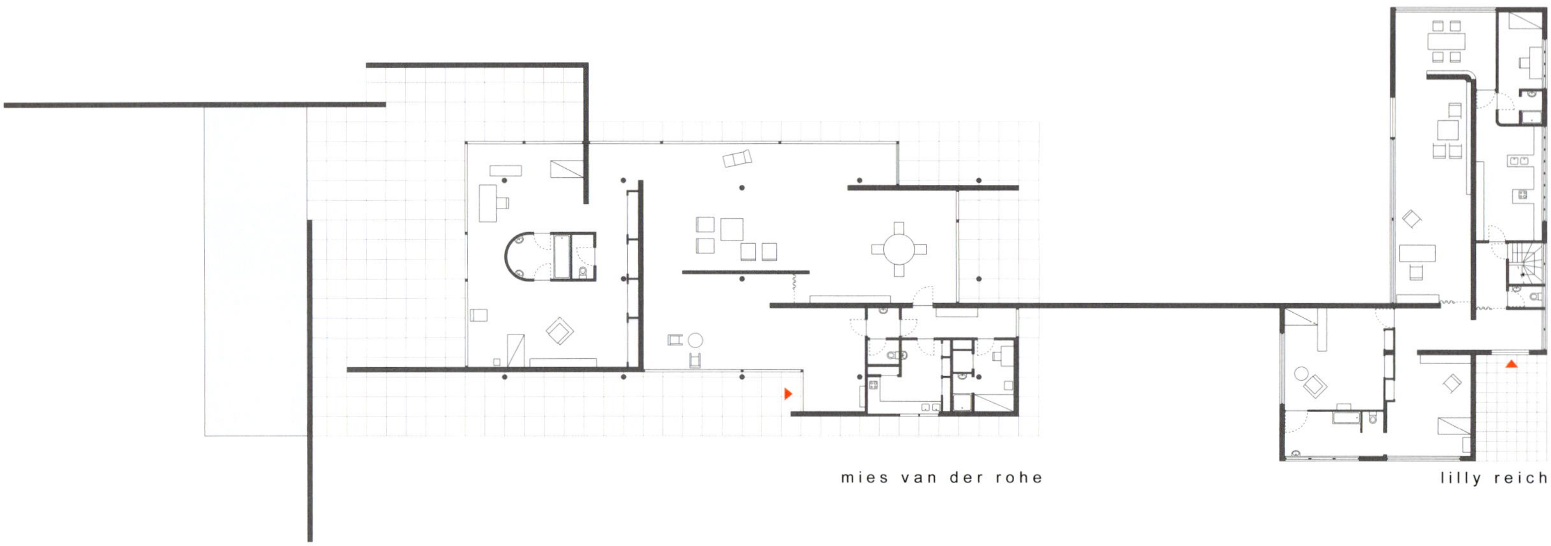

Eenkamerwoning voor een vrijgezel

Studio apartment for a bachelor

Mies van der Rohe

In sterk contrast met de buitengewoon ruim opgezette woning in een tuin, maakte Mies van der Rohe ook een interieur voor een compacte eenkamerwoning. Een halfhoge kastenwand scheidt een slaapruimte van een woonruimte waarin een kleine eettafel, een bureau en twee fauteuils staan opgesteld.

In stark contrast to his exceptionally spacious design for a house in a garden, Mies van der Rohe also designed the interior for a compact studio apartment. A half-height wall of cabinets separates a bedroom from a living room, in which a small dining table, a desk and two chairs have been placed.

Interieur van de kleine vrijgezellenwoning van Mies van der Rohe

Interior of the small bachelor home by Mies van der Rohe

De grootste woning op de tentoonstelling (en pièce-de-résistance) was het ontwerp voor een huis in een tuin van Mies van der Rohe. Het huis is zeer verwant aan het Barcelona-paviljoen uit 1929. De doorlopende woonruimte onder één groot plat dak wordt onderverdeeld door schijfvormige wanden die zich ver uitstrekken de tuin in. Eén wand loopt door tot in het eveneens eenlagige ontwerp van Lilly Reich voor een huis voor een kinderloos echtpaar. Dit kleinere huis heeft een meer traditionele opbouw. In de tijd waarin de tentoonstelling tot stand kwam, werkten Mies en Reich nauw samen, onder andere aan het ontwerp van meubels voor het Barcelona-paviljoen en het Tugendhathuis. Deze meubels staan ook prominent opgesteld in de interieurs van beide tentoonstellingswoningen.

The largest home in the exhibition (as well as its *pièce de résistance*) was Mies van der Rohe's design for a house in a garden, which is very similar to the Barcelona Pavilion of 1929. The continuous living space under one large, flat roof is divided by disc-shaped walls that extend far into the garden. One of the walls continues into Lilly Reich's equally one-layered design for a home for a childless couple. This smaller home has a more traditional structure. At the time that the exhibition came about, Mies and Reich had been working together closely on projects that included designing furniture for the Barcelona Pavilion and Villa Tugendhat. The furniture from these projects is also prominently displayed in the interiors of both of these model homes.

Ommuurde tuin bij het huis van Mies van der Rohe
Walled garden in the home by Mies van der Rohe

Interieur van het huis in een tuin van Mies van der Rohe
Interior of the house in a garden by Mies van der Rohe

Laagbouwrijwoning

Low-rise row house

Hugo Häring

Hugo Häring maakte een ontwerp voor een compacte laagbouwrijwoning in één bouwlaag voor respectievelijk een oost-west en een noord-zuid ligging. Het eerste type onderscheidde zich door een op het zuiden gerichte dakkapel op het 'betonnen' tongewelfdak.

Hugo Häring designed a compact low-rise row house of one storey, which could be positioned in either an east-west or a north-south direction. The east-west option was characterized by a south-facing dormer on the 'concrete' barrel-vaulted roof.

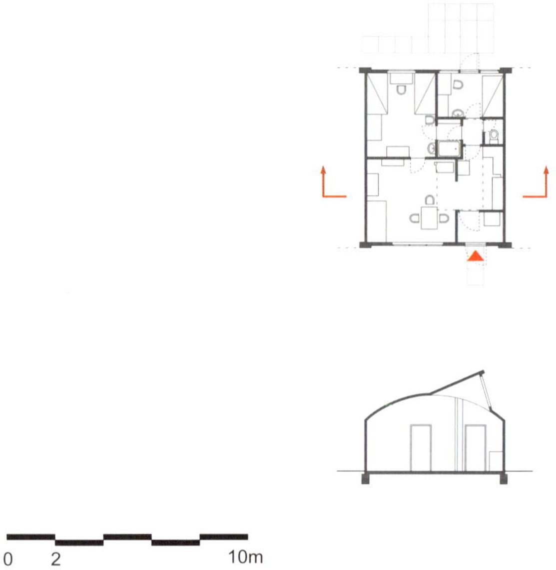

Huis voor een sportman

House for a sportsman

Marcel Breuer

Het meest buitenissige onderdeel was wellicht Marcel Breuer's ontwerp voor een woning voor een sportman. Het huis was opgezet als één grote ruimte die tegelijkertijd als woonkamer en turnzaal diende. Langs de achterwand bevonden zich een aantal, door kasten van elkaar gescheiden nissen, door Breuer scheepskooien genoemd, met daarin badkamer, eet-, werk, kleed- en slaapruimten. Een kolossale luifel voor de zaal bakent een ruimte voor buitensport af.

The most unusual part of the exhibition was probably Marcel Breuer's design for a sportsman's house. This home was designed as one large space that served as both living room and gymnasium. Along the back wall were a number of niches (Breuer called them marine cages), separated by cabinets, that contained spaces for the bathroom, eating, working and dressing/sleeping areas. A massive canopy by the hall marks out a space for outdoor sports.

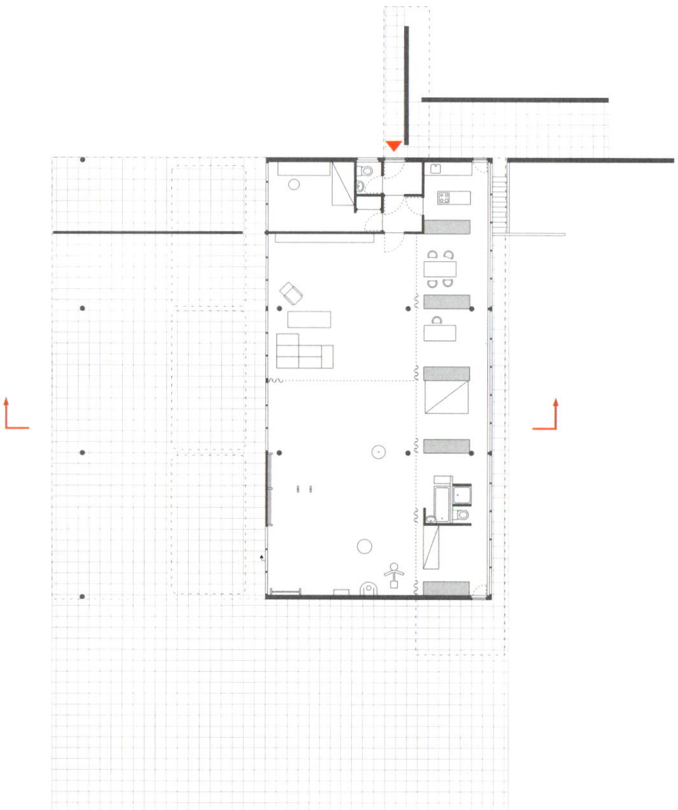

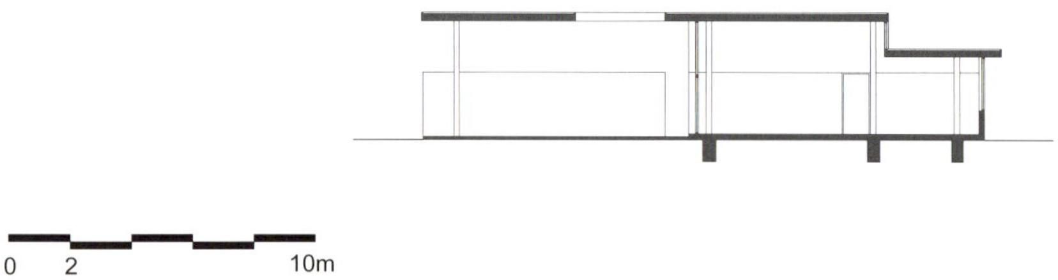

De mock-up van de laagbouw rijwoning van Häring tijdens de opbouw
The mock-up of Häring's low-rise row house during construction

De voltooide mock-up van de laagbouw rijwoning van Häring
The completed mock-up of Häring's low-rise row house

Schets van de stedenbouwkundige situatie van het woningtype van Häring. De dakkapellen zijn op het zuiden gericht
Sketch of the urban-planning situation of the Häring type of home. The dormer windows are oriented to the south

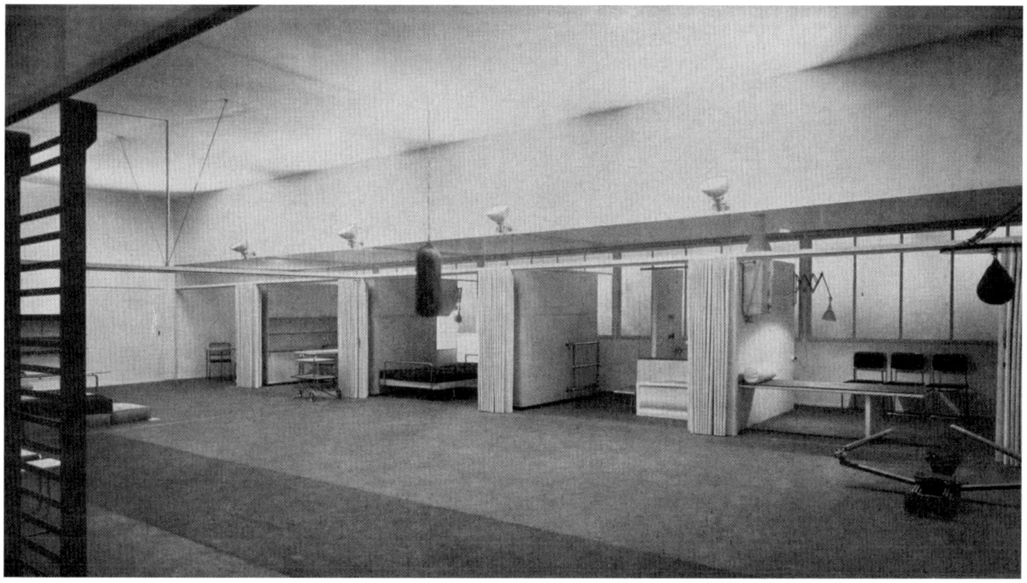

Huis voor een sportman
House for a sportsman

De badkamer in het huis voor een sportman
The bathroom in the house for a sportsman

Wiener Werkbundsiedlung Wenen/Vienna

Josef Frank et al.

Wiener Werkbundsiedlung: Veitingergasse, Jagdschlossgasse, Woinovichgasse, Wenen, Oostenrijk/ Vienna, Austria
Initiatief/Initiative: Wiener Werkbundsiedlung, Oostenrijk/ Austria
Ontwerp woningen/Design of the homes: 32 architecten/architects, o.a./including Josef Dex, Josef Frank*, Hugo Gorge, Gabriel Guévrékian, Arthur Grünberger, Oswald Haerdtl, Hugo Häring, Josef Hoffmann, Julius Jirasek, Adolf Loos*, Ernst Lichtblau*, Walter Loos, André Lurçat, Richard Neutra, Otto Niedermoser, Ernst Plischke, Gerrit Rietveld*, Margarete Schütte-Lihotzky, Oskar Strnad
Stedenbouwkundig plan/Urban plan: Josef Frank
Supervisie/Supervision: Josef Frank
Aantal woningen/Number of homes: 70
Initiatief-oplevering/Completion date: 1929-1932
Tentoonstelling/Exhibition: 5 juni-7 augustus 1932/ 5 June - 7 August 1932
Aantal bezoekers/Number of visitors: meer dan/more than 100,000
Renovatie/Renovation 1984/1985: Adolf Krischanitz & Otto Kapfinger, Wenen/Vienna
Renovatie/Renovation 2011/2012: Praschl-Goodarziarchitekten, Wenen/Vienna

* Projecten uitgewerkt in plandocumentatie/Projects are elaborated on in the planning documentation.

Bronnen/Sources:

Josef Frank, 'Das Haus als Weg und Platz', in: *Der Baumeister* (augustus/August 1931).
Josef Frank, *Architektur als Symbol: Elemente Deutschen neuen Bauens* (Wenen/Vienna: Löcker, 1981 [Wenen/Vienna: Schroll, 1931]).
Josef Frank, *Die internationale Werkbundsiedlung Wien 1932* (Wenen/Vienna: Schroll, 1932).
Max Eisler, 'Die Werkbundsiedlung in Wien', in: *Moderne Bauformen* (1932), 435-458.
Johannes Cramer & Niels Gutschow, *Bauausstellungen: eine Architekturgeschichte des 20. Jahrhunderts* (Stuttgart: Kohlhammer, 1984).
Adolf Krischanitz & Otto Kapfinger, *Die Wiener Werkbundsiedlung. Dokumentation einer Erneuerung* (Wenen/Vienna: Compress Verlag, 1985).
Burkhardt Rukschcio & Roland Schachel, *Adolf Loos. Leben und Werk* (Wenen/Vienna: Graphische Sammlung Albertina, 1989).
Maria Welzig, *Josef Frank (1885-1967): Das architektonische Werk* (Wenen/Vienna: Böhlau, 1998).

De Wiener Werkbundsiedlung op de dag van de opening, 4 juni 1932
The Wiener Werkbundsiedlung on the day of the opening, 4 June 1932

De Wiener Werkbundsiedlung ontstond als laatste in een rij voorbeeldwijken, die tussen 1927-1932 in Midden- Europa werden gebouwd als onderdeel van een reeks architectuurtentoonstellingen. Ze waren een initiatief van de verschillende Werkbund-organisaties in Europa en bedoeld als *showcase* voor het gedachtegoed van het Nieuwe Bouwen en als antwoord op het vraagstuk van de goedkope en kleine eengezinswoning. In overeenstemming met de doelstelling was de Wiener Werkbundsiedlung primair een catalogus van verschillende woningtypen, die in toekomstige woonwijken in serie toegepast konden worden.

Josef Frank die indertijd als enige Oostenrijker was uitgenodigd deel te nemen aan de Werkbund-tentoonstelling 'Die Wohnung' in Stuttgart (Weissenhofsiedlung, 1927), initieerde het project. Frank stelde tegenover de binnenstedelijke superblokken, die in het kader van het woningbouwprogramma van *Das Rote Wien* gebouwd werden, het ideaal van de eengezinswoning met tuin. Hij modelleerde het stedenbouwkundig plan naar een traditioneel dorp, zodat het leek of de wijk met de tijd was gegroeid. Rationalisatie, standaardisatie en het uitproberen van nieuwe (prefab)constructietechnieken behoorden tot de speerpunten van de Weissenhofsiedlung, om zo goedkope woningen in serie te kunnen produceren. Josef Frank stelde echter dat bij de opgave van de *Kleinstwohnung* bouwmaterialen en constructie nauwelijks een rol spelen, omdat het programma zo nauw bepaald is dat ze geen bijdrage leveren aan een vernieuwing in het ontwerp. Hij benadrukte het belang van het creëren van een leefbare, comfortabele woning en zette zich af tegen het formalisme en de dogma's van de modernisten: 'Moderne architectuur moet niet alleen functioneel zijn, maar ook tegemoet komen aan de werkelijke behoefte van mensen, aan sentimentaliteit en comfort' (Frank, *Architektur als Symbol*, 1931).

Om samenhang te creëren binnen de wijk met vrijstaande huizen, twee-onder-een-kapwoningen en rijwoningen stelde Frank regels op ten aanzien van de dakvorm, gevelafwerking en hekwerken. Ook werden de woningen geschilderd in verschillende pasteltinten, een kleurenschema bedacht door de schilder László Gábor. De voorbeeldhuizen werden volledig gemeubileerd tentoongesteld en te koop aangeboden tijdens de Werkbund-tentoonstelling. Naast vier buitenlandse deelnemers, onder wie Gerrit Rietveld, zijn de 70 woningen door Weense architecten ontworpen. Frank zelf ontwierp één van de vrijstaande huizen.

De tentoonstelling was een groot succes: in drie maanden tijd waren er meer dan 100.000 bezoekers. Ofschoon de lokale media de wijk spottend bestempelden als een kolonie dwergenhuisjes, was de internationale vakpers zeer positief. Vanwege de economische crisis en het feit dat de meeste huizen uiteindelijk vrij duur waren, werden er maar 14 verkocht. De overige woningen kwamen in eigendom van de gemeente en werden verhuurd. Veel voorbeeldwerking kon de woonwijk niet bewerkstelligen; de *Siedlerbewegung* was al over haar hoogtepunt heen en het nationaal-socialistische politieke klimaat vanaf 1934 liet geen ruimte meer voor dergelijke experimenten. (fva)

The Wiener Werkbundsiedlung was created as the last in a group of example neighbourhoods that were built in Central Europe between 1927 and 1932 as part of a series of architecture exhibitions. They were an initiative of the various Werkbund organizations in Europe, and were intended as showcases for the ideas of modern architecture, and as a response to the issue of the cheap and small single-family home. In keeping with this objective, the Wiener Werkbundsiedlung was primarily a catalogue of different housing types that could be applied in future residential areas.

The project was initiated by Josef Frank, who at the time was the only Austrian invited to participate in the Werkbund exhibition in Stuttgart called 'Die Wohnung' (Weissenhofsiedlung, 1927). In contrast to the urban superblocks, which were built under the housing programme of *Das Rote Wien* (Red Vienna), Frank introduced the ideal of the single-family house with a garden. He modelled the urban plan on a traditional village, so it seemed as if the neighbourhood had grown over time. Rationalization, standardization and the use of new (prefabricated) construction techniques were among the priorities of the Weissenhofsiedlung, in order to produce cheap housing in series. But Josef Frank argued that the building materials and construction hardly played a role in the assignment of the Minimum Dwelling, because the programme was so rigidly determined that these aspects did not contribute to any innovation in the design. He emphasized the importance of creating a liveable, comfortable home, and opposed the formalism and dogmas of the modernists: 'Modern architecture not only needs to be functional, but also needs to meet the actual needs of people, of sentimentality and comfort' (Frank, *Architektur as Symbol*, 1931).

To create coherence within the neighbourhood of detached, semi-detached and terraced houses, Frank drew up rules regarding the shape of the roof, the façade finishing and the fencing. The houses were painted in different pastel colours, in a colour scheme devised by painter László Gábor. At the Werkbund exhibition, the model houses were exhibited fully furnished, and were also for sale. In addition to four foreign participants, including Gerrit Rietveld, the 70 homes were designed by Viennese architects. Frank himself designed one of the detached houses.

The exhibition was a great success, attracting more than 100,000 visitors over a period of three months. Although the local media disparagingly referred to the model neighbourhood as a colony of dwarf houses, the international press was very positive. Because of the economic crisis and the fact that most of these houses were ultimately quite expensive, only 14 of them were sold. The other homes became the property of the municipality, and were rented out. The residential neighbourhood did not manage to have much of an exemplary effect; the garden city movement had already passed its peak, and the National Socialist political climate that began in 1934 did not allow any more room for such experiments. (fva)

1 Ernst Lichtblau
2 Hugo Gorge
3 Jacques Groag
4 Richard Neutra
5 Hans Adolf Vetter
6 Adolf Loos
7 André Lurçat
8 Walter Sobotka
9 Oskar Wlach
10 Ernst Plischke
11 Julius Jirasek
12 Josef Wenzel
13 Oswald Haerdtl
14 Margarete Schütte-Lihotzky
15 Max Fellerer
16 Gabriel Guévrékian
17 Gerrit Rietveld
18 Arthur Grünberger
19 Josef F. Dex
20 Otto Breuer
21 Helmut Wagner-Freynsheim
22 Josef Hoffmann
23 Richard Bauer
24 Karl A. Bieber & Otto Niedermoser
25 Walter Loos
26 Eugen Wachberger
27 Clemens Holzmeister
28 Josef Frank
29 Anton Brenner
30 Oskar Strnad
31 Hugo Häring

* **Beschadigd in WOII en vervangen door nieuwbouw /** Damaged in the Second World War and replaced by new housing

Luchtfoto vanuit het noordoosten, 1932
Aerial view from the northeast, 1932

Winarskyhof (1924-1926), een van de Superblocks van *Das Rote Wien*
Winarskyhof (1924-1926), one of the Superblocks of *Das Rote Wien*

Zicht op de Werkbundsiedlung vanuit het zuiden, 1932
View of the Werkbundsiedlung from the south, 1932

De woningen van Josef Hoffmann in de Wiener Werkbundsiedlung
The homes of Josef Hoffmann in the Wiener Werkbundsiedlung

Affiche voor de tentoonstelling van de Wiener Werkbundsiedlung, 1932
Poster for the exhibition of the Wiener Werkbundsiedlung, 1932

Woinovichgasse 14/16/18/20

Gerrit Rietveld

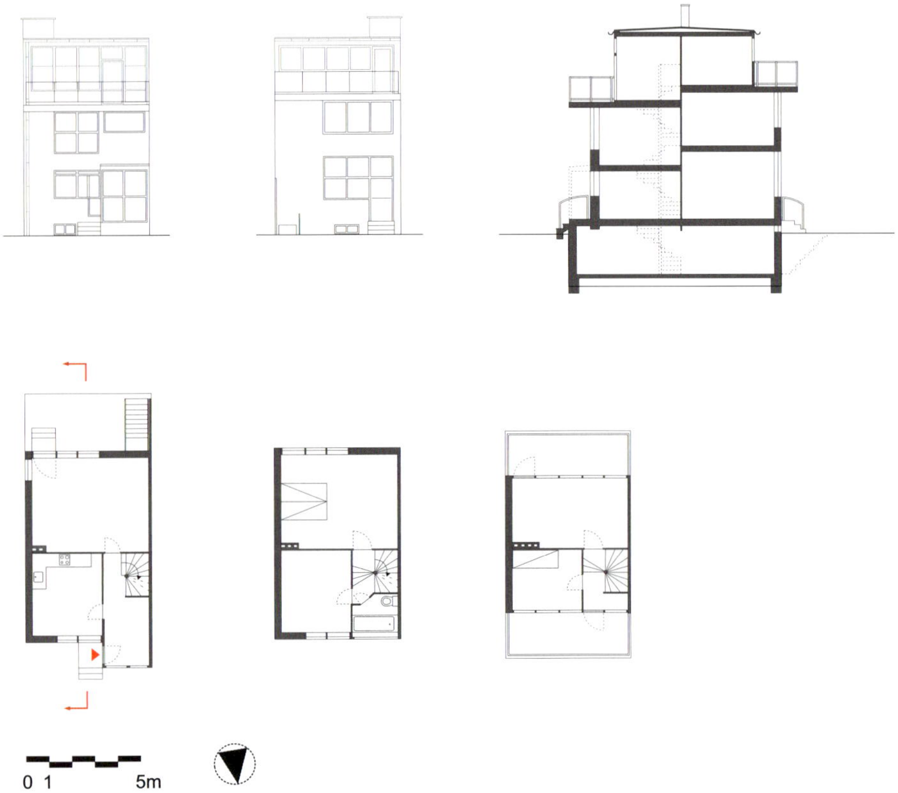

De rijwoningen van Rietveld lijken erg op de woningen die hij een jaar eerder, in opdracht van mevrouw Schröder, realiseerde aan de Erasmuslaan in Utrecht; ze zijn echter kleiner en hebben een split-level plattegrond. De entreehal ontsluit de keuken en een woonkamer die over de volle breedte van de woning loopt. Rietveld's oorspronkelijke idee om de keuken en woonkamer met schuifdeuren van elkaar te scheiden, bleek te duur en daarom ontwierp hij verschillende varianten: een open keuken, een gesloten woonkeuken en een *Kleinküche*. De trap voert vanuit de hal naar slaapkamers, die niet alleen verschillend zijn in oppervlak, maar ook in hoogte.

Rietveld's terraced houses are very similar to the homes that he had realized a year earlier on the Erasmuslaan in Utrecht, commissioned by Mrs Schröder, but they are smaller and have a split-level floor plan. The entrance hall gives access to the kitchen and living room, which runs across the full width of the house. Rietveld's original idea of using sliding doors to separate the kitchen from the living room proved too expensive, so he designed several variants: an open kitchen, a closed eat-in kitchen and a *Kleinküche* (kitchenette). The staircase leads from the hall to the bedrooms, which vary not only in surface area, but also in height.

Woinovichgasse 13/15 – 17/19

Adolf Loos / Heinrich Kulka

Het *Raumplan*-concept van Loos is hier in miniatuurvorm toegepast. De hoofdingang geeft via een hal toegang tot een bijna 4 m hoge woonkamer, die gericht is op het zuiden en grenst aan een royaal terras. Vanuit de kamer leidt een trap naar een lage mezzanine met een kleine kamer aan de noordgevel en een galerij die zich aan het einde verbreedt tot een zit- of werkplek. Onder de mezzanine ligt de keuken, die meer hoogte heeft gekregen door de vloer lager te leggen. De verdieping heeft drie slaapkamers en een badkamer aan een centrale gang.

Loos's concept of a *Raumplan* (spatial plan) is used here in miniature form. Via a hallway, the main entrance gives access to a living room that is almost 4 m high; it faces south, and is adjacent to a spacious terrace. From this room, a staircase leads to a low mezzanine with a small room on the north façade and a gallery that widens at the end to a sitting room or workplace. Below the mezzanine is the kitchen, which has been made taller by setting the floor lower. This floor has three bedrooms and a bathroom along a central hallway.

Interieur van Heinrich Kulka. Het interieur van de andere woning werd ontworpen door Loos, 1932
Interior by Heinrich Kulka. The interior of the other home was designed by Loos, 1932

Entree woning Rietveld na de renovatie
Entrance to a Rietveld home after the renovation

Noordgevel van de woningen, ontworpen door Gerrit Rietveld, 2012
North façade of the homes designed by Gerrit Rietveld, 2012

Zuidgevel van de woningen van Loos/Kulka, ca. 1985
South façade of the Loos/Kulka homes, c. 1985

Woinovichgasse 32

Josef Frank

De begane grond van de woning van Josef Frank is verdeeld in drie zones: de eerste wordt gevormd door entreehal, keuken en een kleine kamer; de tweede wordt ingenomen door de woonkamer die de volle diepte van de woning inneemt en de laatste ten slotte bevat de badkamer en twee slaapkamers. De plattegrond correspondeert met Frank's visie over interieurontwerp, zoals hij beschreef in zijn artikel 'Das Haus als Weg und Platz' (*Der Baumeister*, 1931): een goed georganiseerde woning zou ontworpen moeten worden als een stad – met straten en routes die leiden naar plekken die vrij van verkeer zijn en ontspanning bieden. De meubels en materialen voor het interieur kwamen van de firma Haus&Garten, die Josef Frank samen met Oskar Wlach in 1925 had opgericht.

The ground floor of the home designed by Josef Frank is divided into three zones. The first consists of an entrance hall, a kitchen and a small room. The second zone includes the living room, which spans the entire depth of the home and the third zone contains the bathroom and two bedrooms. The floor plan corresponds to Frank's vision on interior design, as he described it in his article 'Das Haus als Weg und Platz' (The House as a Street and a Place) (*Der Baumeister*, 1931): a well-organized home should be designed like a city – with streets and routes that lead to places that are free of traffic and that offer relaxation. The furniture and materials for the interior came from the Haus&Garten company, which Josef Frank founded in 1925 together with Oskar Wlach.

Jagdschlossgasse 88/90

Ernst Lichtblau

De twee woningen van Lichtblau zijn eenvoudig van vorm met diepliggende ramen. De linker woning heeft een voordeur aan de straat, met een pergola die de voortuin overdekt. Een trap leidt vanuit de entreehal naar de verdieping met drie slaapkamers en een badkamer. De woning is uitgerust met een woonkeuken, die van de woonkamer gescheiden is door een glazen schuifdeur. De rechter woning heeft de ingang aan de zijkant en beschikt over een *Kleinküche*. De woonkamer gaat over de volledige breedte en heeft een open trap die de kleine woning haar ruimtelijkheid bezorgt. In beide woningen wordt gebruik gemaakt van gordijnen om kamers van elkaar te scheiden.

The two homes designed by Lichtblau are simple in form, with deep-set windows. The home on the left has a door opening to the street, with a pergola that covers the front garden. A staircase leads from the entrance hall to the first floor, which has three bedrooms and a bathroom. The home is equipped with an eat-in kitchen, which is separated from the living room by a sliding glass door. The home on the right has a side entrance and a *Kleinküche* (kitchenette). The living room spans the full width of the home, and has an open staircase that lends this small home a sense of spaciousness. In both of these homes, curtains are used to separate the rooms.

Zuidgevel van de woning van Josef Frank, 1932
South façade of the Josef Frank home, 1932

Straatgevel met doorgang naar de entree
Street façade with a passage to the entrance

Straatgevel, Ernst Lichtblau
Street façade, Ernst Lichtblau

Schaffendes Volk Düsseldorf

Peter Grund et al.

Schlageterstadt (tegenwoordig/today known as: Rheinparkiedlung): Erwin-von-Witzleben-Strasse, Hermann-Weill-Strasse, Erich-Hoepner-Strasse, Paul-von-Hase-Strasse, Robert-Bernardis-Strasse, Düsseldorf, Duitsland/Germany
Wilhelm-Gustloff-Siedlung (tegenwoordig/today known as: Nordpark-Siedlung): Nordparksiedlung, Düsseldorf, Duitsland/Germany
Initiatief/Initiative: Gemeente Düsseldorf i.s.m. de *Deutsche Werkbund*/City of Düsseldorf together with the Deutsche Werkbund
Ontwerp woningen/Design of the homes: 56 architecten/architects, o.a./including Klaus Reese*, Arnold Emundts, Heinrich en/and Wilhelm Quante, Helmut Nicolaus Schöder, Ingo Beucker*, Hans Heinz Lüttgen*, Peter Grund (Schlageterstadt), Hanns Bökels*, Hans Maria Schneider (Wilhelm-Gustloff-Siedlung)
Stedenbouwkundig plan/Urban plan: Peter Grund
Supervisie/Supervision: Peter Grund
Aantal woningen/Number of homes: 84 (Schlageterstadt), 14 (Wilhelm-Gustloff-Siedlung)
Initiatief/Initiative- Oplevering/Completion date: 1934-1937
Tentoonstelling/Exhibition: mei-oktober 1937/May-October 1937
Aantal bezoekers/Number of visitors: ca. 6,9 miljoen/c. 6.9 million

* Projecten uitgewerkt in plandocumentatie/Projects are elaborated on in the planning documentation.

Bronnen/Sources:
Stefanie Schäfers, *Vom Werkbund zum Vierjahresplan. Die Ausstellung 'Schaffendes Volk', Düsseldorf 1937* (Düsseldorf: Droste Verlag, 2001).
Johannes Cramer & Niels Gutschow, *Bauausstellungen: eine Architekturgeschichte des 20. Jahrhunderts* (Stuttgart: Kohlhammer, 1984), 193-198.
Herbert Hoffmann, 'Schaffendes Volk - Reichsausstellung Düsseldorf', *Moderne Bauformen* (1937), 337-369, 382-383.
Guido Harbers, 'Aus den Ausstellungen "SchaffendesVolk" Düsseldorf und Jahresschau "Garten und Heim" Dresden', *Baumeister* (1937), 279-283.
Hans Weingarten, 'Neue Wohnkultur auf der Reichsausstellung Schaffendes Volk', *Innendekoration* (1937), 353-358.
'Schaffendes Volk, Die Düsseldorfer Ausstellung', *Wasmuths Monatshefte für Baukunst* (1937), 205-216.
'Die Wohnsiedlung des Schaffendes Volkes', *Wasmuths Monatshefte für Baukunst* (1937), 233-240.

Rotterdamer-Strasse
Rotterdamer-Strasse

In 1937 werd in Düsseldorf, op de locatie van het huidige Nordpark, een grote tentoonstelling georganiseerd. Het evenement vond plaats vier jaar na de machtsovername door de nationaal-socialisten in Duitsland en viel samen met de Wereldtentoonstelling in Parijs. Initiator van de tentoonstelling was de Deutsche Werkbund, die in 1927 grote successen had geboekt met de tentoonstelling 'Die Wohnung' en de bouw van de Weissenhofsiedlung. Doel van de tentoonstelling was een gestrand plan voor een expositie, genaamd 'Die Neue Zeit' alsnog te laten doorgaan. In 1933 had de Werkbund echter een bestuur met een nationaal-socialistische signatuur gekregen: architect-leden hadden sindsdien een *Ariernachweis* nodig. De staat zag hiermee kans de tentoonstelling in te zetten als propagandamiddel voor de transformatie van het Duitse Rijk in het kader van Hitler's *Vierjahresplan*. Dit plan beoogde Duitsland in vier jaar tijd op het gebied van grondstoffen onafhankelijk te maken van het buitenland. Het tentoonstellingsconcept werd gewijzigd en aan de leidende politieke stroming aangepast. En zo werd een als Werkbund-tentoonstelling gepland evenement, een propaganda-instrument voor het *Vierjahresplan*.

Duitslands nieuwe toekomstvisie op het gebied van wonen, werken en kunst werd gepresenteerd in een aantal hallen, twee voorbeeldwoonwijken en een park. Een belangrijk onderdeel van de tentoonstelling vormde de afdeling ruimtelijke ontwikkeling en stedenbouw. De expositie 'Deutscher Lebensraum' vond plaats in de hallen en moest de bezoeker een afgerond beeld geven van het Duitsland dat Hitler voor ogen stond. Een deel van de bevolking uit de steden zou verplaatst moeten worden naar voorsteden. De theoretische opvattingen over stedenbouw werden verwezenlijkt in twee voorbeeldwijken aan de randen van het expositieterrein. De woningen, allen ontworpen door regime-getrouwe architecten, moesten de bezoeker het nieuwe nationaal-socialistische huisvestingsideaal voorspiegelen. De Wilhelm-Gustloff-Siedlung was een wijkje met piepkleine arbeiderswoningen; Schlageterstadt bood woonruimte aan de meer welgestelden. Hier werd een wereldbeeld voorgesteld waarin het academische potentieel, ofwel toonaangevende mensen in de politiek, economie of kunst in woonwijken als Schlageterstadt zouden wonen, terwijl de arbeider werd verplaatst naar een plattelandswereld, waar hem een minimale levensstandaard geboden werd.

Er werd uitgegaan van een traditionele woonvorm en een anti-industriële bouwwijze. Het was bijvoorbeeld verplicht om inlandse materialen te gebruiken en er waren strenge voorschriften ten aanzien van de architectuur, materiaalkeuze, bouwhoogte en dakhelling – alleen de plattegrond mocht vrij bepaald worden. Ook een schuilkelder werd voorgeschreven hoewel die lang niet bij alle woningen is gerealiseerd.

In de jaren 1950 en 1960 is de wijk uitgebreid tot ongeveer 150 woningen, waarbij dezelfde regels werden toegepast die tijdens de bouw voor de architectuur golden. Om de wijk te behoeden voor wijzigingen die niet overeenstemmen met de oorspronkelijke architectuurstijl, werkt de gemeente momenteel aan een nieuw bestemmingsplan met daarin een statuut, dat de wijk een monumentenstatus zal verlenen. (fva)

In 1937, a major exhibition was organized in Düsseldorf, at the site where the Nordpark is currently located. The event took place four years after the National Socialists had seized power in Germany, and coincided with the World's Fair (Exposition Universelle) in Paris. The initiator of the exhibition was the Deutsche Werkbund (the German Association of Craftsmen), which in 1927 had successfully organized the exhibition 'Die Wohnung' and constructed the settlement known as the Weissenhof Siedlung. The aim of the exhibition was to allow a previously abandoned exhibition, which had been called 'Die Neue Zeit' (The New Age), to in fact take place. But in 1933, the board of the Werkbund had taken on a National Socialist character: from that point onwards, its architect-members needed to have an 'Aryan Certificate'. The state saw an opportunity to use this exhibition as a propaganda tool for the transformation of the German Reich under Hitler's Four Year Plan; this plan was meant to make Germany independent in terms of raw materials imported from abroad within four years. The exhibition concept was modified and adapted to the leading political movement, which meant that an exhibition that had been planned as a Werkbund event became a propaganda tool for the Four Year Plan.

Germany's new vision of the future, in terms of housing, work and art, was presented in several halls, two model neighbourhoods and a park. The department of spatial development and urban planning formed an important part of the exhibition. The 'Deutscher Lebensraum' (German Living Space) section of the exhibition took place in the halls, and was meant to give visitors a well-rounded picture of the Germany that Hitler had in mind. A section of the population was to be relocated from the cities to suburbs. The theoretical concepts relating to urbanism were presented in two model neighbourhoods on the edge of the exhibition grounds. The homes in these neighbourhoods, all designed by architects who were loyal to the regime, were meant to show the visitors the new National Socialist housing ideals. The Wilhelm-Gustloff-Siedlung was a neighbourhood with tiny homes for workers, while the Schlageterstadt provided homes for the more affluent. Hereby, a worldview was presented in which the 'academic potential' (in other words, the most prominent people in the fields of politics, economics or art) would live in neighbourhoods such as the Schlageterstadt, while the workers would be moved to a rural environment, where a minimum standard of living was offered.

The starting point here was a traditional lifestyle, and an anti-industrial form of construction. For example, it was required that these homes use indigenous materials, and there were strict rules regarding the architecture, choice of materials, height of the buildings and angle of the roofs; only the floor plans could be freely determined. A basement shelter was also required, although many homes do not have this requirement.

In the 1950s and 1960s, the neighbourhood was expanded to about 150 homes, with the same rules being applied to the construction that had initially applied to the architecture. To protect the neighbourhood from changes that conflict with the original architectural style, the local municipality is currently working on a new zoning plan that contains a statute meant to provide the neighbourhood with monument status. (fva)

1 Wilhelm-Gustloff-Siedlung: type 1, Hanns Bökels
2 Wilhelm-Gustloff-Siedlung: type 2, Hanns Bökels
3 Schlageterstadt: Musterhaus Krall, Ingo Beucker & Deutsche Werkstätten
4 Schlageterstadt: Künstlerhaus Hentzen, Hans Heinz Lüttgen
5 Schlageterstadt: Künstlerhaus Meusel, Klaus Reese

Luchtfoto van het tentoonstellingsterrein met Schlageterstadt (rechts, voorgrond) en de Wilhelm-Gustloff-Siedlung (rechts, achtergrond)

Aerial view of the exhibition grounds, with the Schlageterstadt (right, foreground) and the Wilhelm-Gustloff-Siedlung (right, background)

De Rijnoever met de grote *Festplatz*. Op de achtergrond de tentoonstellingshallen van Emil Fahrenkamp

The Rhine, with the large *Festplatz*. In the background are the exhibition halls by Emil Fahrenkamp

Reclameposter voor de rijkstentoonstelling 'Schaffendes Volk', ontwerp Arno Drescher, 1936

Advertising poster for the Reich exhibition 'Schaffendes Volk', design by Arno Drescher, 1936

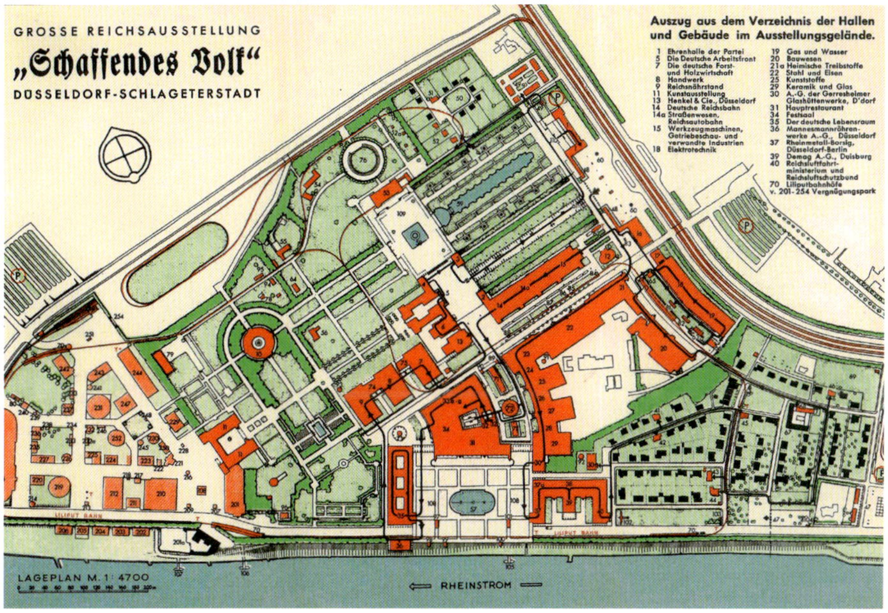

Kaart van het gehele tentoonstellingsterrein. Rechtsonder Schlageterstadt, boven Wilhelm-Gustloff-Siedlung

Map of the entire exhibition grounds. On the bottom right is Schlageterstadt, and at the top is the Wilhelm-Gustloff-Siedlung

Erwin-von-Witzleben-Strasse met op de achtergrond de tentoonstellingshallen van Klaus Reese

Erwin-von-Witzleben-Strasse with the exhibition halls by Klaus Reese in the background

Wilhelm-Gustloff-Siedlung (type 1 & 2)

Hanns Bökels

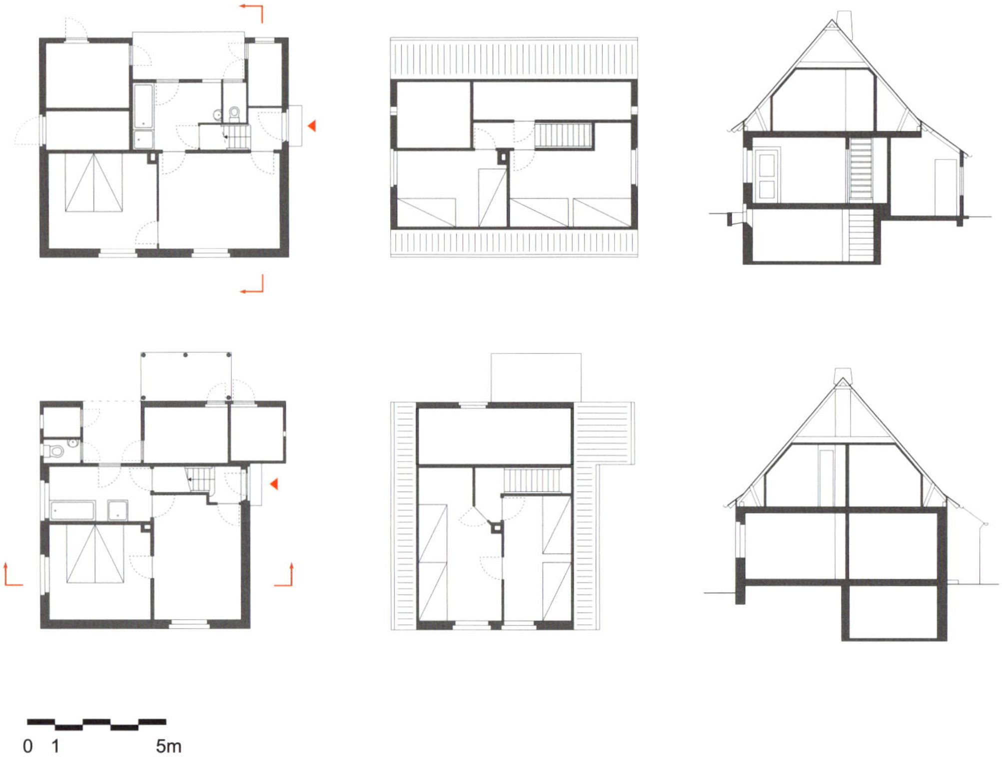

De Wilhelm-Gustloff-Siedlung diende als voorbeeld voor arbeidershuisvesting en bestond uit 14 vrijstaande huisjes rondom een dorpsplein met daarop de onvermijdelijke Duitse linde. Het was een gemoedelijke, kleine wereld met spelende kinderen en grazend kleinvee. Elke woning kreeg er een stuk land bij voor agrarisch gebruik om in eigen levensonderhoud te voorzien. Er zijn drie woningtypen te onderscheiden; het ontwerp daarvan is geïnspireerd op de traditionele bouw in de landelijke omgeving: vrijstaand, eenvoudig van vorm en met een rechthoekige plattegrond.

The Wilhelm-Gustloff-Siedlung served as a model for workers' housing. It consisted of 14 detached houses surrounding a village square, which was planted with the inevitable German linden trees. It was a friendly, small world, with playing children and grazing livestock. Each home was given a piece of land for agricultural use, to provide for self-sustenance. There are three different types of homes here, and their design was inspired by traditional rural construction: detached, simple in form and with a rectangular floor plan.

Künstlerhaus Meusel

Klaus Reese

Kunstenaarshuizen, ontworpen door Klaus Reese (voorgrond) en Hanns Hübbers (achtergrond), opname ca. 1937
Artists' homes, designed by Klaus Reese (foreground) and Hanns Hübbers (background), photographed in c. 1937

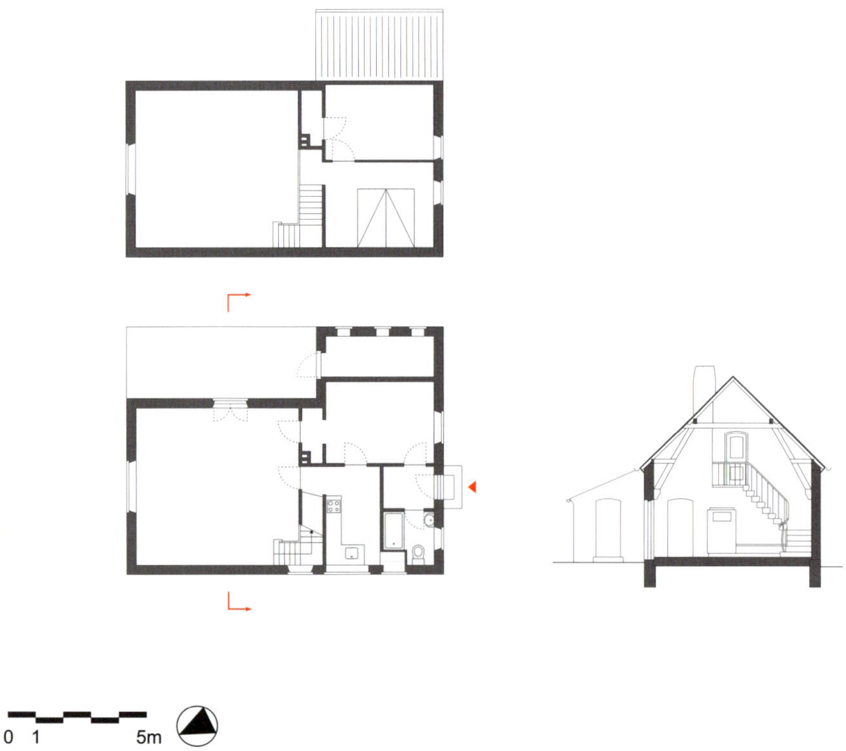

Schlageterstadt ligt in de zuidoosthoek van het tentoonstellingsterrein. De woonwijk wordt door 12 straten verdeeld in zeven percelen, die elk weer bestaan uit tien of meer kavels. De woningen staan op verschillende afstanden parallel aan de weg, waarbij de huizen bij straatingangen steeds naar voren zijn geschoven om een soort poort te vormen. De straten komen uit op een centraal gelegen dorpsplein waaraan ook enkele winkels en een restaurant zijn gevestigd. Naast het plein staat een gemeenschapshuis voor kunstenaars met aangrenzend 11 woningen voor alleenstaande kunstenaars. Langs de Ernst-Jürgens-Strasse liggen nog tien kunstenaarswoningen die door de gemeente werden gefinancierd en verhuurd. De woning voor de tuinarchitect Walter Meusel, ontworpen door Klaus Reese, is hiervan een voorbeeld.

Schlageterstadt is located in the southeast corner of the exhibition grounds. This residential area is divided by 12 streets into seven plots, each consisting of ten or more lots. The homes are parallel to the road at different distances, so that the houses are pushed forward towards the entryways to the street, forming a kind of gate. The streets open onto a central village square, which features several shops and a restaurant. Next to the square is a community centre for artists and adjacent to this centre are 11 homes for single artists. Along the Ernst-Jürgens-Strasse are ten artists' homes that were financed and leased out by the municipality. The home for landscape artist Walter Meusel, designed by Klaus Reese, is an example.

Plein met Duitse linde in de Wilhelm-Gustloff-Siedlung (tegenwoordig Nordpark-Siedlung)
Square with German linden trees in the Wilhelm-Gustloff-Siedlung (today known as the Nordpark Siedlung)

Woning 'type 1' in de Wilhelm-Gustloff-Siedlung, ontworpen door Hanns Bökels
'Type 1' home in the Wilhelm-Gustloff-Siedlung, designed by Hanns Bökels

***Siedler-schule* in de Wilhelm-Gustloff-Siedlung**
Siedler-schule in the Wilhelm-Gustloff-Siedlung

Het kunstenaarshuis voor Hugo Hagenkötter, ontworpen door Peter Dierichsweiler, noordgevel
The artist's home for Hugo Hagenkötter, designed by Peter Dierichsweiler, north façade

Het kunstenaarshuis voor Hugo Hagenkötter, ontworpen door Peter Dierichsweiler, straatzijde
The artist's home for Hugo Hagenkötter, designed by Peter Dierichsweiler, street side

Het kunstenaarshuis voor Otto Bussmann, ontworpen door Karl Früh. Het glas in het dak is later toegevoegd
The artist's home for Otto Bussmann, designed by Karl Früh. The glass in the roof was added later

Musterhaus Krall

Ingo Beucker & Deutsche Werkstätten

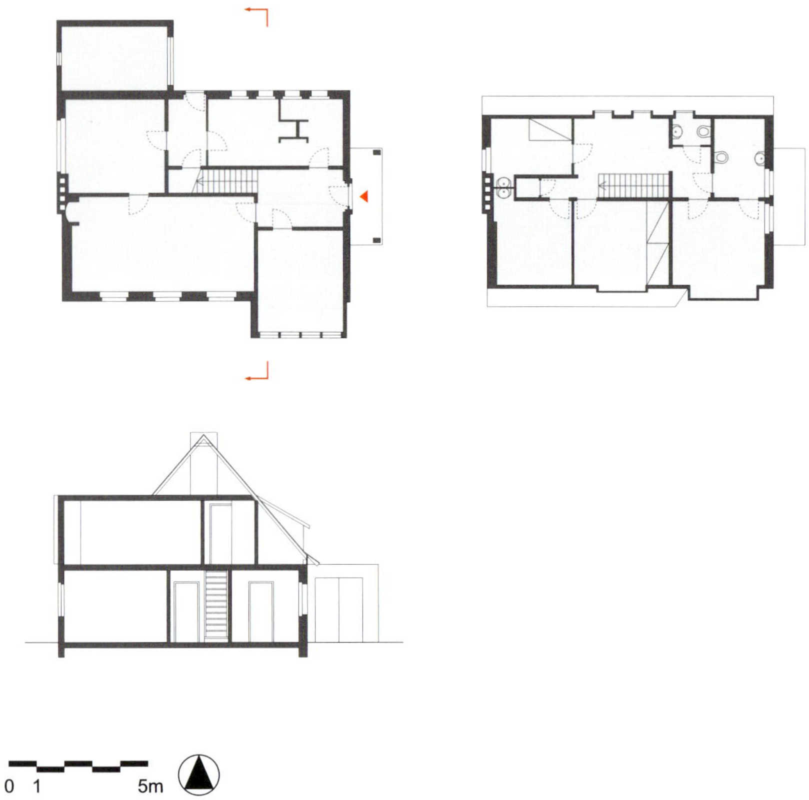

Er werden zes woningen als modelhuis gebouwd. Ze waren tijdens de tentoonstelling onbewoond, maar wel volledig ingericht om als toegankelijk voorbeeld voor het nationaal-socialistische woonideaal te fungeren. Bijvoorbeeld *Musterhaus Krall*, ontworpen door Ingo Beucker, die in Stuttgart bij Paul Schmitthenner en Paul Bonatz had gestudeerd. De woning werd ingericht door de Deutsche Werkstätte.

Six homes were built as model homes. They were uninhabited during the exhibition, but were fully furnished so as to function as an accessible example of the National Socialist residential ideal. An example was *Musterhaus Krall*, designed by Ingo Beucker, who had studied with Paul Schmitthenner and Paul Bonatz in Stuttgart. The house was decorated by the Deutsche Werkstätte.

***Musterhaus Krall*, straatgevel, ca. 1937**
Musterhaus Krall, street façade, c. 1937

Künstlerhäus Hentzen

Hans Heinz Lüttgen

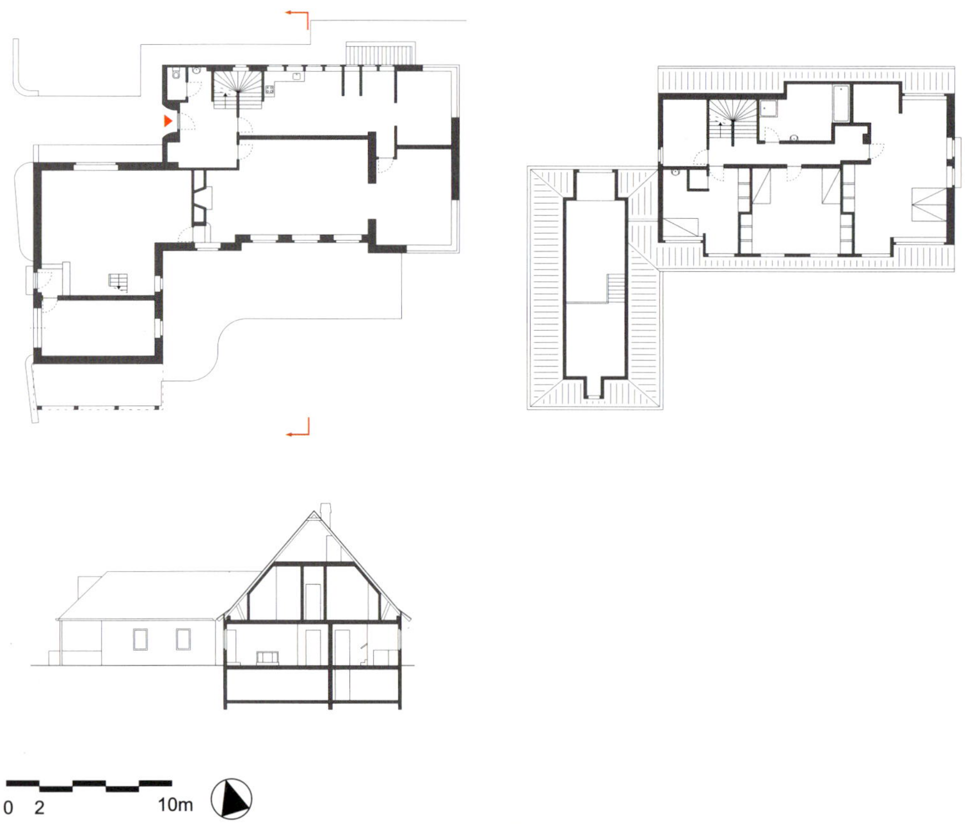

De woning voor kunstschilder Werner Hentzen - verreweg de grootste van de hele wijk – werd in privé opdracht gebouwd. Twee rechthoeken die het woonhuis en de ateliervleugel vormen, zijn via een hoek met elkaar verbonden. Ondanks de conservatieve architectuurstijl zijn ook duidelijk moderne architectuurinvloeden te herkennen, zoals de ruimtelijke indeling en de grote overhoekse ramen. De ontwerper Hans Heinz Lüttgen had in de jaren 1920 al diverse modernistische bouwwerken op zijn naam staan, maar was sinds 1933 onder druk van de nationaal-socialisten teruggekeerd naar een meer conservatieve architectuurstijl, wat ervoor zorgde dat hij mocht deelnemen aan de tentoonstelling.

The home for painter Werner Hentzen – by far the largest home in the whole neighbourhood – was built as a private commission. The two rectangles that form the living quarters and the studio wing are connected to each other by a corner. Despite the conservative architectural style, the influences of modern architecture are also clearly recognizable here, such as the spatial layout and the large diagonal windows. The designer Hans Heinz Lüttgen already had several modernist buildings to his name in the 1920s, but since 1933, under pressure of the National Socialists, he had returned to a more conservative style of architecture, which meant that he was allowed to participate in this exhibition.

***Musterhaus Krall*, straatgevel, ca. 1995**
Musterhaus Krall, street façade, c. 1995

***Haus Hentzen*, hoekje met open haard en doorgang naar atelier**
Haus Hentzen, nook with a fireplace and a passage to the studio

***Haus Hentzen*, woonkamer**
Haus Hentzen, living room

***Haus Hentzen*, straatgevel met op de voorgrond het atelier en de garage**
Haus Hentzen, street façade, with the studio and the garage in the foreground

Quartiere Triennale 8 Milaan/Milan

Piero Bottoni et al.

Quartiere sperimentale della ottava Triennale di Milano: Via Diomede, Via Antonio Sant'Elia, Viale Alcide de Gasperi, Viale Renato Serra, Milaan, Italië/Milan, Italy
Initiatief/Initiative: Triennale di Milano
Ontwerp woningen/Design of the homes: o.a./including P. Bottoni*, P. Lingeri*, L. Zuccoli*, E. Cerutti, V. Gandolfi, A. Putelli, V. Viganò, C. Villa, C. Cicconcelli, M. Sacripanti, L. Musso, L. Vagnetti, M. Pucci
Stedenbouwkundig plan/Urban plan: P. Bottoni met/with E. Cerutti, V. Gandolfi, M. Morini, G. Pollini, M. Pucci & A. Putelli (eerste/first project 1946-1947); P. Bottoni met/with E. Cerutti (tweede/second project 1949-50); P. Bottoni (derde/third project 1953)
Supervisie/Supervision: Piero Bottoni
Plangebied/Planning area: 94 ha
Initiatief/Initiative- Oplevering/Completion date: 1945-1954
Tentoonstelling/Exhibition: 31 mei-14 november 1947/31 May - 14 November 1947 (Triennale VIII), 12 mei-november 1951/12 May - November 1951 (Triennale IX) & 28 augustus-15 november/28 Augustus - 15 November (Triennale X)

* Projecten uitgewerkt in plandocumentatie/Projects are elaborated on in the planning documentation.

Bronnen/Sources:
Piero Bottoni, *QT8, Il quartiere sperimentale della Triennale di Milano* (Milaan/Milan: Editoriale Domus, 1954).
Giancarlo Consonni, Lodovico Meneghetti en Graziella Tonon, *Piero Bottoni, opera completa* (Milaan/Milan: Fabbri Editori, 1990).
G.P. Ponti, 'La Triennale nel suo quartiere sperimentale QT8', *DOMUS*, nr./no. 263 (1951), 2-7.
Graziella Leyla Ciagà & Garzia Tonon, *Le case nella Triennale dal parco al QT8* (Milaan/Milan: Electa, 2005).
Chiara Baglione & Elisabetta Susani, *Pietro Lingeri: 1894-1968* (Milaan/Milan: Electa, 2004).

Oostgevel van het *Ina-Casa blok* van Lingeri & Zuccoli
East façade of the *Ina-Casa block* by Lingeri & Zuccoli

In 1930 klonken er echo's van de Weissenhof-tentoonstelling (1927) door in de vierde editie van de triënnale van Monza. De architectuursectie oversteeg de traditionele architectuurtentoonstelling met haar tekeningen en schaalmodellen, door onder het motto 'de moderne woning' levensgrote prototypen te bouwen. In 1933 verhuisde de vijfde triënnale van Monza naar Milaan. De directeur van de architectuursectie, Gio Ponti, legde de nadruk op 'de cultuur van het wonen' en de rol van moderne architectuur bij het vestigen van een nieuwe samenleving. Tijdens de zesde triënnale (1936) deed Giuseppe Pagano via de fascistische verpauperingsretoriek diepgaand onderzoek naar de rationalisatie van het woningontwerp, met name aan de hand van zijn studie naar het 'functionalisme van de plattelandswoning'.

Ondertussen wonnen massaproductie en standaardisatie aan populariteit; het belang van eenmalige, bijzondere constructies, zoals de burgerwoning, werd gebagatelliseerd. Op de zevende triënnale – in 1940, de Tweede Wereldoorlog was al aan de gang – verkende de architectuurtentoonstelling de tegenstelling tussen industrialisatie en vakmanschap. Eventuele resultaten van dit debat lieten vanwege de oorlog op zich wachten. Toen het debat in 1945 uiteindelijk werd hervat, was Milaan een verwoeste stad: 65 procent van de huizen was vernietigd tijdens bombardementen en een vijfde van de inwoners was dakloos.

In dat jaar werd Piero Bottoni benoemd tot hoofdcurator van de achtste triënnale, die in 1947 zou worden gehouden. Dit stelde hem eindelijk in staat een oude ambitie te realiseren, die hij samen met Pagano had geformuleerd in de nasleep van de vijfde triënnale: het bouwen van een experimentele woonwijk in Milaan. Nadat de lokale overheid het voorstel van Bottoni had goedgekeurd, vormde hij een multidisciplinair team om een basisplan voor het Quartiere Triennale 8 (of QT8) uit te werken volgens een benadering die stedenbouw en architectuur combineerde. Hij was van plan zowel nieuwe bouwtechnieken als een nieuwe maatschappelijke agenda voor stedenbouw en woningontwerp te presenteren. Tussen 1946 en 1953 werden er drie verschillende plannen ontwikkeld, die echter één fundamentele eigenschap gemeen hadden: ze schiepen eenheid door diversiteit. Bottoni en zijn team brachten verschillende functies, sociale klassen, gebouwentypen, bouwtechnieken, woningtypen en architectonische vocabulaires bij elkaar, door middel van een strategie die gericht was op een harmonische relatie tussen architectuur en stedenbouw. Toen de politieke steun waarvan Bottoni zich in 1945 had weten te verzekeren begin 1950 was verdampt, begon het werk vertraging op te lopen en verliep de bouw van de collectieve voorzieningen en de infrastructuur langzamer dan gepland. In de loop der tijd heeft QT8 zich echter bewezen als een woonwijk die, hoewel nog altijd onvoltooid, kan worden beschouwd als een van de leefbaarste buitenwijken van Milaan. (nm)

In 1930 the echoes of the 1927 Weissenhof exhibition were received at the fourth edition of the triennial of Monza. The architecture section went beyond the traditional exhibition of architectural drawings and models to build full-scale prototypes on the theme of the 'modern house'. In 1933, the fifth triennial moved from Monza to Milan where Gio Ponti, director of the architecture exhibition, promoted 'housing culture' in order to highlight the role of modern architecture in the construction of a new society. At the sixth triennial (1936), Giuseppe Pagano explored the Fascist rhetoric of pauperization to advance an in-depth research on the rationalization of housing design, which he himself emphasized with his study of the 'functionalism of the rural house'.

Meanwhile, serial production and standardization gained currency, and one-off, exceptional cases, such as the bourgeois house, were downplayed. In the seventh triennial, held in 1940 – with the Second World War already in progress – the architecture exhibition explored the dichotomy between industrialization and craftsmanship. Due to the war, the productive outcome of this debate would have to be postponed. It was eventually resumed in 1945 when Milan was a wrecked city, with 56 per cent of the houses destroyed by bombings and one-fifth of the population homeless.

In that year Piero Bottoni was appointed chief curator of the eighth triennial, which would be held in 1947, and finally found the opportunity to realize an old ambition, building an experimental housing district in Milan, which had been formulated with Pagano in the aftermath of the fifth triennial. Bottoni's proposal was approved by the authorities and he thus created a multidisciplinary team to develop the bases for the Quartiere Triennale 8 (QT8) according to an approach of combining urban design and architecture. His strategy was to simultaneously showcase new building techniques and a new social agenda of urban planning and housing design. From 1946 until 1953, three different plans were developed, though one fundamental characteristic remained: creating unity in diversity. Bottoni and his team brought together several functions, diverse social classes, different building types, construction techniques, dwelling types and architectural languages, through a strategy that sought a harmonious intercourse between architecture and urban design. From the early 1950s onwards, without the initial political support that Bottoni had gained in 1945, the progress of the works slowed down and the construction of collective facilities and infrastructures was seriously delayed. In time, however, QT8 consolidated as a residential area that, though still incomplete, is today perceived and acknowledged as one of Milan's peripheral neighbourhoods with better quality of life. (nm)

1 **Casa INCIS**
2 **Casa Ina-Casa**

Het 3e stedenbouwkundig plan (Il piano 1953) van Piero Bottoni. Sommige delen zijn anders uitgevoerd

The 3rd urban plan by Piero Bottoni. Some parts were executed differently

Meubeldemonstratie voor *Casa INCIS*, Piero Bottoni tijdens Triennale X di Milano, 1954
Furniture demonstration for *Casa INCIS*, Piero Bottoni during Triennale X di Milano, 1954

Diorama van de QT8 door M. Nizzoli, C. Pea, A. Bianchetti en G.L. Giordani, tijdens de Triennale VIII di Milano, 1947
Diorama of the QT8 by M. Nizzoli, C. Pea, A. Bianchetti and G.L. Giordani during the Triennale VIII di Milano, 1947

Stand van zaken van QT8 tijdens Triennale IX di Milano, 1951
State of affairs at QT8 during Triennale IX di Milano, 1951

QT8 in aanbouw, ca. 1950
QT8 under construction, c. 1950

QT8 in aanbouw, gezien vanaf Monte Stella, ca. 1951
QT8 under construction, seen from Monte Stella, c. 1951

Casa Ina-Casa

Pietro Lingeri & Luigi Zuccoli

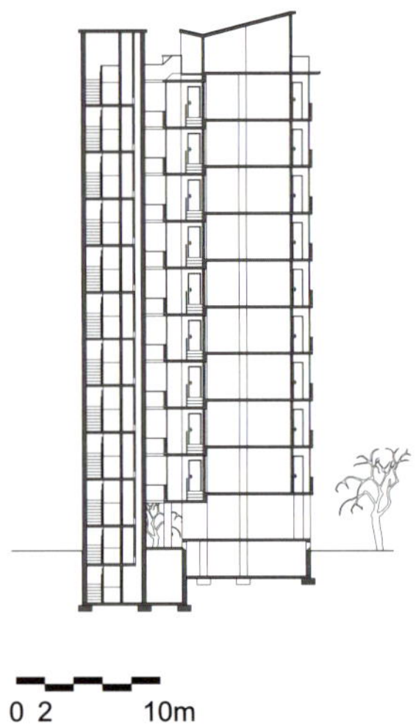

De opdracht voor dit door Lingeri & Zuccoli ontworpen gebouw was afkomstig van het Milanese *Instituto Autonomo Case Popolari* ('Onafhankelijk instituut voor volkswoningen') en werd gefinancierd door INA-Casa. Een van de opvallendste kenmerken van dit ontwerp is dat de galerij lager ligt dan het niveau van de woningen. De individuele opgang voor elke wooneenheid en de intimiteit die dit biedt, worden gecombineerd met de voordelen van een efficiënte galerijontsluiting. Aan de systematische compositie van het gebouw is op een evenwichtige manier een aantal uitzonderingen toegevoegd, zoals de twee kinderspeelplaatsen op de begane grond en de terugspringende kunstenaarsateliers op het dak. Het gebouw bezit daardoor een opvallende plasticiteit die gezien kan worden als het resultaat van de zogenaamde *terzista*-benadering die standaardisering combineert met de principes van organische architectuur.

The building designed by Lingeri and Zuccoli was commissioned by Milan's Instituto Autonomo Case Popolari (Autonomous Institute for Social Housing) and financed through the INA-Casa programme. The lowered position of the gallery in relation to the level of the dwellings is one of the most notable features of its design. The individualization of the access to the units and the preservation of intimacy thus accomplished, combines the advantages of an efficient organization of the building's plan layout, without falling prey to the predicaments of the gallery distribution. A balanced introduction of exceptions such as the two children's playgrounds on the ground-floor level and the setback studios for artists built in the roof, in the otherwise systematic composition, contributed to bestow the building with conspicuous plastic qualities, which could be seen as the fulfilment of a so-called *terzista* approach that brings together standardization and the principles of organic architecture.

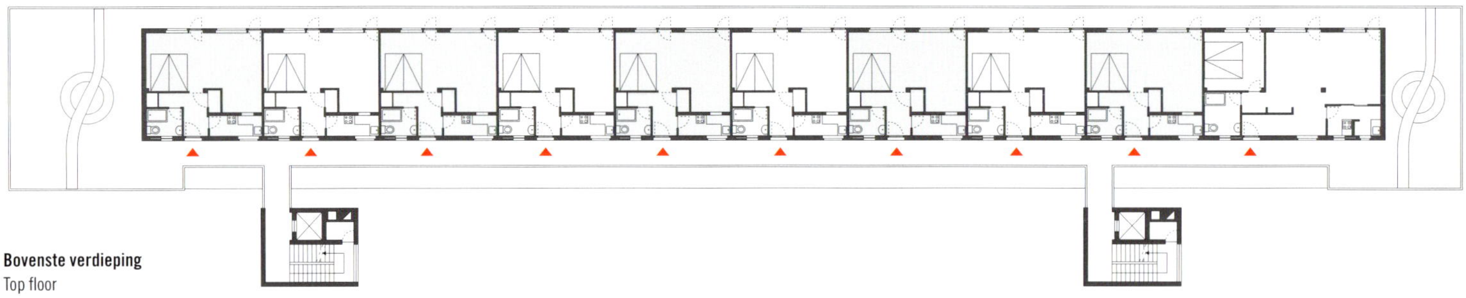

Bovenste verdieping
Top floor

Standaard verdieping
Typical floor

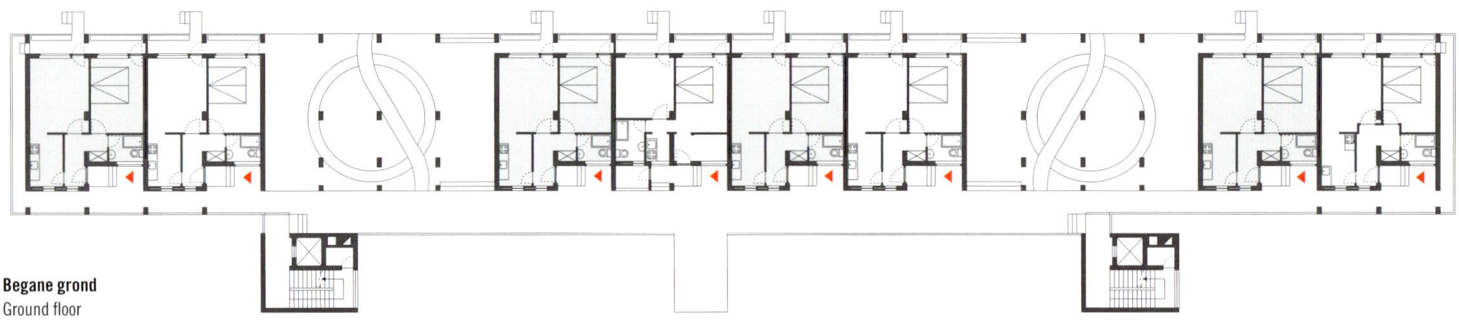

Begane grond
Ground floor

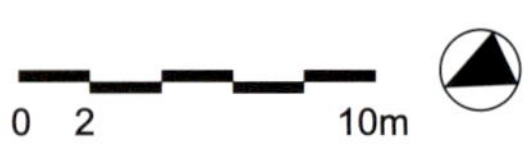

Oostgevel met galerijen. Op de begane grond zijn ook woningen gesitueerd
Eastern façade with galleries. Homes are also located on the ground floor

De woningen liggen een paar treden hoger dan de galerij
The homes are a few steps higher than the gallery

Entreegebied met mozaïeken op de muren
Entrance area with mosaics on the walls

***Casa Ina-Casa* net na voltooiing, tijdens Triennale VIII**
Casa Ina-Casa just after its completion, during Triennale VIII

Casa INCIS

Piero Bottoni

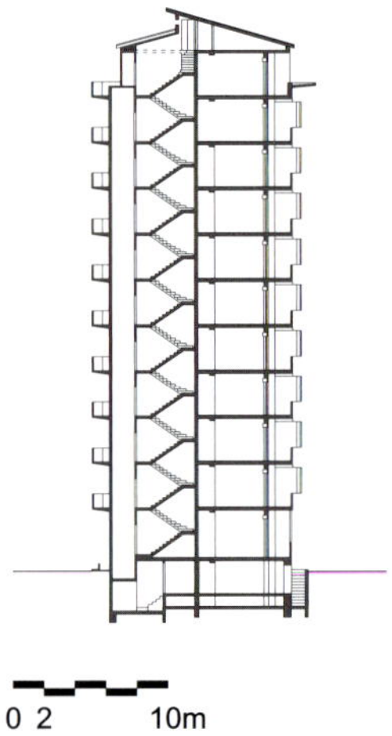

De opdracht voor *Casa INCIS*, een gebouw van 11 verdiepingen van Piero Bottoni, was afkomstig van het *Instituto Nazionale per le Case degli Impiegati dello Stato* ('Nationaal instituut voor ambtenaarswoningen') en bedoeld voor divers samengestelde ambtenarengezinnen. Het gebouw is in overeenstemming met Bottoni's strategie voor het Quartiere Triënnale 8 om maatschappelijke vooruitgang en gelijkwaardigheid te stimuleren via de bouw van collectieve woonprojecten. Het opvallendste kenmerk van *Casa INCIS* is een nieuw type ontsluiting. Een diep balkon, dat ook fungeert als uitbouw van de woonkamer, intermedieert tussen de collectieve bewegingen door het gebouw en de woning zelf. Deze benadering van de plattegrond, de plasticiteit van de gebogen balkons in de westgevel en de betegelde loggia's in de oostgevel zijn middelen die Bottoni inzette om een huizenblok te ontwerpen met ruimtelijke en formele kenmerken, die de stigma's van sociale woningbouw konden overstijgen.

Piero Bottoni's 11-storey-high *Casa INCIS* was commissioned by the Instituto Nazionale per le Case degli Impiegati dello Stato (National Institute for Civil Servants Housing) to accommodate different types of families of civil servants. This building resonates with Bottoni's strategy, in the QT8 plan, to promote the development of multifamily housing blocks as a token of the architect's responsibility in fostering social betterment and equality through collective dwelling. The most notable feature in *Casa INCIS* is an innovative type of routing designed to create a transition between the collective circulation and the dwelling through a deep balcony that simultaneously serves as the extension of the living room. With this layout strategy, next to the plastic qualities of the bent balconies in the west façade and the ceramic loggias in the east façade, Bottoni aimed to create a housing block with spatial and formal qualities that could overcome the stigmatized image of social housing.

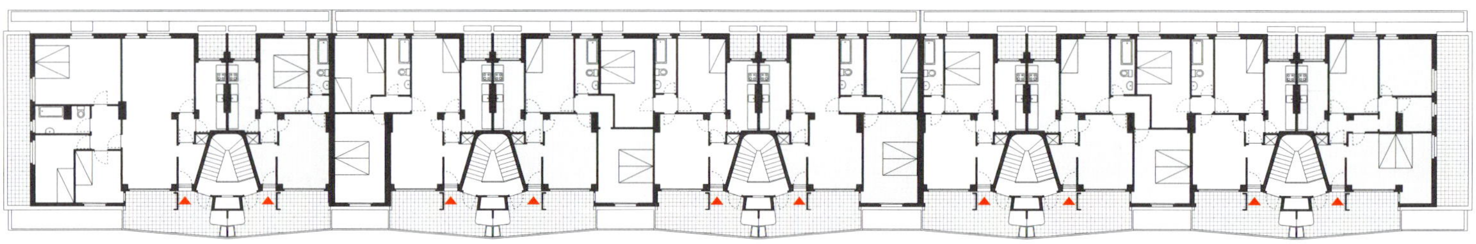

Bovenste verdieping
Top floor

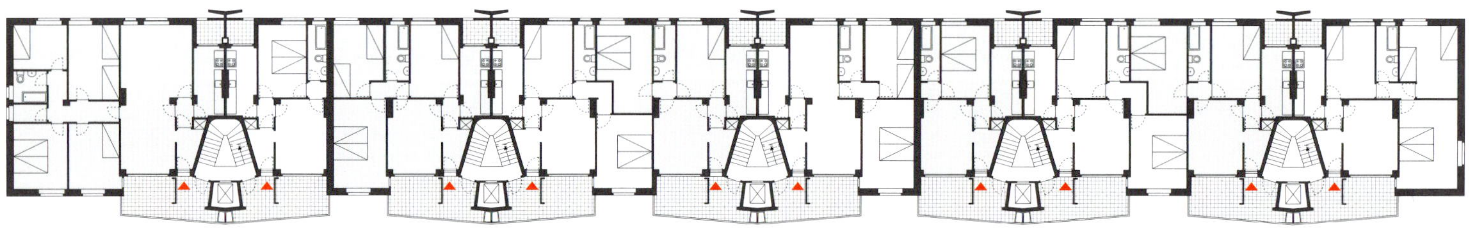

Standaard verdieping
Typical floor

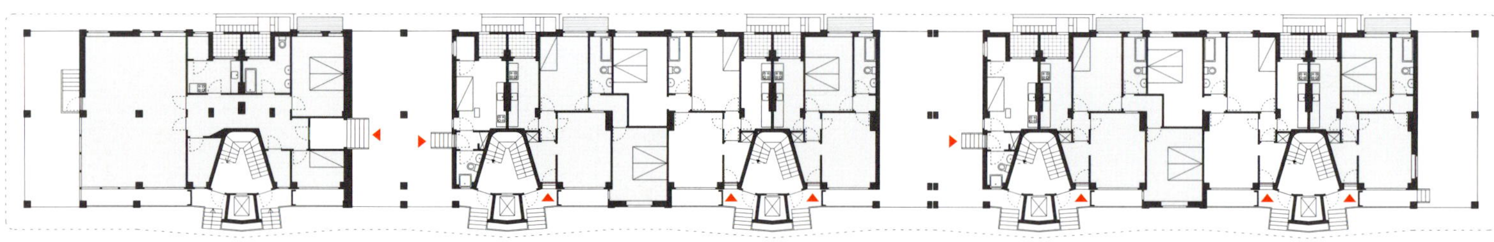

Begane grond
Ground floor

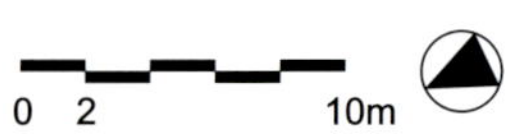

De dakverdieping van *Casa INCIS* ligt iets terug
The top floor of *Casa INCIS* is set slightly back

***Casa INCIS* net na voltooing, ca. 1947**
Casa INCIS just after its completion, c. 1947

Ten noorden van *Casa INCIS* liggen de blokken van Pifferi en Ressa
The Pifferi and Ressa blocks are situated north of *Casa INCIS*

Plan Internationaal Doorwerth

J.T.P Bijhouwer/Bouwfonds et al.

Plan Internationaal: Bernadottelaan, Kennedylaan, Hammerskjoeldlaan, Doorwerth, Nederland/the Netherlands
Initiatief/Initiative: N.V. Bouwfonds Nederlandse Gemeenten (nu/now: Bouwfonds Property Development)
Ontwerp en/of fabrikant van de opengestelde woningen/Design and/or manufacture of the opened homes: Homer Delawie (USA), Dueck Homes (Canada), Tjaereborg-Huse (Denemarken/Denmark), Neue Heimat International (Duitsland/Germany), Guildway Ltd. (Groot-Brittannië/Great Britain), Verkaufsvereinigung für Holzhäuser Puutalo (Finland)*, PLUS PLUS Fertighaüser (Oostenrijk/Austria)*, H.S.B.'s Fiksförbund (Zweden/Sweden)*, Schwedische Elementhaüser GmbH Frankfurt (Zweden/Sweden), H. Helle, W.C. Klein Douwel (Nederland/the Netherlands)*
Stedenbouwkundig plan/Urban plan: prof. dr. ir. J.T.P. Bijhouwer i.s.m. de Nederlandse Heidemaatschappij en de gemeente Renkum/Prof. Dr. Ir. J.T.P. Bijhouwer together with the Nederlandse Heidemaatschappij and the municipality of Renkum
Aantal woningen/Number of homes: 56, waarvan 12 buitenlandse prefab woningen/including 12 prefab homes from abroad
Initiatief/Initiative- Oplevering/Completion date: 1960-1967
Tentoonstelling/Exhibition: 7 juni-10 oktober 1967/7 June - 10 October 1967
Aantal bezoekers/Number of visitors: 'tienduizenden'/'tens of thousands'

* Projecten uitgewerkt in plandocumentatie/Projects are elaborated on in the planning documentation.

Bronnen/Sources:
'Huizen uit vele landen', *Ons eigen huis*, nr./no. 77 (1965), 2-5 & 22.
'Doorwerth toont wonen in binnen-en buitenland', *Nieuwe Rotterdamse Courant*, 5 juni/June 1967, 9.
'Plan Internationaal', *Ons eigen huis*, nr./no. 87 (1967), 11-18 & 25.
Herman Pothof, 'Thuis in zes landen', *De Spiegel*, nr./no.4 (1967), 25-31.
'In Zweden staat een huis', *Zweden - Nederland*, nr./no.2 (1967), 9.
Documentatiemap van N.V. Bouwfonds Nederlandse Gemeenten, Plan Internationaal, Bouw- en Woonexpositie te Doorwerth (juni-oktober/June-October,1967).
Jaap Huisman en Friso de Zeeuw, *De canon van Bouwfonds 1946-2006. De geschiedenis van Bouwfonds van woningontwikkelaar tot gebiedsontwikkelaar* (Hendrik Ido Ambacht: Chevalier, 2006).

De totstandkoming van deze internationale staalkaart van wooncultuur gaat terug tot 1960 toen het Bouwfonds Nederlandse Gemeenten in Doorwerth een stuk grond te koop aangeboden kreeg voor 'normale bebouwing'. De toenmalige directeur J. Wiersema vond dit terrein te uniek voor de gebruikelijke standaardwoningen en vatte het plan op om hier verschillende woningen te bouwen, die het Bouwfonds sinds zijn oprichting in 1946 had gerealiseerd. Daarnaast dacht hij aan een serie geprefabriceerde bungalows uit het buitenland, die een goed inzicht zouden geven in de wooncultuur van de desbetreffende landen.

Stedenbouwkundig is het idee uitgewerkt door J.T.P. Bijhouwer (1898-1974), hoogleraar in de tuin- en landschapsarchitectuur te Wageningen, in samenwerking met de Nederlandse Heidemaatschappij en de gemeente Renkum. Het terrein lag in het bosrijke binnengebied van een al bestaande villawijk en het plan werd losjes opgezet met veel gemeenschappelijk groen en behoud van zoveel mogelijk bomen.

De wijk bestaat uit 56 woningen, waaronder 12 prefab huizen uit het buitenland, die werden opengesteld voor publiek. De buitenlandse woningen, merendeels bungalows, werden als bouwpakket naar Nederland gehaald en ter plaatse opgebouwd, al dan niet met een meegestuurd buitenlands team. Ze werden ingericht in de stijl van het land zelf en gedurende de vier tentoonstellingsmaanden bewoond door hostesses uit het land van herkomst, die als tijdelijke ambassadrices alle gewenste inlichtingen over het huis en interieur konden verschaffen.

De Finse bungalow, gezien vanuit het zuidoosten
The Finnish bungalow, seen from the southeast

De bungalows uit onder andere Finland, Zweden, Denemarken, Duitsland, de Verenigde Staten en Canada zijn zonder aanpassingen aan het Nederlandse klimaat en de heersende wooncultuur neergezet. De Finse woning had bijvoorbeeld een sauna in de tuin en een 'warme' garderobe aan de achterzijde van de open haard. De Amerikaanse bungalow beschikte, anno 1967, over een garage voor twee auto's en twee badkamers, en de Zweedse bungalow beschikte over een droogkast voor natte kleren, twee diepvriesruimten èn twee koelkasten om een barre winter door te komen. Na de tentoonstelling zijn de bungalows verkocht. De prijzen van deze woningen waren in verhouding nogal fors, maar voor aspirant kopers was deze tentoonstelling ook niet zozeer bedoeld. Het Bouwfonds wilde het Nederlandse publiek vooral de mogelijkheid bieden om hier de Nederlandse stijl van wonen en leven te vergelijken met die van negen andere landen.

Rondom de internationale bungalows staan de belangrijkste standaardtypen woningen, die het Bouwfonds toentertijd in Nederland bouwde, waaronder 'bouwsysteem BG'. Ter gelegenheid van het gereedkomen van de 25.000^e^ Bouwfondswoning in 1964, werd de prijsvraag *Werkelijk Wonen* uitgeschreven. Enkele bekroonde ontwerpen zoals type Oost-West en type Kwadraai – een twee onder één kapwoning waarvan de afzonderlijke plattegrond een kwartslag gedraaid kon worden al naar gelang de locatie – kregen ook een plek in Plan Internationaal, evenals de Europawoning, een door de Internationale Jaarbeurs in Vlaanderen bekroond eengezinshuis. Deze woningen waren tijdens de tentoonstellingsperiode niet van binnen te bezichtigen. (fva)

The creation of this international showcase of 'domestic culture' dates back to 1960, when the Bouwfonds Nederlandse Gemeenten (a former semi-public company that focused on homes and mortgages) put up a piece of land for sale in the Dutch village of Doorwerth, earmarked to be used for 'normal development'. But the Bouwfonds's director at the time, J. Wiersema, thought that this site was too unique for typical standard homes, and came up with a plan to build a variety of homes here of the types that the Bouwfonds had been building since its inception in 1946. He also had in mind a series of prefabricated bungalows from abroad, which would give a good insight into the domestic cultures of the respective countries.

The idea was developed in urban planning terms by J.T.P. Bijhouwer (1898-1974), a professor of horticulture and landscape architecture in Wageningen, together with the Nederlandse Heidemaatschappij (the Dutch Moorland Reclamation Society) and the municipality of Renkum. The site was located in the wooded section of an existing residential area, and the plan was loosely designed with many communal green areas, and the preservation of as many trees as possible.

The neighbourhood consists of 56 homes, including 12 prefabricated houses from abroad, which were open to the public. The foreign houses, mostly bungalows, were brought to the Netherlands as kits and were assembled on-site, sometimes with the help of a foreign team that was sent along with the house. These houses were furnished in the style of the respective country, and during the four months of the exhibition period, they were 'inhabited' by hostesses from that country, who functioned as temporary ambassadors, providing information about the house and its interior.

The bungalows, from countries including Finland, Sweden, Denmark, Germany, the USA and Canada, were constructed without any modifications to the Dutch climate and prevailing domestic culture. The Finnish home, for example, had a sauna in the garden, and a 'heated' wardrobe on the rear side of the fireplace. The American bungalow, from 1967, had a two-car garage and two bathrooms, while the Swedish one had an airing cupboard for wet clothes, as well as two freezer spaces and two refrigerators to make it through the harsh winter. After the exhibition, the bungalows were sold. The prices of these homes were relatively high, but this exhibition was not set up with prospective buyers in mind. The Bouwfonds mainly wanted to offer Dutch people the opportunity to compare their lifestyle and domestic culture to those of the nine other countries.

Surrounding the international bungalows are the most important types of standard homes that the Bouwfonds had built in the Netherlands at that time, including the 'BG building system'. On the occasion of the completion of the 25,000th Bouwfonds home in 1964, the *Werkelijk Wonen* (Really Living) competition was held. Some of the award-winning designs, such as Oost-West and Kwadraai (a semi-detached home of which the individual plan could be rotated one-quarter based on the specifics of the location) also earned a place in Plan Internationaal, as did the Europawoning, a single family home that won a prize at the International Trade Fair in Flanders. It was not possible to view the interiors of these homes during the exhibition period. (fva)

1 **Finse bungalow** /
Finnish bungalow
2 **Engelse bungalow** /
English bungalow
3 **Zweeds elementenhuis** /
Swedish components home
4 **Canadese systeemwoning & informatiecentrum** /
Canadian housing system & information centre
5 **Oostenrijkse bungalow** /
Austrian bungalow
6 **Franse bungalow** /
French bungalow
7 **Deense bungalow** /
Danish bungalow
8 **Amerikaanse bungalow** /
American bungalow
9 **Canadese bungalow** /
Canadian bungalow
10 **Duitse bungalow** /
German bungalow
11 **Zweedse bungalow** /
Swedish bungalow
12 **Nederland (type Oost-West, 1e prijs Bouwfondsprijsvraag *Werkelijk Wonen*)** / The Netherlands (East-West type, 1st price in the *Werkelijk Wonen* competition of Bouwfonds)

Plan Internationaal tijdens de bouw
Plan International during construction

De Europawoning op de omslag van *Ons eigen huis*, nr. 87 (1967)
The Europawoning on the cover of *Ons eigen huis*, no. 87 (1967)

Interieur van de Zweedse woning, gepubliceerd in het tijdschrift *Eigen Huis* (1968)
Interior of the Swedish home, published in the magazine *Eigen Huis* (1968)

Prijswinnende woning type 'Oost-West' uit de Bouwfondsprijsvraag *Werkelijk Wonen*, 1964
Award-winning home of the 'Oost-West' (East-West) design, from the Bouwfonds's *Werkelijk Wonen* competition, 1964

Voorkant promotieflyer tentoonstelling Plan Internationaal Doorwerth
Front side of a promotional flyer for the Plan International exhibition in Doorwerth

Finland

Verkaufsver. für Holzhäuser Puutalo, Finland

'De rode bakstenen pijler staat vrij in de kamer, heeft aan één kant een open haard en maakt daarmee de ruimte ervoor tot een genoeglijke zitkamer. Aan de achterkant, waar ook een deur naar buiten is, heeft de pijler een ingebouwde garderobe, waarin jassen en mantels dus heerlijk warm hangen.' (Plan Internationaal, *Ons eigen huis*, nr. 87 (1967), 16)

'The column made of red brick dominates the room, with a fireplace on one side, which turns the space into a delightful sitting room. At the back, where the door to the outside is also located, the column has a built-in wardrobe, which allows jackets and coats to stay wonderfully warm.' ('Plan Internationaal', *Ons eigen huis*, no. 87 (1967), 16)

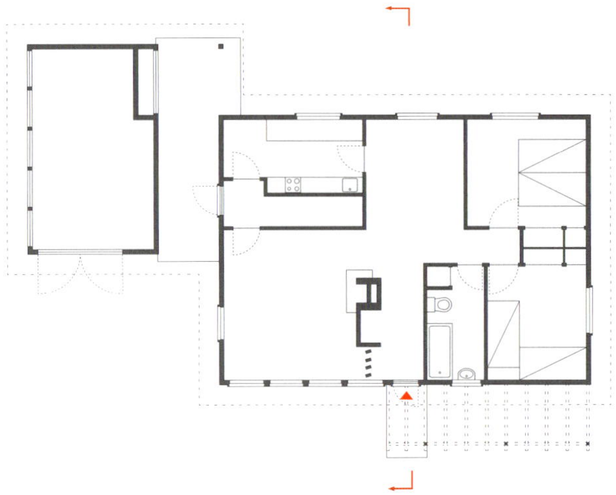

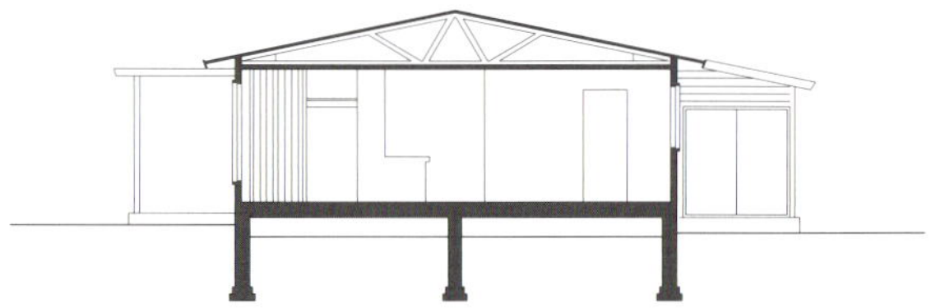

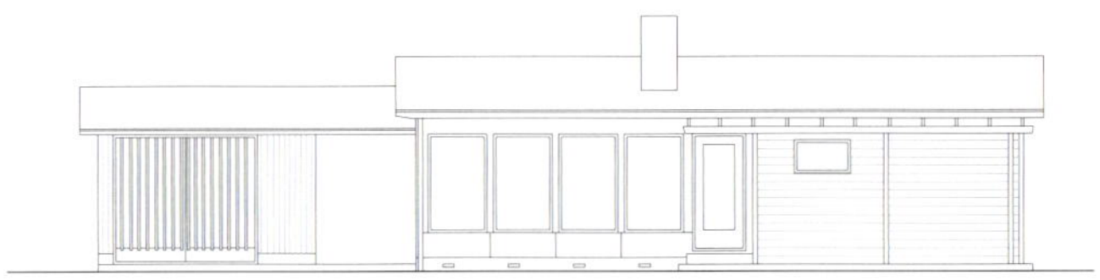

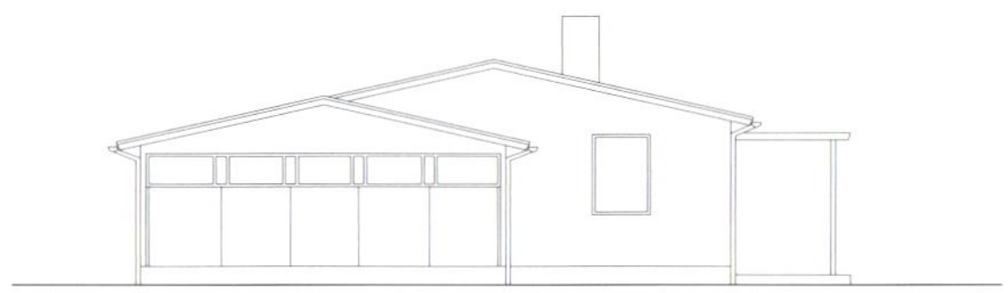

Oostenrijk/Austria

PLUS PLUS Fertighäuser, Oostenrijk/Austria

'Het huis uit Oostenrijk, een trotse witte villa met een rijke overdaad aan eikenhout, ademt de sfeer van weelde, die past bij de riante zonovergoten panorama's en de groen begroeide berghellingen van dat land.' (Plan Internationaal, *Ons eigen huis*, nr. 87 (1967),18)

'The house from Austria, a lofty white villa with a rich abundance of oak, radiates a sense of luxury that suits the spacious sunlit panoramas and the lush green hillsides of that country.' ('Plan Internationaal', *Ons eigen huis*, no. 87 (1967), 18)

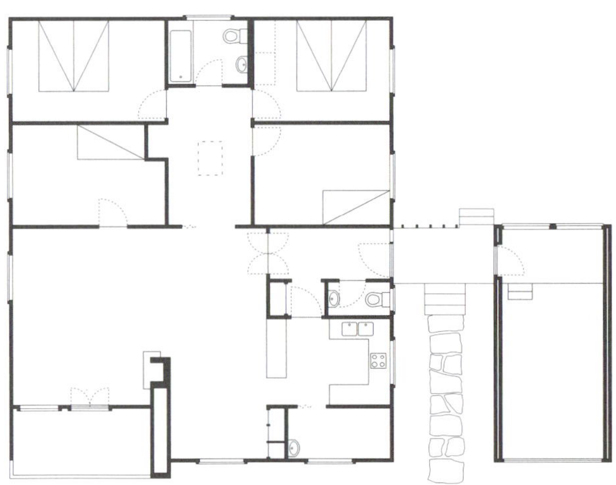

Oostgevel Finse bungalow
East façade of the Finnish bungalow

Zuidgevel Oostenrijkse bungalow
South façade of the Austrian bungalow

Zweden/Sweden

H.S.B.'s Fiksförbund, Stockholm, Zweden/Sweden

'De houten bungalow die uit het Zweedse bergland naar Nederland overgeplant is, staat eigenlijk in ons vlakke land een beetje vreemd te schutteren met de typische berglandeigenschappen. Het huis is er op berekend tegen een berghelling gebouwd te worden. Het effect van het hoogteverschil is binnen heel boeiend.' (Plan Internationaal, *Ons eigen huis*, nr. 87 (1967), 25)

'In our flat country, the wooden bungalow that was transplanted to the Netherlands from the mountainous regions of Sweden actually looks a bit odd, with its typical mountainous characteristics. The house was designed to be built against a hillside. Inside, the effect that results from the variations in height is very exciting.' ('Plan Internationaal', *Ons eigen huis*, no. 87 (1967), 25)

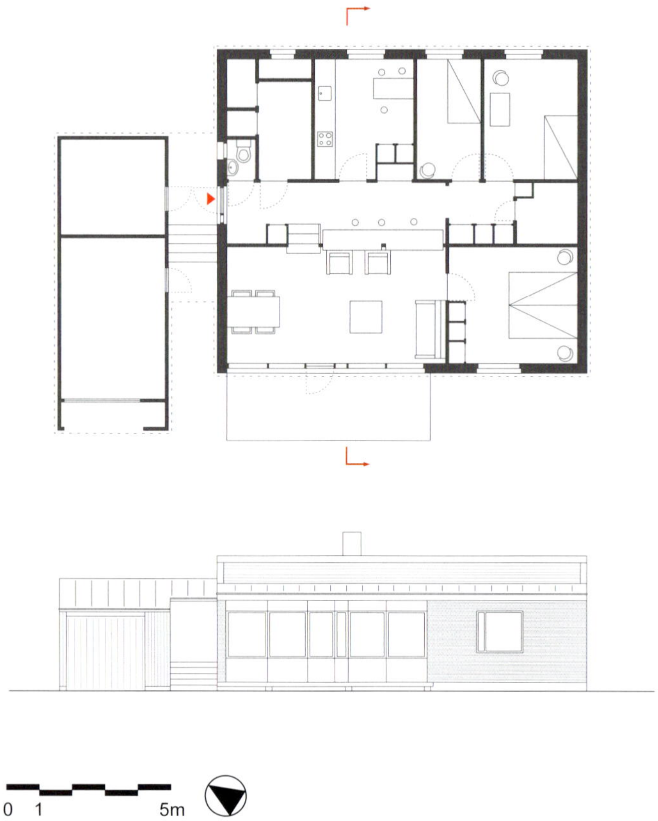

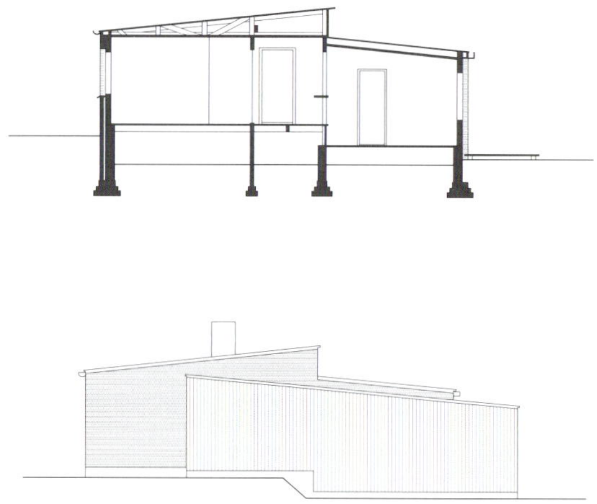

Nederland/the Netherlands

H. Helle & W.C. Klein Douwe, Raalte

'Het huis is geriefelijk en ruim en voor Hollandse begrippen begerenswaardig. Het ontwerp is in de Bouwfondsprijsvraag *Werkelijk Wonen* dan ook bekroond met de eerste prijs.' (Plan Internationaal, *Ons eigen huis*, nr. 87 (1967), 16)

'The house is comfortable and spacious, and is by Dutch standards an enviable one. And that explains why this design won the first prize in the Bouwfonds's *Werkelijk Wonen* (Really Living) competition.' ('Plan Internationaal', *Ons eigen huis*, no. 87 (1967), 16)

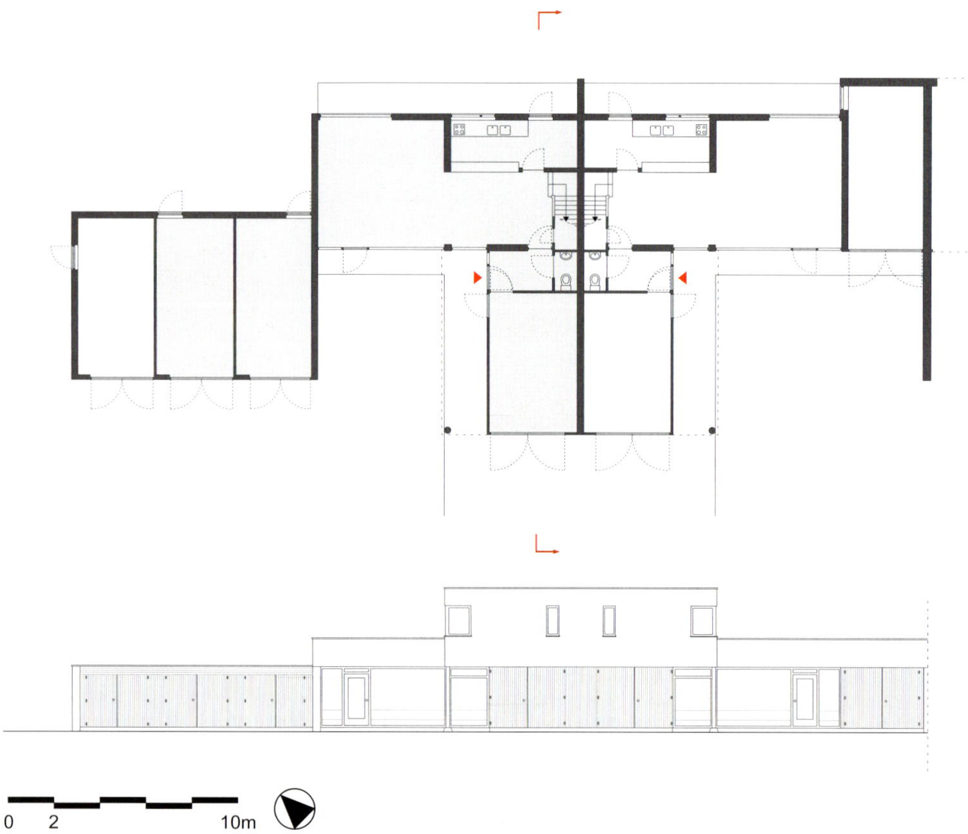

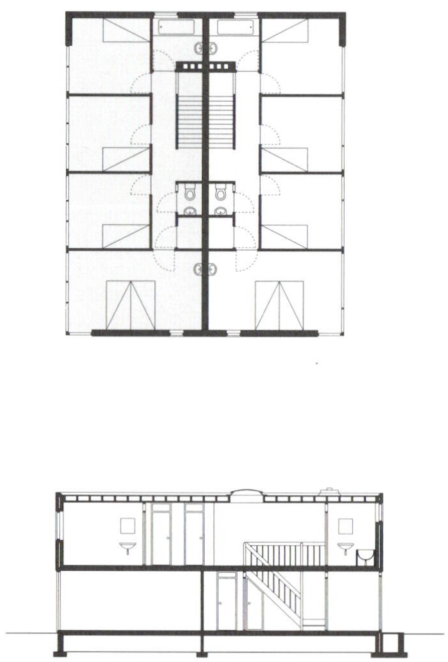

Schets Zweedse bungalow in *Ons eigen huis*, nr. 77 (1965)
Sketch of the Swedish bungalow in *Ons eigen huis*, no. 77 (1965)

Westgevel Zweedse bungalow
West façade of the Swedish bungalow

Oostgevel Zweedse bungalow
East façade of the Swedish bungalow

Zuidgevel prijsvraagwoning type Oost-West
South façade of the 'Oost-West' design, from the competition

Documenta Urbana Kassel

Hinrich Baller & Partner et al.

Documenta Urbana: Heinrich-Schütz-Allee, Hermann-Mattern-Strasse, Dönche, Kassel, Duitsland/Germany
Initiatief/Initiative: naar een idee van Arnold Bode, provincie Hessen, gemeente Kassel en woningcorporatie Neue Heimat/ based on an idea by Arnold Bode, province of Hessen, municipality of Kassel, and the Neue Heimat housing cooperative
Ontwerp woningen/Design of the homes: 9 architecten, Hinrich Baller und Partner*, Heinz Hilmer & Christoph Sattler, Herman Hertzberger*, Johannes Olivegren, Dieter Patschan & Asmus Werner & Bernhard Winking, Planungskollektiv Nr.1, Roland Rainer, Otto Steidle & Partner*, Baufrösche (Arbeitsgruppe Stadt/ Bau)
Stedenbouwkundig plan/Urban plan: Hinrich Baller und Partner*, Heinz Hilmer & Christoph Sattler, Herman Hertzberger*, Johannes Olivegren, Dieter Patschan & Asmus Werner & Bernhard Winking, Planungskollektiv Nr.1, Roland Rainer, Otto Steidle & Partner*, Baufrösche (Arbeitsgruppe Stadt/ Bau)
Landschapsontwerp/Landscape design: Raimund Herms
Supervisie/Supervision: Hinrich Baller, Hans Wehrhahn & Bernhard Winking
Aantal woningen/Number of homes: 137 (85 huurwoningen/ rental homes, 52 koopwoningen/ owner-occupied homes)
Plangebied/Planning area: 12 ha
Initiatief/Initiative- Oplevering/ Completion date: 1979-1982

* Projecten uitgewerkt in plandocumentatie/Projects are elaborated on in the planning documentation.

Bronnen/Sources:
Ulrich Conrads & Manfred Sack (red./ed.), *Otto Steidle* (Braunschweig/Wiesbaden: Vieweg, 1985).
Florian Kossak, *Otto Steidle; bewohnbare Bauten* (Zürich: Artemis, 1994).
'Kassels Schöne Aussicht im Bau', *Stadt. Monatshefte für Wohnungs- und Städtebau*, 8 (1982).
A. Lüchinger, *Herman Hertzberger; Bauten und Projekte, 1959-1986* (Den Haag/The Hauge: Arch-Edition, 1987).

Hermann-Mattern-Strasse gezien richting westen, ter hoogte van de blokken van Otto Steidle
Hermann-Mattern-Strasse, direction west, at the hight of the Otto Steidle blocks

De experimentele woonwijk Documenta Urbana ontstond in het kader van Documenta, de vijfjaarlijkse tentoonstelling voor actuele beeldende kunst, die sinds 1955 in Kassel wordt gehouden. Documenta Urbana was uiteindelijk geen onderdeel van het programma van Documenta 7 (1982), maar was daarom niet minder actueel. Het programma van de wijk ontstond tegen de achtergrond van kritiek op zowel de naoorlogse, grootschalige woningbouwarchitectuur als de latere uitdijende laagbouwwijken en de leegloop van de stad. Het doel van Documenta Urbana was om in een tijd van toegenomen welvaart en de daarmee samenhangende toename van vrije tijd, een model te tonen van een nieuwe, stedelijke en tegelijk groene wijk, met binnen en buiten de woning meer leef- en speelruimte voor volwassenen en kinderen, als alternatief voor de oude stad. In de Dönche, een natuurgebied op de zuidwestelijke hellingen aan de rand van de stad, werd *Schöne Aussicht* als geschikte locatie voor de nieuwe modelwijk gekozen.

Het ontwerp voor de wijk en de woningen werd gemaakt door negen, binnen- en buitenlandse architecten, onder wie Hinrich Baller, Herman Hertzberger en Otto Steidle. Opmerkelijk in het proces zijn de ontwerpsessies, waar de negen architecten het stedenbouwkundig plan gemeenschappelijk uitwerkten (volgens een voorstel van Baller), evenals de overgangen tussen de verschillende bouwdelen en de samenhang in het gehele plan. Vooral het lange woongebouw, de zogenaamde 'woonslang', opgebouwd uit elementen van zes verschillende architecten, kan gezien worden als een symbool voor de eenheid in verscheidenheid die met de wijk werd nagestreefd. De 'woonslang' belichaamt het feitelijke en symbolische hart van het plan; hij vormt de overgang tussen de stedelijke woongebouwen langs de doorgaande Heinrich Schütz-Allee in het noorden en de kleinschaliger woonhoven langs de zuidrand. De 'woonslang' opent zich in het midden; Hinrich en Inken Baller ontwierpen de koppen als een poort naar het achterliggende deel van de wijk. In de 'woonslang' bevinden zich appartementen met gemeenschappelijke portiekontsluitingen in drie tot vier lagen. In deze woningen komen de veelal uitgesproken ideeën van de architecten met betrekking tot collectiviteit, openbaarheid en stedelijkheid, industrialisatie en flexibiliteit, het sterkst naar voren. De staart van de 'woonslang' wordt gevormd door een afgerond, deels glazen bouwdeel met drie appartementen per laag (ontwerp Hilmer en Sattler). De kop van de 'woonslang' krult zich tot een hof, waarvan het uiteinde wordt gevormd door een verspringende bouwmassa met twee appartementen per laag, naar ontwerp van Otto Steidle.

Vooral de financiering van Documenta Urbana bleek een lastige opgave, onder andere door de gecompliceerde ontwikkeling en bouw; met name de lage woonhoven in het zuiden zijn hiervan de dupe geworden. Als tweede punt van kritiek is naar voren gebracht dat de wijk, die 4 km verwijderd ligt van het centrum van Kassel, uiteindelijk niet de gezochte 'stedelijkheid' heeft kunnen belichamen. (kt)

The experimental residential area known as Documenta Urbana arose in the context of Documenta, the contemporary art exhibition that began in Kassel in 1955, and now takes place once every five years. Documenta Urbana was ultimately not part of the programme of Documenta 7 (1982), but that made it no less topical. The programme for the neighbourhood came about against the backdrop of criticism of post-war, large-scale residential architecture as well as the later sprawling low-rise neighbourhoods, and the exodus from the city. The purpose of Documenta Urbana was to show, in a time of increased prosperity and a concurrent increase in leisure time, a model for a neighbourhood that was new, urban, and at the same time green, with more living and leisure space for adults and children, both inside and outside the home, as an alternative to the old city. In the Dönche, a nature reserve on the south-western slopes on the outskirts of the city, an area known as *Schöne Aussicht* (beautiful view) was chosen as a suitable location for the new model neighbourhood.

The neighbourhood and the homes were designed by nine architects, some German and some foreign, including Hinrich Baller, Herman Hertzberger and Otto Steidle. Noteworthy in the process were the design sessions, at which the nine architects together developed the urban plan (based on a proposal by Baller) and the transitions between the different components, as well as the coherence of the entire plan. The long residential building in particular, the so-called 'residential snake', composed of elements designed by six different architects, can be seen as a symbol of the unity in diversity that was striven for in this neighbourhood. This snake embodies the actual and symbolic heart of the plan; it forms the transition between the urban residential buildings along the Heinrich Schütz-Allee thoroughfare in the north, and the smaller residential courtyards along the southern edge. The snake opens up in the middle; Hinrich and Inken Baller designed the heads as a gate to the rear portion of the neighbourhood. The snake contains apartments with communal entrances in three to four layers. These homes are where the architects' often explicit ideas regarding collectivity, openness, urbanization, industrialization and flexibility are expressed the most powerfully. The tail of the snake is formed by a rounded section partly made of glass, with three apartments per layer (designed by Hilmer and Sattler). The head of the snake curls into a courtyard, whose tip is formed by a stepped building mass with two apartments per floor, designed by Otto Steidle.

The financing of Documenta Urbana proved to be an especially difficult task, partly due to the complexity of the development and the construction; the low residential courtyards in the south were particularly affected by this. A second criticism that was raised was that the neighbourhood, which is 4 km away from the centre of Kassel, was ultimately unable to embody the desired 'urbanity'. (kt)

1 Heinz Hilmer & Christoph Sattler
2 Otto Steidle & Partner
3 Herman Hertzberger
4 Hinrich Baller & Partner
5 Dieter Patschan / Asmus Werner / Bernard Winking
6 Planungskollektiv-Berlin
7 Arbeitsgruppe Stadt-Kassel
8 Roland Rainer
9 Johannes Olivegren

Maquette van de voorgenomen bebouwing; niet alles is gerealiseerd.
Model of the proposed buildings; not all were realised.

DOCUMENTA
U_R_B_A_N_A

KASSEL SCHÖNE AUSSICHT

Logo van Documenta Urbana
Documenta Urbana logo

Luchtopname van de woonslang en de daarachter gelegen laagbouw, ca. 1986
Ariel view of the 'residential snake' and the low-rise in the background, c. 1986

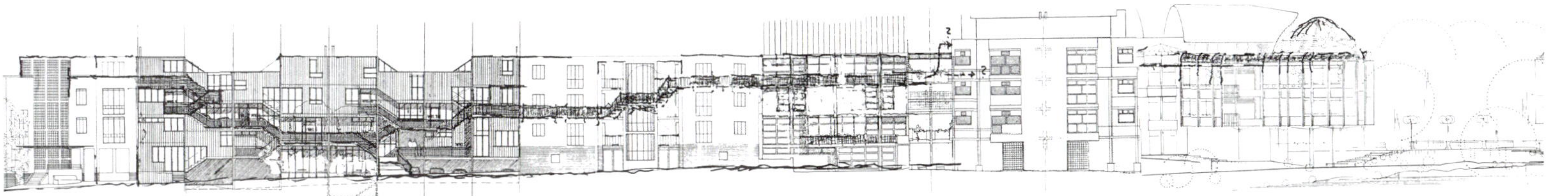

De bedoeling was dat de ontsluitingen van de verschillende woongebouwen in de slang gekoppeld zouden worden door trappen buitenlangs (schets Otto Steidle)

The idea was that the entrances to the residential buildings in the snake would be connected through exterior stairwells (sketch Otto Steidle)

Panorama van de woonslang met daarachter het natuurgebied 'Dönche'
Panoramic view of the 'residential snake' with the 'Dönche' nature reserve

Woongebouw naar ontwerp van Hinrich & Inken Baller ter plaatse van de doorgang naar de Heinrich-Schütz-Allee
Residential building as designed by Hinrich & Inken Baller, located along the thoroughfare to Heinrich-Schütz-Allee

Heinrich-Schütz-Allee

Herman Hertzberger

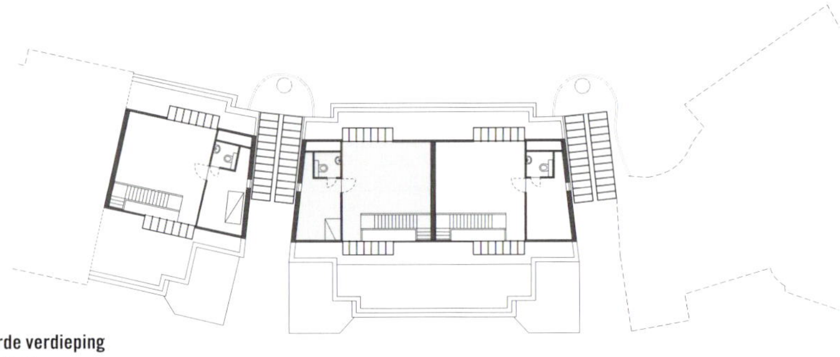

Vierde verdieping
Fourth floor

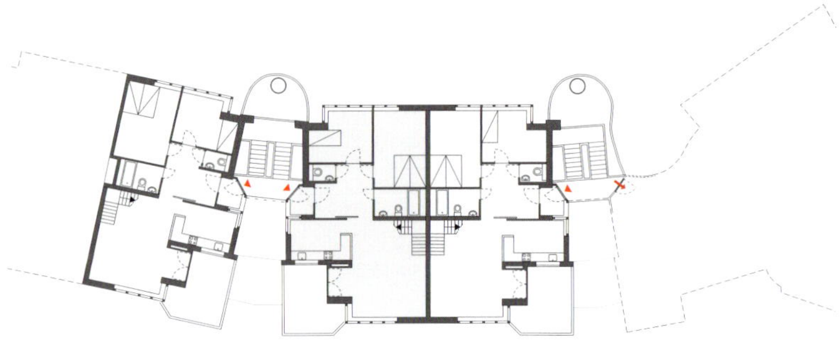

Derde verdieping
Third floor

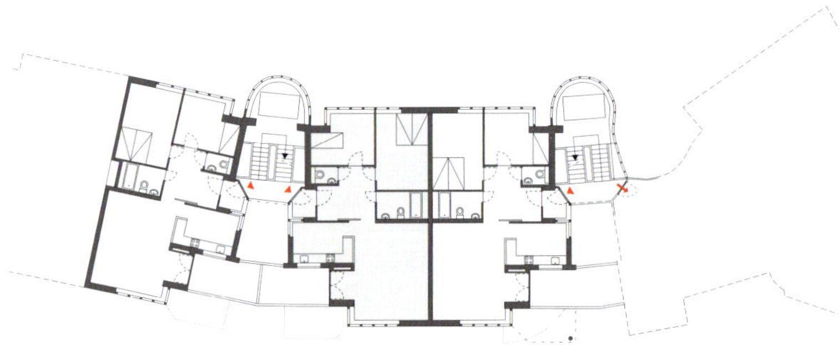

Tweede verdieping
Second floor

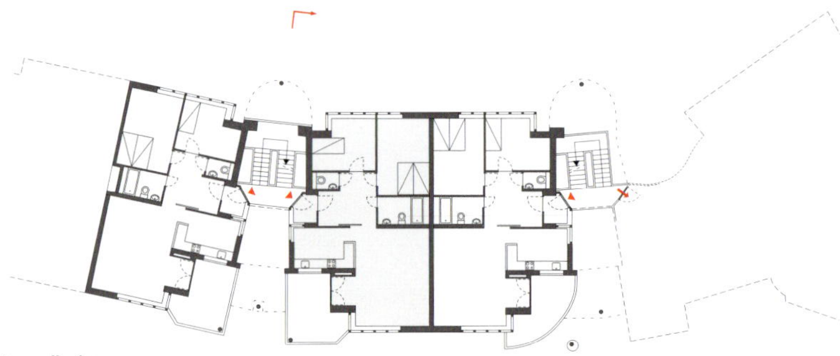

Eerste verdieping
First floor

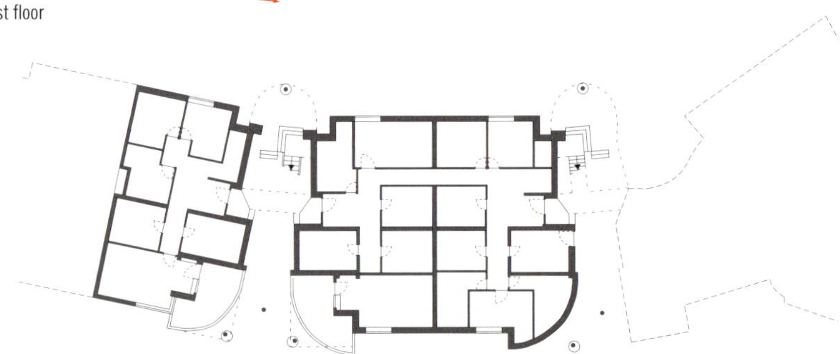

Begane grond
Ground floor

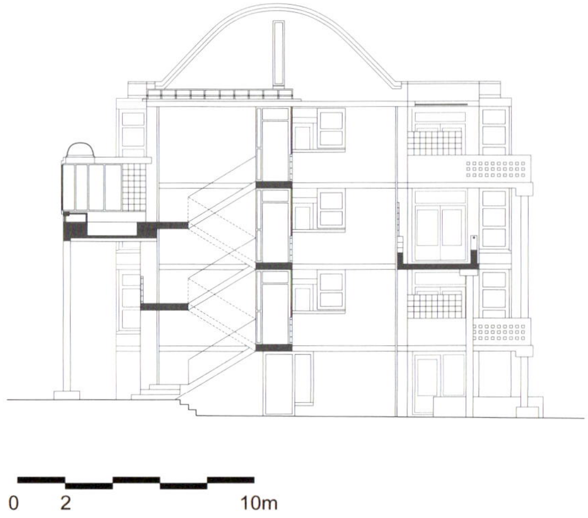

Hertzberger stelde zich in deze portieketagewoningen *(Mehr-familienhaüser)* ten doel om door middel van ruimtelijke interactie 'sociale contacten mogelijk te maken zoals die in een gezins-situatie kunnen bestaan'. Hiertoe ontwierp hij portieken - die zich op de tweede verdieping naar buiten toe manifesteren als een uitkragende overloop. Ze staan in ruimtelijke relatie met de grote, op het zuiden georiënteerde balkons of buitenkamers van de woningen. De balkons zijn zo gesitueerd en ingericht dat een deel beschermd is voor inkijk en een ander deel juist zicht biedt op het trappenhuis en de omgeving.

For these walk-up homes *(Mehr-familienhaüser)*, Hertzberger's goal was to use spatial interaction to 'enable social contacts like those that might exist within a family situation'. To this end, he designed entrance stairwells that outcrop onto the second floor as extended landings. They form a spatial relationship to the large, south-facing balconies or the outdoor spaces of the homes. The balconies are situated and built so that one section allows for privacy, while the other section faces out towards the stairwell and the surroundings.

Verbinding tussen het woongebouw van Hertzberger en dat van Steidle
Connection between Hertzberger's and Steidle's residential buildings

De portieken van Hertzberger manifesteren zich op de tweede verdieping als een uitkragende overloop die uitnodigt tot verblijven
Hertzberger's porches manifest themselves on the second floor as inviting landings, tempting longer stays

Westgevel met balkons
West façade with balconies

Hermann-Mattern-Strasse

Otto Steidle & Partner

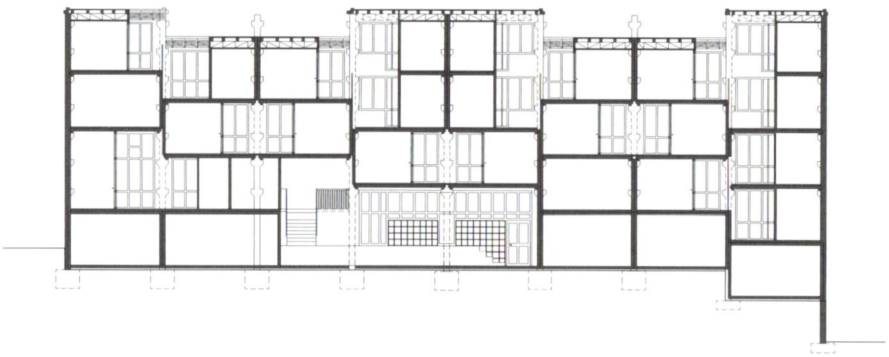

Doorsnede
Section

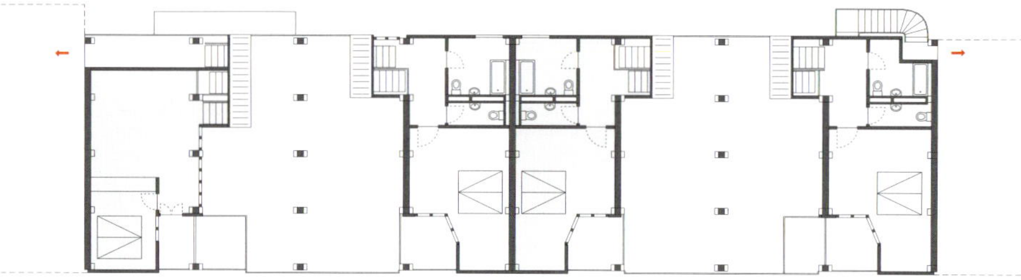

Derde verdieping
Third floor

Tweede verdieping
Second floor

Eerste verdieping
First floor

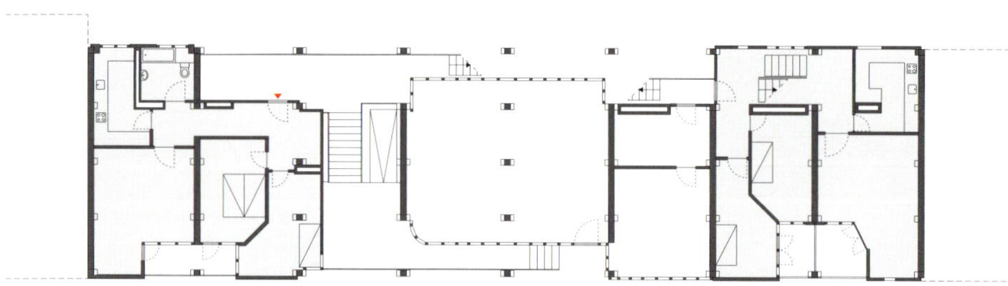

Begane grond
Ground floor

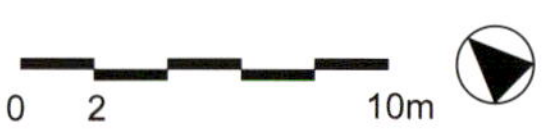

In het deel van de 'woonslang', ontworpen door Steidle, vallen de expressieve trappenhuizen het meest op. Volgens Steidle bepaalt de ontsluiting in belangrijke mate het stedelijke karakter van het woongebouw, door de wijze waarop zij bemiddelt tussen het openbare en het private domein. De trappen in de langsrichting vormen een continue beweging, waarop de voordeuren en de interne ontsluiting van het huis aansluiten (de woningen verspringen steeds een halve verdieping). Grenzend aan het trappenhuis (Steidle spreekt van een *Laubentreppenhaus*: een combinatie van trappenhuis en galerij), dat wordt opgevat als openbare ruimte, liggen de 'actieve' functies van het wonen, zoals koken, huishouden en werken.

In the section of the 'residential snake' designed by Steidle, the expressive stairwells are the most noticeable. According to Steidle, the access largely determines the urban character of the residential building, namely in how it mediates between the public and the private domains. The stairs, situated lengthwise, form a kind of continuous motion that connects the front doors and the internal access from the home (the homes consistently 'jump' by half a floor). Adjacent to the stairwell (Steidle refers to a *Laubentreppenhaus*: a combination of staircase and gallery), which is considered to be public space, are the 'active' dwelling functions, such as cooking, housekeeping and working.

Noordgevel met het expressieve *Laubentreppenhaus*, zoals Steidle het noemde
North façade with the expressive *Laubentreppenhaus*, as Steidle called it

Zuidgevel, Hermann-Mattern-Strasse
South façade, Hermann-Mattern-Strasse

IBA Berlijn/Berlin

Josef Paul Kleihues, Hardt-Waltherr Hämer et al.

IBA Berlijn/Berlin: Tegel, Prager Platz, Südliches Tiergarten, Südliche Friedrichstadt, Luisenstadt, Kreuzberg SO36, Berlijn/Berlin
Initiatief/Initiative: naar een idee van/based on an idea by Christian Müller (Berliner Senatsbaudirektor), Senaat van Berlijn/Berlin Senate
Ontwerp woningen/Design of the homes: Hinrich & Inken Baller, Mario Botta, Peter Eisenman, Giorgio Grassi, Zaha Hadid, John Hedjuk, Herman Hertzberger, Hilmer & Sattler, Hans Hollein, Hans Kollhoff, Rob Krier, Daniel Libeskind, Moore/Ruble/Yudell, Frei Otto, Planungskollektiv Nr.1, James Stirling, O.M. Ungers*, Rem Koolhaas en vele anderen/and many more (IBA-*neu*); Baller & Baller*, Planungskollektiv Nr.1, Otto Steidle, Alvaro Siza Vieira en vele anderen/and many more (IBA-*alt*)
Stedenbouwkundig concept/Urban concept: Walther Stepp
Supervisie/Supervision: Josef Paul Kleihues (IBA-*neu*: kritische reconstructie/new urban construction), Hardt-Waltherr Hämer (IBA-*alt*: behoedzame stadsvernieuwing/urban renewal)
Aantal woningen/Number of homes: Tegel: 408 (1987:165), Prager Platz: 130 (1987: 94), Südliches Tiergarten: 1.600-1.800 (1987: 1200), Südliche Friedrichstadt: 2.200-2.500 (1987: 1.200) en renovatie/and renovation: 3.000. Zelfhulp/Self-help: 300. Luisenstadt: 248 nieuwbouw en renovatie/new construction and renovation: 1.000. Zelfhulp/Self-help: 400. Kreuzberg SO36: 113 nieuwbouw/new construction
Initiatief/Initiative- Oplevering/Completion date:: 1977-1987

* Projecten uitgewerkt in plandocumentatie/Projects are elaborated on in the planning documentation.

Bronnen/Sources: *Internationale Bauausstellung Berlin 1987, Projektübersicht*, Bauausstellung Berlin GmbH, 1987.

Woningen van Baller & Baller op de hoek van de Fraenkelufer en de Admiralstrasse
Baller & Baller houses on the corner of Fraenkelufer and Admiralstrasse

In 1979 werd in Berlijn, 23 jaar na de realisatie van de Interbau (Hansaviertel), het initiatief genomen een nieuwe, grootschalige bouwtentoonstelling op te zetten. In 1987, het officiële einde van de tentoonstelling, was een groot aantal projecten gerealiseerd, dat echter nog maar de helft vormde van de bouwplannen. Het oorspronkelijke thema – de stad als woonplaats (*Der Stadt als Wohnort*) – werd uiteindelijk uitgewerkt in twee delen: stedelijke nieuwbouw (onder de noemer 'Kritische Rekonstruktion der Stadt') en stadsvernieuwing ('Behutsame Stadterneuerung'). Beide groepen projecten vormden een manifest tegen de stedenbouw in het naoorlogse Berlijn, die werd gekenmerkt door grootschaligheid, prefabricatie en het negeren van bestaande structuren en gebouwen. In de inleiding van het officiële projectoverzicht uit 1987 spreekt Josef Paul Kleihues, die leiding gaf aan het nieuwbouwdeel, van een dialoog tussen moderniteit en traditie die moet leiden tot de zogenaamde 'kritische reconstructie' van de stad.

Voor de IBA-nieuwbouw werden meerde stadsdelen aangemerkt. Een in onbruik geraakte haven bij Tegel werd getransformeerd tot een nieuwe woonwijk. Het masterplan hiervoor werd ontworpen door Charles Moore. Projecten van Tigerman, Hejduk en Stern vormen een staalkaart van het uit de Verengde Staten naar Europa oprukkende postmodernisme. In de wijk Südliches Tiergarten werd een ongekende typologische variatie met betrekking tot woningbouw in de stad gerealiseerd. De nieuwbouw bij de Rauchstrasse, met vrijstaande stadsvilla's op basis van een masterplan van Rob Krier, vond wereldwijd navolging.

In het derde gebied, de Südliche Friedrichstadt in het historische hart van Berlijn, stond de stedenbouwkundige 'aanheling' van de oorspronkelijke bouwblokkenstructuur centraal. Aldo Rossi, Peter Eisenman, O.M. Ungers, Rem Koolhaas, Hans Kollhoff, Rob Krier en vele anderen realiseerden projecten die een antwoord zochten op Kleihues' zoektocht naar een poëtisch rationalisme. Geen nostalgische terugblik of ironie, maar een terugvinden van een wereld waarin poiesis en ratio, metafoor en functie naast elkaar bestaan.

Het tweede onderdeel van de IBA Berlin 1987, onder de titel 'Behutsame Stadterneuerung', speelde zich geheel af in de negentiende-eeuwse wijk Kreuzberg. Uitgangspunten waren onder andere een stapsgewijze, op behoud gerichte vernieuwing van de bestaande bebouwing en openbare ruimte, en een vergaande participatie van bewoners. Nieuwbouw speelde een ondergeschikte rol; toch werden juist de twee projecten waar in het kader van de vernieuwing van bouwblokken ook nieuwbouw werd toegevoegd (van Alvaro Siza en Baller & Baller) iconen van dit onderdeel van de IBA.

Alle onderdelen bij elkaar genomen is de IBA Berlijn 1987 in schaal en betekenis tot op de dag van vandaag ongeëvenaard gebleven. (dvg)

In 1979, 23 years after the realization of the Interbau exhibition in Berlin's Hansaviertel district, the initiative was taken to organize a new, large-scale building exhibition in Berlin. When the exhibition officially ended in 1987, a large number of projects had been built, but together these amounted to only half of the construction plans. The original theme – the city as a place of residence (*Der Stadt als Wohnort*) – was eventually developed in two separate parts: new urban construction (under the title 'Kritische Rekonstruktion der Stadt') and urban renewal ('Behutsame Stadterneuerung'). Together, both groups of projects formed a manifesto against the urban development in post-war Berlin, which was characterized by large-scale projects, prefabrication and the ignoring of existing structures and buildings. In the introduction to the official project overview from 1987, Josef Paul Kleihues, who was in charge of the section relating to new construction, talked about a dialogue between modernity and tradition that was meant to lead to the so-called 'critical reconstruction' of the city.

For the new construction part of the IBA, various sections of Berlin were considered. A disused harbour near Tegel was transformed into a new residential area. The master plan for this project was designed by Charles Moore. Projects by Tigerman, Hejduk and Stern formed a kind of catalogue of postmodernism, which was advancing from the USA to Europe. In the Südliches Tiergarten district, a previously unprecedented typological variation in terms of Berlin housing was realized. The new building on the Rauchstrasse, with its detached urban villas based on a master plan designed by Rob Krier, inspired similar projects around the world.

In the third area, the Südliche Friedrichstadt in the historic heart of Berlin, the focus was on the urban 'completion' of the original building-block structure. Aldo Rossi, Peter Eisenman, O.M. Ungers, Rem Koolhaas, Hans Kollhoff, Rob Krier and many others realized projects that sought to answer Kleihues's quest for poetic rationalism. The idea was not to create a nostalgic look back, or to use irony, but rather to recover a world in which poiesis and rationality, metaphor and function, can coexist.

The second part of the IBA Berlin 1987, under the title 'Behutsame Stadterneuerung', took place entirely in the nineteenth-century Kreuzberg district. The starting ideas included a stepwise renovation of the existing buildings and public spaces, with an eye towards preserving them, coupled with extensive participation by the residents. New construction played only a minor role, although there were indeed two projects (by Alvaro Siza and Baller & Baller) that did add new buildings as part of the renovation of the building blocks, and these became icons of this part of the IBA.

When all of its components are considered together, the IBA Berlin 1987 still remains unrivalled in terms of scale and significance. (dvg)

a Tegel
b Prager Platz
c Tiergarten-Zuid / Südliches Tiergarten
d Friedrichstadt
e Kreuzberg SO36

1 Block 1
2 Block 70

0 1 5km

Voordat de IBA 'Behutsame Stadterneuerung' van start ging, waren veel woningen, onder groot protest van de bewoners, genomineerd voor sloop
Before the IBA ('Behutsame Stadterneuerung') was launched, many homes were under great protest from the residents, nominated for demolition

Internationale Bauausstellung Berlin 1987

IBA Berlijn 1987, logo (ontwerp Gerhard Milting)
IBA Berlin 1987, logo (design Gerhard Milting)

Alvaro Siza's woongebouw (*Bonjour Tristesse*) aan de Schlesischer Strasse was één van de eerste nieuwe gebouwen in het IBA-oudbouwgebied
Alvaro Siza's residential building (*Bonjour Tristesse*) on Schlesischer Strasse was one of the first new buildings in the IBA's old building area

Masterplan van J.P. Kleihues voor de IBA-nieuwbouwgebieden Friedrichstadt-zuid en Tiergarten-zuid (1984)
J.P. Kleihues's masterplan for the IBA's new building areas of Südliche Friedrichstadt and Südliches Tiergarten (1984)

Tekening zelfhulp in Kreuzberg SO36
'Self-help in Kreuzberg SO36' drawing

De grote maquette van Friedrichstadt-zuid laat zien hoe de IBA beoogde het patroon van straten en blokken, dat in de Tweede Wereldoorlog was verwoest, te herstellen
The large model of Südliche Friedrichstadt shows how the IBA aimed to restore the pattern of streets and housing blocks destroyed durring the second World War

Block 1

Oswald Mathias Ungers

Het door O.M. Ungers ontworpen bouwblok langs de Köthener Strasse ten zuiden van de Potsdammer Platz staat te boek als Block 1 van het IBA-nieuwbouwprogramma. Het traditionele model van het gesloten bouwblok is hier opnieuw geïnterpreteerd tot een carré met aan elke zijde twee poorten die toegang geven tot de binnenhof. De reductie van gevels, plattegrond en doorsnede tot een eindeloze reeks vierkanten, en de alzijdige symmetrie die zich niets aantrekt van de stedenbouwkundige situering, maken het blok bij uitstek een manifest van de idee van een 'autonome architectuur'.

The building block designed by O.M. Ungers along the Köthener Strasse to the south of Potsdamer Platz is known as Block 1 of the IBA's programme for new construction. The traditional model of a closed-off block was reinterpreted here as a square with two gates on each side offering access to the courtyard. Reducing the façades, the floor plan and the profile to an endless series of squares, as well as the biaxial symmetry that ignores the urban location, together make the block an eminent manifestation of the idea of 'autonomous architecture'.

Binnengebied van Block 1
Block 1 coutyard

Block 1 gezien vanaf de Bernburger Treppe
Block 1 viewed from the Bernburger Treppe

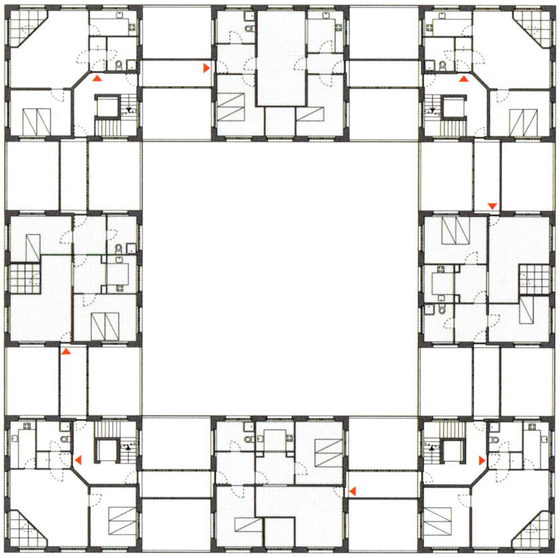

Tweede verdieping
Second floor

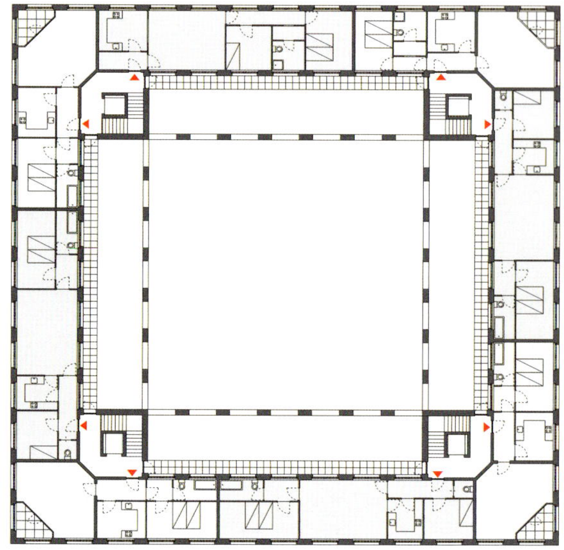

Vijfde verdieping
Fifth floor

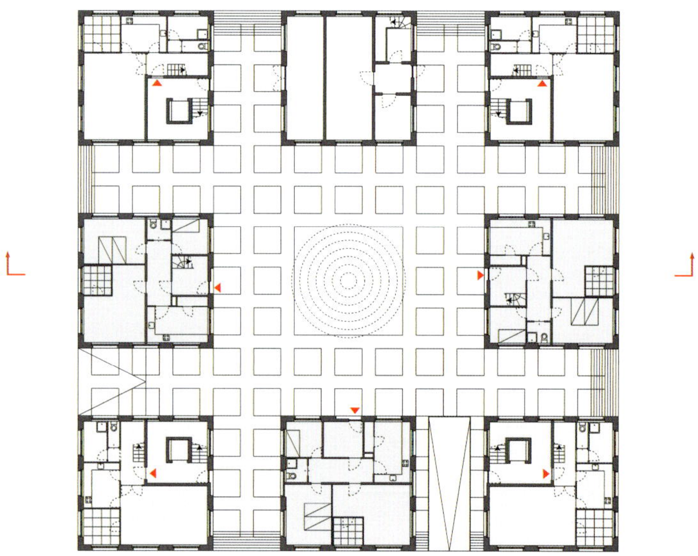

Begane grond
Ground floor

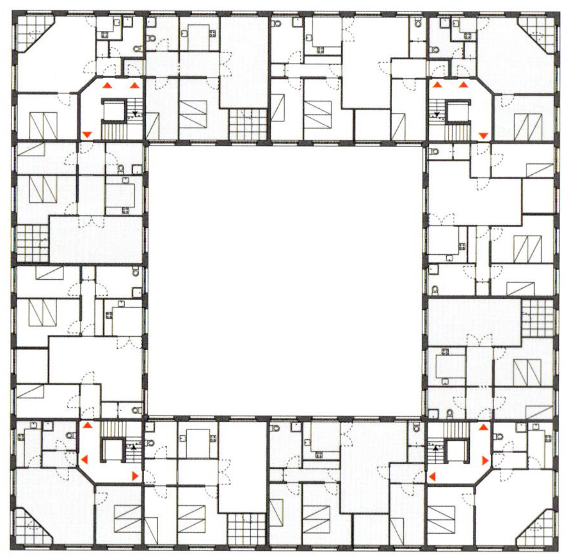

Derde/vierde verdieping
Third/fourth floor

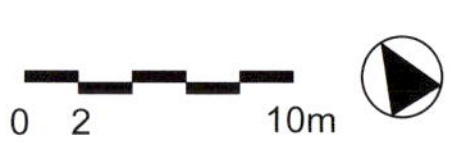

Doorgang naar het binnengebied vanaf de Bernburger Strasse
Thoroughfare to the courtyard from Bernburger Strasse

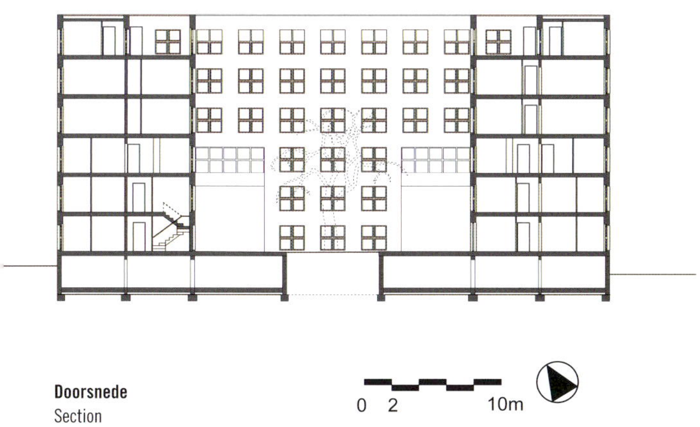

Doorsnede
Section

Doorzicht binnenhof
View through the courtyard

Block 70

Hinrich Baller & Inken Baller

Voor het onderdeel 'Behutsame Stadterneuerung' maakten de architecten Heinrich en Inken Baller een ontwerp voor het herstel van een deels verwoest bouwblok langs het Landwehrkanaal. Twee gaten in de gevelwand langs de Fraenkelufer en de hoek bij de Admiralstrasse werden met nieuwbouw ingevuld; de tussenliggende bebouwing werd gerenoveerd. Op het binnenterrein werd tegen een lange brandmuur een nieuw woonblok gebouwd. De nieuwbouw vormt met zijn wonderlijk expressieve en organische verschijning één geheel met de in dezelfde vormentaal ingerichte, openbaar toegankelijke tuin op het binnenterrein. Auto's staan geparkeerd onder het blok tegen de brandmuur, uit het zicht door de halfverdiepte aanleg en de uitbundige, quasi wilde begroeiing.

For the 'Behutsame Stadterneuerung' section of the exhibition, architects Heinrich and Inken Baller made a design for the restoration of a partially destroyed building block along the Landwehrkanaal. Two gaps in the façade wall that ran along the Fraenkelufer and the corner of the Admiralstrasse were filled in with new buildings, and the buildings in between these were renovated. In the courtyard, a new residential block was built against a long firewall. With their wonderfully expressive and organic appearance, these new buildings form a whole with the publicly accessible garden in the courtyard, which was designed in the same style. There was space for cars to be parked under the block that was set against the firewall, placing them out of sight as a result of the semi-underground construction and the abundant, almost wild vegetation.

Eén van de woongebouwen van Baller & Baller aan de Fraenkelufer
One of the residential buildings along the Fraenkelufer

Onder de woningen die tegen de brandmuur zijn gebouwd, bevinden zich halfverdiepte parkeerplaatsen
Under the homes built against the firewall is semi-underground car parking

Binnentuin met het woonblok dat tegen de brandmuur is gebouwd
Courtyard with the residential block built against the firewall

Van onder naar boven: kelder, begane grond, standaardverdieping en vijfde verdieping

From bottom to top: basement, ground floor, typical floor and fifth floor

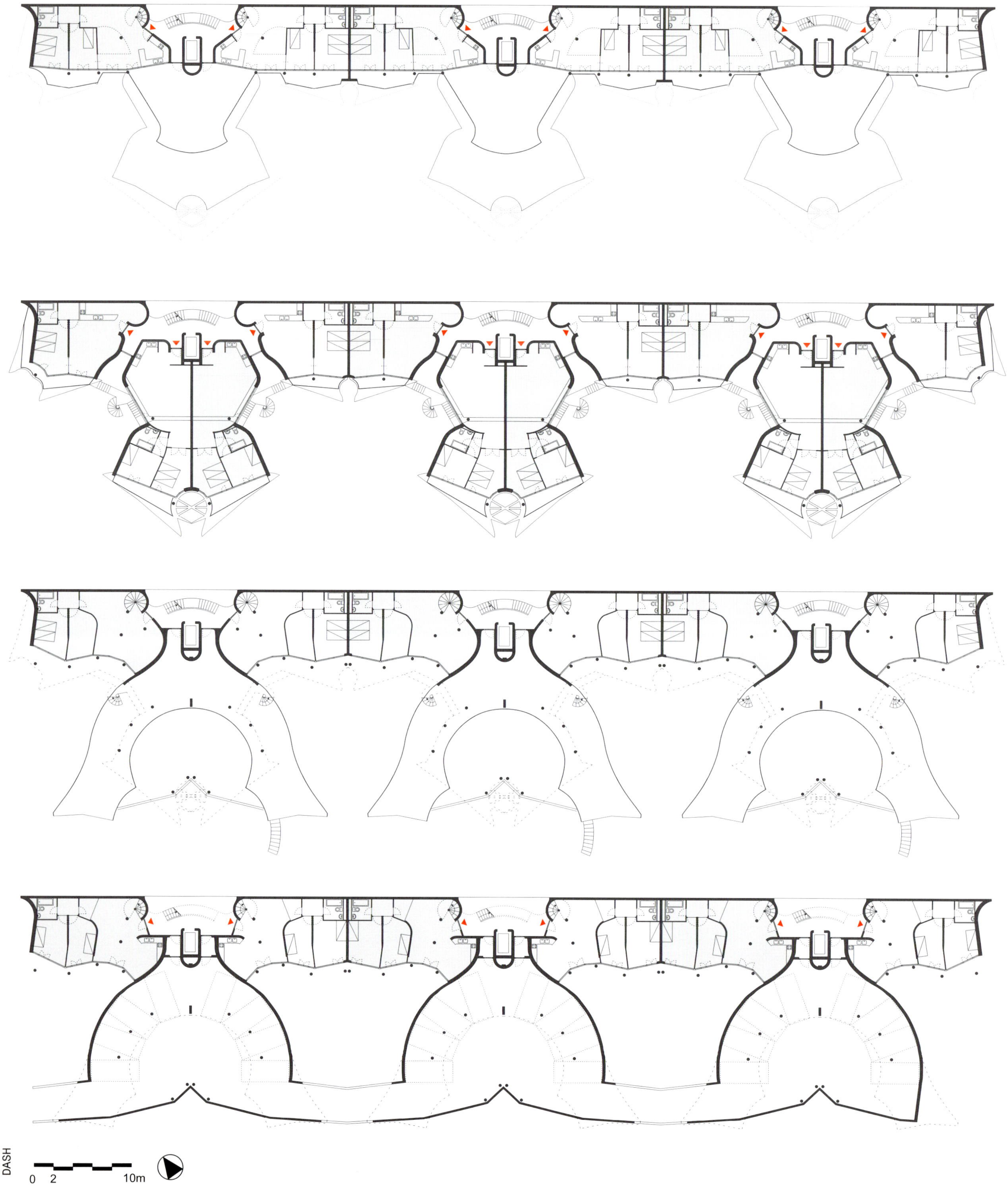

Van links naar rechts: begane grond, eerste-, derde-, vierde- en zesde verdieping

From left to right: ground floor, first-, third-, fourth- and sixth floor

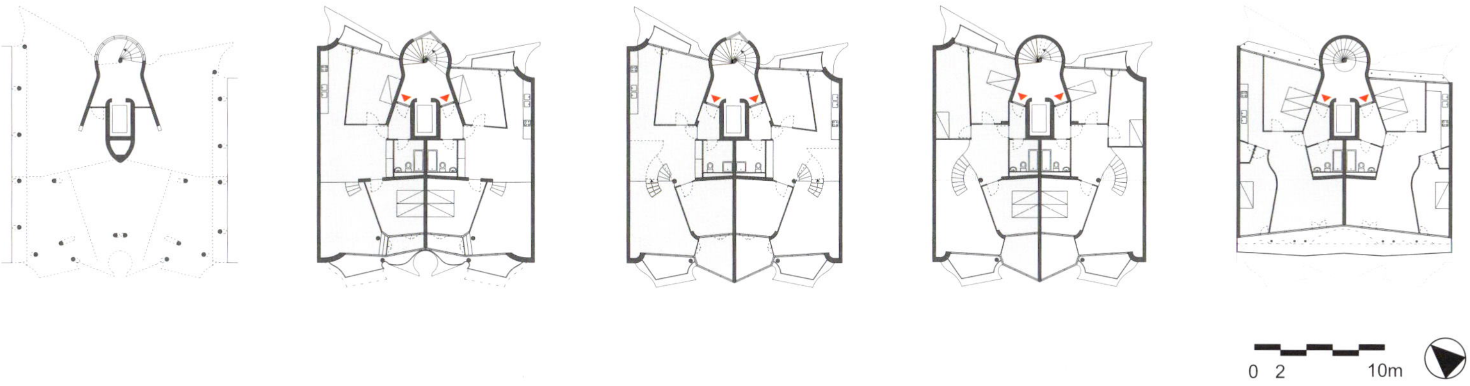

Onderdoorgang vanuit de binnentuin richting Fraenkelufer

Underpass connecting the courtyard to Fraenkelufer

Onder de woningen die tegen de brandmuur zijn gebouwd, bevinden zich halfverdiepte parkeerplaatsen

Under the homes built against the firewall is semi-underground car parking

Doorsnede

Section

Bo01 City of Tomorrow Malmö

Klas Tham et al.

Bo01 City of Tomorrow: Barometergatan, Propellergatan, Sundspromenaden, Västra Varvsgatan, Malmö, Zweden/Sweden
Initiatief/Initiative: Malmö Stad/The City of Malmö (Local Investment Programme-LIP), Bo01 AB (Svensk Bostadsmassa), Sydkraft AB, Zweedse staat/the Swedish state, Europese Unie/the European Union

Ontwerp woningen/Design of the homes: 26 architecten/architects, o.a./including Bengt Anderson & White Arkitekter (Solid Wood-The Swedish House-European Village); Bjørn Larsen & Kild Halby Kirkegaard (The Norwegian House-European Village*); Erskine & Tovatt Arkitektkontor AB (Scaniaplatsen); Moore Ruble Yudell Architects and Planners (Tango*), Nyréns Arkitektkontor (Kajpromenaden); White AB, Malmö (Havshuset); Wingårdh Arkitektkontor AB (Kajplats 01)
Stedenbouwkundig plan/Urban plan: *Quality Programme* en masterplan door Klas Tham (hoofdontwerper en programmacoördinator)/*Quality Programme* and masterplan by Klas Tham (lead designer and project coordinator), Stadsbyggnadskontoret *(Malmö City Planning Office)*

Landschapsarchitect/Landscape architect: Jeppe Aagaard Andersen
Supervisie/Supervision: Klas Tham
Aantal woningen (totaal)/Number of homes (total): 350 (2001), 650 (2006), 1400 bewoners/inhabitants. Prognose Västra Hamnen bij volledige realisatie: 30.000 inwoners; dichtheid: 40 won/ha/ Västra Hamnen's prognosis when fully completed: 30,000 inhabitants; density: 40 homes/ha
Aantal woningen (per project)/Number of homes (per project): The Norwegian House: 14; Tango: 27
Plangebied/Planning area: 25 ha (Västra Hamnen: 160 ha)
Initiatief/Initiative- Oplevering/Completion date: 1995-2001
Tentoonstelling/Exhibition: 17 mei-16 september 2001/17 May - 16 September 2001

* Projecten uitgewerkt in projectdocumentatie/Projects are elabrated on in the planning documentation

Bronnen/Sources:

Kate Givan, *What does good leadership look like? Lessons from Bo01, Sweden* (Edinburgh: Architecture and Design Scotland, 2010).
Bengt Persson (red./ed.), *Sustainable City of Tomorrow. Bo01 – Experiences of a Swedish Housing Exposition* (Stockholm: Formas, 2005).
CMHC, *Innovative Buildings. Bo01 Sustainable Housing Development Malmö, Sweden* (Canada Mortgage and Housing Corporation, 2005).
G.E. Kidder Smith, *Sweden Builds* (New York: Reinhold Publishing Corporation, 1957).
Andrew Jamison, 'Greening the City: Urban Environmentalism from Mumford to Malmö', Mikael Hård & Thomas J. Misa (red./ed.), *Urban machinery: inside modern European cities* (Cambridge, MA: MIT Press, 2008), 281-298.
http://www.water-in-zicht.nl/projecten/bo01-malmo-zweden (geraadpleegd/accessed 19 juni/June 2013).
http://projects.iea-shc.org/task39/projects/projects/DNH.pdf (geraadpleegd/accessed 19 juni/June 2013).
http://www.moorerubleyudell.com/projects/tango-bo01-exhibition-housing# (geraadpleegd/accessed 19 juni/June 2013).
http://www.archnewsnow.com/features/Feature34.htm (geraadpleegd/accessed 19 juni / June 2013).

Sundspromenaden met op de achtergrond de woonblokken van de woningbouwtentoonstelling ViBo i Ribershus uit 1938
Sundspromenaden with the blocks of the 1938 ViBo i Ribershus housing exhibition in the background

Malmö, met 270.000 inwoners de derde stad van Zweden, is sinds 2000 door de brug over de Öresund met Kopenhagen verbonden, maar had een imago van verloederde havenstad. Om daar vanaf te komen vatte de stad het plan op – samen met de Zweedse staat en een reeks andere partners – zich conform het *LIP* (Local Investment Programme, 1998-2003) te ontwikkelen tot een voorbeeldig duurzame stad. Als vliegwiel daarvoor diende de woningbouwtentoonstelling 'Bo01 Framtidsstaden' (City of Tomorrow) in *Västra Hamnen* (Westelijk Havengebied), die aan de hand van een kwaliteitsprogramma richtlijnen gaf voor een gevarieerde architectonische verschijningsvorm en kwaliteit, ecologische materiaalkeuze, 100 procent hergebruik van energie, groene publieke ruimten en technische infrastructuur. Bo01 is schatplichtig aan de twintigste-eeuwse woningbouwtraditie in Zweden, waar het overgrote deel van de bevolking in (kleine) appartementen in de steden woont, in een hoge dichtheid. De wijkeenheid uit de jaren 1940, die de Zweedse verzorgingsstaat symboliseerde, bestond uit woningen en een centrum met alle denkbare voorzieningen. Dit model is als inspiratiebron voor Bo01 gebruikt.

Het voornaamste doel van de tentoonstelling was een debat op gang te brengen over de vraag: 'hoe we vandaag leven en hoe we dat in de toekomst willen doen, en om te streven naar het beste in esthetisch en ecologisch opzicht en in schone technologie, waarbij de behoeften van de mensen centraal staan; duurzaamheid is daarbij naast de meest verstandige optie ook de meest attractieve,' aldus hoofdontwerper en programmacoördinator prof. Klas Tham (in samenwerking met *Stadsbyggnadskontoret*). Tham's absolute passie voor de mens spreekt uit zijn stedenbouwkundige ontwerpen, waarin aspecten als onthulling, verrassing, rijkdom, complexiteit en intimiteit worden verwerkt. Bo01 zou – naast woningbouw – vooral moeten gaan over duurzame stedelijke ontwikkeling. In Tham's stedenbouwkundig plan biedt een buitenring van appartementengebouwen langs de kaden van de Öresund beschutting aan appartementenblokken en laagbouw met grondgebonden woningen en een *twisted* stratenpatroon (volgens Tham 'een grid dat is vervormd door de wind') langs een zoutwaterkanaal en *Ankarparken*. De twist wordt halverwege het kanaal geaccentueerd door *The Turning Torso*, een 190 m hoge toren, ontworpen door Santiago Calatrava, en pas opgeleverd in 2006. Hoewel dit project door vertraging buiten de eigenlijke tentoonstelling viel, is het een landmark in de moderne traditie van gisteren waarmee Malmö zich als stad van de duurzame stedelijke ontwikkeling van morgen aan de wereld wil presenteren.

Bo01 is een *best practice example pilot project* voor een duurzaam stadsdeel met een gemengd woningaanbod en aanvullend stedelijk programma geworden, voorzien van 100 procent vernieuwbare energie. De autovrije openbare ruimte (parkeernorm: 0,7 per woning) maakt aantrekkelijke fietsroutes en wandelingen mogelijk. Hergebruik van water, grondstoffen en afval, en gebruik van natuurlijke bronnen zoals zon en wind kenmerken Bo01. Het aanmoedigen van een grote diversiteit in architectuur, zonder beperkingen op te leggen, maakte van de wijk een buitengewoon laboratorium dat resulteerde in een aantrekkelijk woongebied. (pk)

Malmö, with its 270,000 inhabitants, is the third-largest city in Sweden. Since 2000, Malmö has been connected to Copenhagen by the Öresund Bridge, yet it has continued to struggle with its image as a dilapidated port city. To shed this image, the city developed a plan (together with the Swedish state and a range of other partners) to transform Malmö into an exemplary sustainable city, in accordance with the *LIP* (Local Investment Programme, 1998-2003). A flywheel in this process was the housing exhibition known as 'Bo01 Framtidsstaden' (City of Tomorrow), which was held in the *Västra Hamnen* (Western Harbour) section of Malmö. On the basis of a quality programme, this exhibition offered guidelines in terms of a varied architectural appearance and quality, the use of ecological materials, energy that is 100 percent recoverable, green public spaces and technical infrastructure. Bo01 is indebted to the twentieth century housing tradition in Sweden, where the majority of the population lives in (small) apartments in the cities, with a high degree of density. The 1940s notion of the 'neighbourhood unit', which symbolized the Swedish welfare state, consisted of houses and a downtown centre with all imaginable amenities. This model was used as the inspiration for Bo01.

According to the lead designer and programme coordinator Professor Klas Tham (in collaboration with the *Stadsbyggnadskontoret,* or City Planning Office), the main purpose of the exhibition was to prompt a debate on the question of 'how we live today, and how we want to live in the future, striving for the best in aesthetic and ecological terms, and also in terms of clean technology, with the needs of the people being the main focus; in this process, sustainability is not only the most sensible option, but also the most attractive one.' Tham's absolute passion for people is expressed in his urban designs, which include aspects such as reveals, surprise, richness, complexity and intimacy. In addition to a housing focus, Bo01 was also concerned with sustainable urban development. In Tham's urban plan, an outer ring of apartment buildings along the quays of the Öresund offers shelter to apartment blocks and low-rise buildings, with land-bound dwellings and a 'twisted' street pattern ('a grid', as Tham puts it, 'that has been distorted by the wind') along a saltwater canal and *Ankarparken.* Halfway along the canal, the twist is accentuated by *The Turning Torso*, a 190 m tower designed by Santiago Calatrava that was not completed until 2006. Although delays meant that this project was not included in the actual exhibition, it is a landmark in the modern tradition of yesterday, one with which Malmö wants to present itself to the world as a city of sustainable urban development.

Bo01 has become a 'best practice example pilot project' for a sustainable neighbourhood with a varied range of homes and an additional urban programme, replete with 100 per cent renewable energy. The car-free public space (parking ratio: 0.7 per dwelling) allows for attractive cycling and walking trails. Bo01 is characterized by the recycling of water, raw materials and waste, as well as the use of natural resources such as solar and wind energy. By encouraging architectural diversity without imposing any restrictions, it has turned the area into an extraordinary laboratory and this has resulted in an attractive residential neighbourhood. (pk)

1 Tango
2 Det Norske Hus

Hoge woonbebouwing aan de kade, Barometergatan gezien richting zuiden
Tall residential buildings along the waterfront, Barometergatan seen heading south

***The Turning Torso* van Santiago Calatrava**
Santiago Calatrava's *Turning Torso*

Zicht op de brug over de Öresund
View on the Öresund bridge

Lage woonbebouwing in het middengebied. Salonsgatan
Low-rise residential in the central area. Salonsgatan

Luchtopnamen tijdens de bouw en na voltooiing
Aerial views during construction and after completion

Tango

Moore Ruble Yudell Architects and Planners & SWECO FFNS Arkitekter

De 27 huurwoningen met hun unieke plattegronden zijn nauw op elkaar betrokken. Alle woonkamers bevinden zich in een reeks glazen paviljoens die als bont gekleurde torens verdraaid ten opzichte van elkaar rond een collectieve tuin zijn gearrangeerd. De rechthoekige buitenrand van het gebouw volgt het onderliggende stedenbouwkundige blokkenpatroon. De woningen zijn uitgerust met een centraal in de plattegrond gesitueerde 'intelligente wand': een houten paneelwand die diverse functies bevat en verschillende inrichtingen mogelijk maakt, en daarnaast het dagelijkse stroom- en energieverbruik registreert. De daken zijn bedekt met gras en foto-voltaïsche panelen ten behoeve van passieve verwarming en koeling. *Tango* combineert dichtheid met duurzaamheid.

The 27 rental apartments, with their unique floor plans, are all closely related. All of the living rooms are located in a series of glass pavilions arranged as brightly coloured towers that twist around each other enclosing a collective garden. The rectangular perimeter of the building follows the underlying urban planning pattern of blocks. The houses are equipped with an 'intelligent wall' that is centrally situated in the floor plan; this a wall made of wooden panels that fulfils various functions, and allows for different spatial arrangements; it also records the daily use of electricity and energy. The roofs are covered with grass and photovoltaic panels for the purposes of passive heating and cooling. *Tango* combines density with sustainability.

Eerste verdieping
First floor

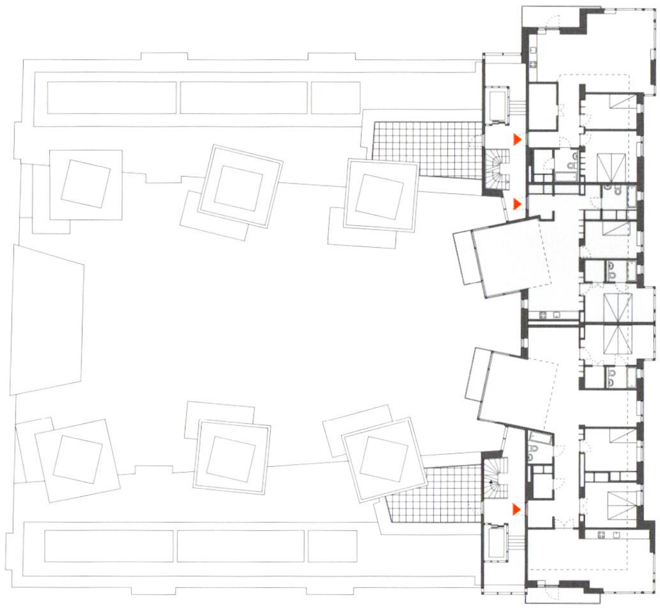

Derde verdieping
Third floor

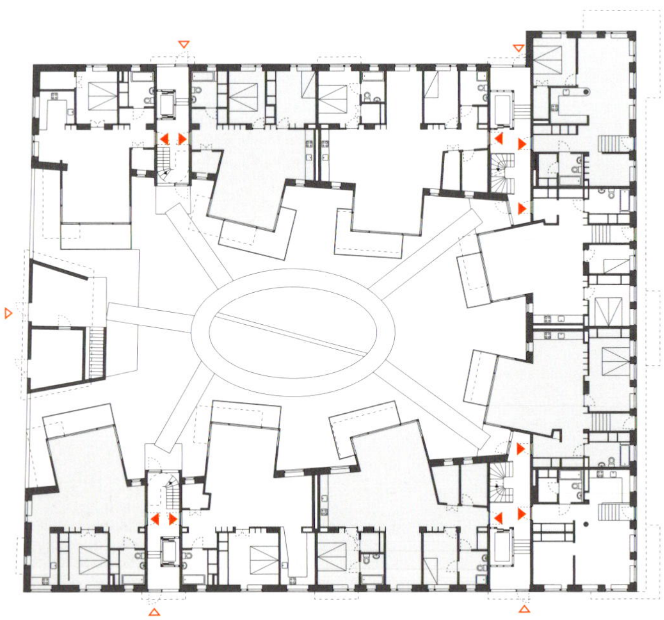

Begane grond
Ground floor

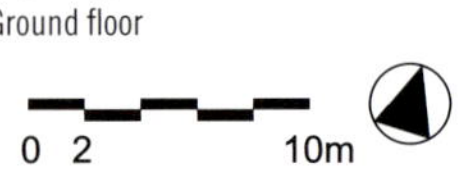

Tweede verdieping
Second floor

Salonsgatan, het woongebouw is hier slechts twee lagen hoog
Salonsgatan, the residential building is only two storeys tall

Bont gekleurde torens in het binnengebied met daarin de woonkamers
Brightly colored towers containing the living areas in the central area

Rodergatan, de buitenzijde van het blok is vijf lagen hoog en heeft een formele expressie
Rodergatan, the outside of the block is five storeys tall and formal in its expression

Det Norske Hus

Bjørn Larsen

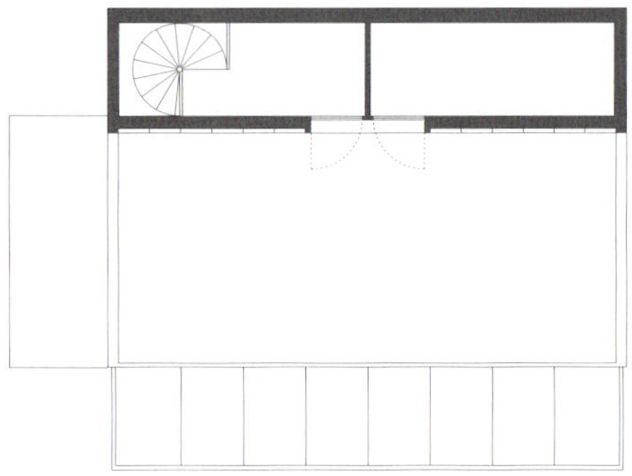

Tweede verdieping
Second floor

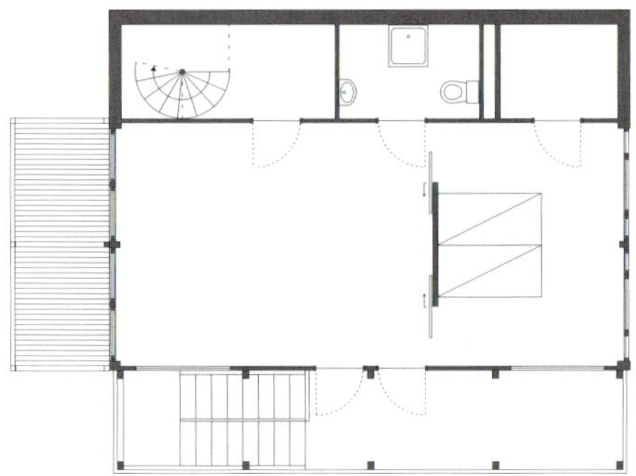

Eerste verdieping
First floor

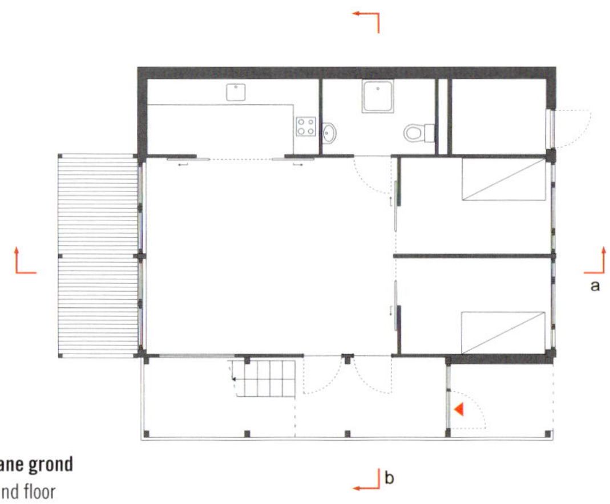

Begane grond
Ground floor

'The European Village' was opgezet om de Europese richtlijnen voor bouwproducten te testen. Er dienden 19 verschillende eengezinswoningen gebouwd te worden in twee stroken grondgebonden rijtjeswoningen aan weerszijden van het kanaal, in het noordelijke deel van Bo01. De architecten uit de deelnemende landen zouden zowel de architectuur als de bouwtraditie uit hun land presenteren, maar zich ook van elkaar onderscheiden door bepaalde duurzame technieken en strategieën die in het thuisland werden toegepast. Men hoopte dat de expositie een publiekstrekker zou worden. Er werden echter maar 12 woningen gebouwd die pas drie maanden na de opening van Bo01 werden opgeleverd en na sluiting van de tentoonstelling werden verkocht. De overgebleven kavels zijn in 2004 in één keer opgevuld met rijtjeswoningen naar ontwerp van Packverk (Ulf Karmebäck).

Het ecologische concept van *Det Norske Hus* in 'The European Village' is gebaseerd op het gebruik van bestaande, in de markt verkrijgbare technologie. De constructie is opgebouwd uit massief hout en er wordt zonne-energie benut voor warm water en verwarming. Het collectoroppervlak à 16 m^2 zorgt voor 35 procent van de totale warmtevraag in de woning. De geproduceerde zonne-energie wordt opgeslagen in een 2000 liter opslagtank en gebruikt voor vloerverwarming. Architect en ontwikkelaar beoogden het energieverbruik met 25 procent te reduceren ten opzichte van de Noorse standaard.

'The European Village' was designed to test the European guidelines for construction materials. It was to consist of 19 different single-family homes built on two strips of ground-level terraced houses on either side of the canal, in the northern part of Bo01. The architects from the participating countries were to present both the architecture and the building traditions of their respective countries, but were also meant to distinguish themselves by using sustainable techniques and strategies that were already being used in their home country. It was hoped that the exhibition would be popular with audiences. But ultimately only 12 homes were built, and these were not completed until three months after Bo01 had opened, and were sold after the exhibition was over. The remaining lots were all filled in at once in 2004, with terraced houses based on a design by Packverk (Ulf Karmebäck).

The ecological concept of *Det Norske Hus* within 'The European Village' is based on the use of existing, commercially available technology. The structure is made of solid wood, and solar energy is used for hot water and heating. The surface area of the collectors, 16 m^2, provides 35 per cent of the house's total heating needs. The solar energy that is generated is stored in a 2000-litre storage tank, and is used for heating the floors. The architect and developer were aiming to reduce energy consumption by 25 per cent compared to the Norwegian standard.

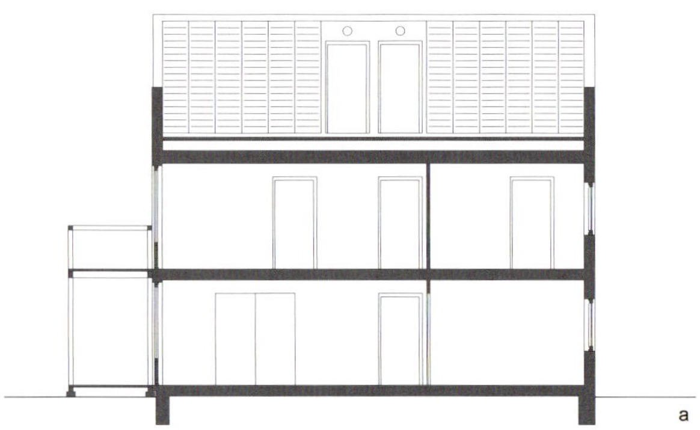

Serre aan de zuidzijde
Conservatory on the south side

Zicht op *Det Norske Hus* en 'The European Village'
View towards *Det Norske Hus* and 'The European Village'

IBA Hamburg

Uli Hellweg (directeur/director)

IBA: Harburg, Veddel, Wilhelmsburg Mitte, Hamburg
Initiatief/Initiative: gemeente Hamburg/City of Hamburg, IBA Hamburg GmbH
Bouwtentoonstelling in de bouwtentoonstelling/Building exhibition within the building exhibition: Am Inselpark, Neuenfelderstrasse, Hamburg
Ontwerp woningen/Design of the homes: o.a./including Brandlhuber + NiehüserS Architekten/Kleffel Papay Warncke Architekten*, Bieling Architekten (Hybrid Houses), Zillerplus Architekten und Stadtplaner, SPLITTERWERK/Arup GmbH/B+G Ingenieure/Immosolar GmbH*, Kennedy & Violich Architecture, Institut für urbanen Holzbau/Architekturagentur* (Smart Material Houses), BeL Sozietät für Architektur BDA, Adjaye Associates, planpark architekten, Fusi & Ammann Architekten (Smart Price Houses), Schenk + Waiblinger Architekten (Water Houses)
Stedenbouwkundig plan/Urban plan: Jo Coenen Architects & Urbanists (masterplan prijsvraag/competition *Wilhelmsburg Mitte*); Rolo Fütterer, Metropolitan Architecture Research Studio & Agence Ter Landschaftsarchitekten (realisatie/completion masterplan)
Supervisie/Supervision: Uli Hellweg (directeur/director), et al.
Initiatief/Initiative- Oplevering/Completion date: 2004-2013
Tentoonstelling/Exhibition: 2007-2013

* Projecten uitgewerkt in plandocumentatie/Projects are elaborated on in the planning documentation.

Bronnen/Sources:
O. Hamm (red./ed.), *IBA Hamburg Projekte und Konzepte, Katalog zur Zwischenpräsentation 2010* (Berlijn: Jovis Verlag, 2010).
J. Vitt, D. Oberthür & A. Schüsler, *Smart Material Houses, Dokumentation*, IBA Hamburg, 2012.
www.iba-hamburg.de

Groene as door het nieuwe woongebied. Rechts op de voorgrond de *Woodcube*, daarachter het project *Smart is Green*
Green axis through the new residential area. In the foreground, right, the *Wood Cube*, behind the *Smart is Green* project

In navolging van andere recente IBA-tentoonstellingen beslaat IBA-Hamburg 2013 een groot gebied, waar een breed scala aan onderwerpen wordt aangeroerd. De activiteiten spelen zich af op de riviereilanden Wilhelmsburg en Veddel. Op deze *Elbeinseln* (Elbe-eilanden) met hun stedelijke, industriële en landschappelijke karakteristieken, worden de drie hoofdthema's van IBA aan de orde gesteld: De multiculturele stad (*Kosmopolis*), Ecologie, duurzaamheid en klimaat (*Stadt im Klimawandel*) en Binnenstedelijke periferieën (*Metrozonen*). Met die laatste worden verkeersaders, moeraslanden of verlaten industrieterreinen bedoeld, die bij de stad horen, maar nog niet zijn ontwikkeld. Ongeveer 50 projecten zullen in het kader van IBA-Hamburg gerealiseerd worden, waarvan vele intussen daadwerkelijk zijn opgeleverd.

Onder de titel 'bouwtentoonstelling binnen de bouwtentoonstelling' is in het centrum van Wilhelmsburg een experimenteel woonprogramma uitgevoerd. De projecten zijn bedoeld woonconcepten te laten zien die relevant zijn voor de metropool van de eenentwintigste eeuw. De vier gekozen thema's zijn: veranderende gebruikspatronen (*Hybrid Houses*), slimme materialen (*Smart Material Houses*), betaalbare woningen (*Smart Price Houses*) en wonen met water (*Water Houses*). Voor elk thema is een prijsvraag uitgeschreven, waarna uit de inzendingen tien projecten zijn gekozen om gebouwd te worden.

Bij Hybrid Houses gaat het om flexibiliteit. Hoe kan door middel van het woningontwerp ingespeeld worden op de snel veranderende leefpatronen van de hedendaagse maatschappij en, meer specifiek, op de toenemende trend van telewerken? Oplossingen liggen in een combinatie van functionele flexibiliteit (bijvoorbeeld wisselruimten) en een uitgekiende draagconstructie die toekomstige veranderingen in de woningindeling mogelijk maakt. De *Smart Material Houses* proberen door toepassing van dynamische materialen en producten zowel de duurzaamheid als het wooncomfort te verbeteren. Als een woning door de fysische of chemische eigenschappen van de gebruikte materialen kan inspelen op veranderingen in de omgeving, kan een energiezuiniger en prettiger gebouw worden gerealiseerd. De *Smart Material Houses* stellen zodoende het statische karakter van de gebouwde wereld ter discussie.

Inventief materiaalgebruik speelt ook een rol bij de *Smart Price Houses*, maar dan minder gericht op technologische oplossingen. Doel van de *Smart Price Houses* is om te onderzoeken of betaalbare woningbouw mogelijk is door middel van productietechnieken (prefabricatie, automatisering, enz.) of alternatieve financieringsstrategieën (zelfbouw of collectief opdrachtgeverschap). De *Water Houses* ten slotte beogen ideeën te tonen zowel bij de toepassing van water (wateropslag of waterzuivering) als op esthetisch vlak.

Of de gerealiseerde plannen navolging zullen krijgen, laat zich nog niet voorspellen; daarvoor hebben de gepresenteerde concepten meer tijd nodig om zich te bewijzen. Maar gezien de grote media-aandacht, vooral voor de soms ingenieuze *Smart Material Houses*, vervullen ze in ieder geval hun rol als inspiratiebron en waardevol experiment. (pvdp)

Much like other recent IBA exhibitions, IBA Hamburg 2013 covers a large area, and also touches on a wide range of topics. The activities take place on the river islands of Wilhelmsburg and Veddel. On these *Elbeinseln* (Elbe islands), with their unique urban, industrial and geographical characteristics, the IBA's three main themes are addressed: the multicultural city (*Cosmopolis*), ecology, sustainability and climate (*Stadt im Klimawandel*), and urban peripheries (*Metrozonen*). This latter theme refers to traffic arteries, wetlands or abandoned industrial sites that are part of the city, but that have not yet been developed. About 50 projects will be realized in the framework of IBA Hamburg, many of which have already been completed.

Under the title 'building exhibition within the building exhibition', an experimental residential programme will take place in the centre of Wilhelmsburg. The projects are meant to showcase residential concepts that are relevant to the metropolis of the twenty-first century. The four chosen themes are: changing patterns of use (*Hybrid Houses*), smart materials (*Smart Material Houses*), affordable housing (*Smart Price Houses*), and living with water (*Water Houses*). For each theme there is a competition, and from these entries ten projects have been selected to be built.

Hybrid Houses is all about flexibility. How can housing design be used to respond to the rapidly changing lifestyles of today's society and, more specifically, to the growing trend of telecommuting? The solutions are to be found in a combination of functional flexibility (for example, multifunctional spaces) and a clever support structure that will allow changes to be made to the home's layout in the future. And by their use of dynamic materials and products, the *Smart Material Houses* aim to improve both sustainability and residential comfort. When the physical or chemical properties of the materials used in a home can respond to changes in the environment, a more energy-efficient and comfortable building can be achieved. In this way, the *Smart Material Houses* project calls into question the static nature of the built environment.

The inventive use of materials also plays a role in the *Smart Price Houses*, but in a way that is less focused on technological solutions. The purpose of the *Smart Price Houses* is to investigate whether affordable housing can be made more feasible by means of production techniques (for example prefabrication, automation, etcetera) or via alternative financing strategies (self-built housing or collective commissioning). And the goal of the *Water Houses* is to showcase ideas having to do with the use of water (water storage and water purification), as well as ideas involving the aesthetics of water.

We do not yet know whether these realized plans will catch on; the concepts that are presented here will need more time to prove themselves. But given the substantial coverage in the media, especially for the often ingenious *Smart Material Houses*, these concepts have in any case fulfilled their role as a source of inspiration and valuable experimentation. (pvdp)

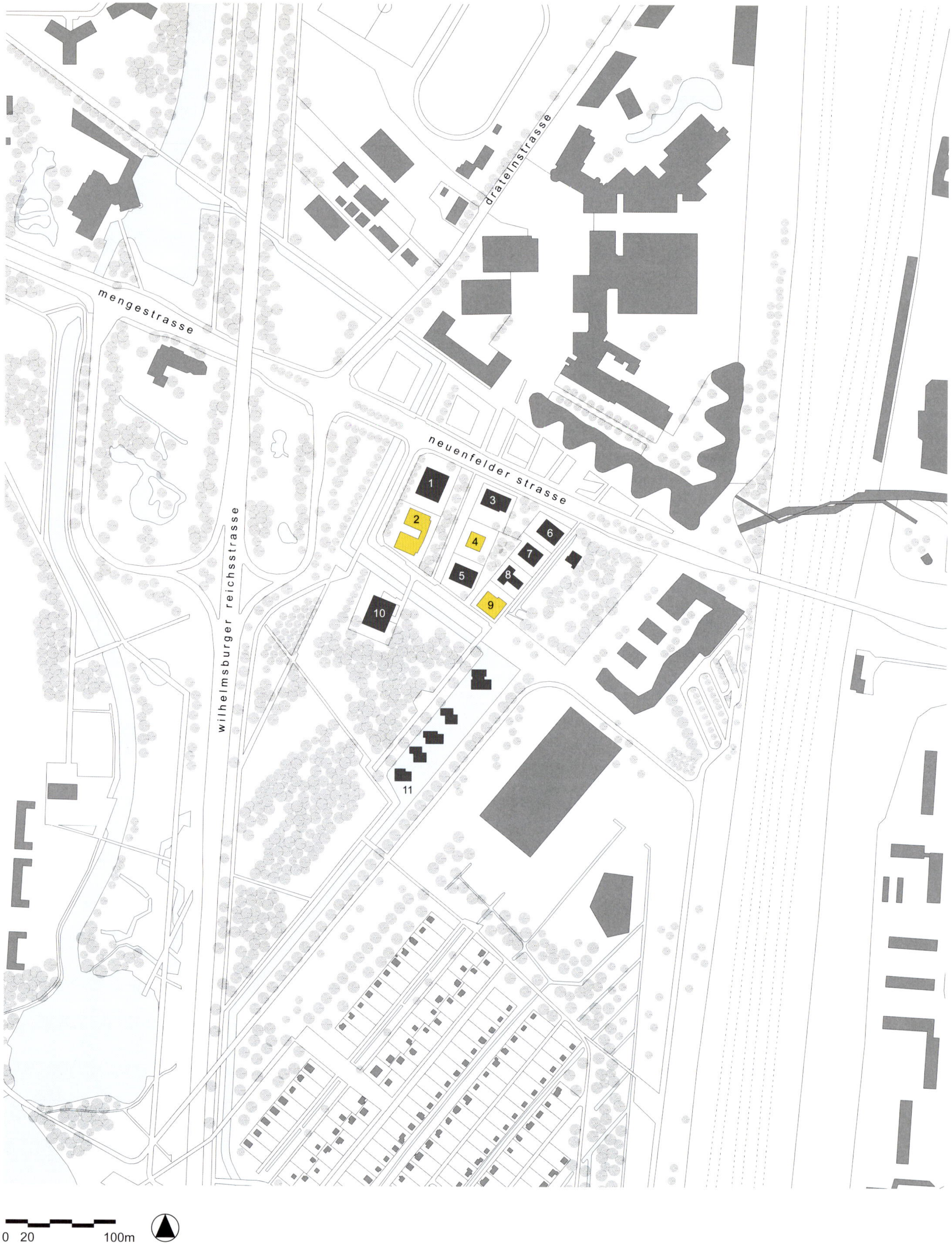

1 Hybrid House
2 Hybrid Houses
3 Smart is Green
4 Woodcube
5 Softhouse
6 Do it yourself
7 CSH Casestudy
8 Smart Price House
9 BIQ
10 Hybrid Development
11 Water Houses

Centraal Wilhelmsburg, juni 2013
Centre of Wilhelmsburg, June 2013

De *Water House*, ontworpen door Schenk + Waiblinger Architekten
The *Water House*, designed by Schenk + Waiblinger Architekten

Het project *Grundbau und Siedler* (*Smart Price Houses*), ontworpen door BeL Sozietät für Architektur
The *Grundbau und Siedler* (*Smart Price Houses*) project, designed by BeL Sozietät für Architektur

Project *Case Study #1* (*Smart Price Houses*), ontworpen door Fusi & Ammann Architekten
Case Study #1 (*Smart Price Houses*) project, designed by Fusi & Ammann Architekten

BIQ (Smart Material House)

SPLITTERWERK, Arup GmbH, B+G Ingenieure, Immosolar

De bezonde gevels van woongebouw *BIQ* zijn uitgerust met een 'biohuid' waarin algen zich door fotosynthese vermenigvuldigen. Deze biomassa wordt verzameld en naar een technische ruimte vervoerd waar het fermenteert en energie levert voor de verwarming van het gebouw. De algen zijn zowel een energiebron als zonwering en warmte-isolatie voor de woningen. De in de gevel opgebouwde warmte wordt direct gebruikt voor warm water of wordt in de grond opgeslagen voor later gebruik.

The sunlit façades of the *BIQ* residential building are equipped with a 'bio skin' that allows algae to multiply via photosynthesis. This biomass is collected and transported to a technical area where it ferments, thereby providing energy to heat the building. The algae are both a source of energy and a form of sunshade and thermal insulation for the homes. The heat that is generated in the façade is either immediately used for hot water or otherwise stored in the ground for later use.

Tweede verdieping
Second floor

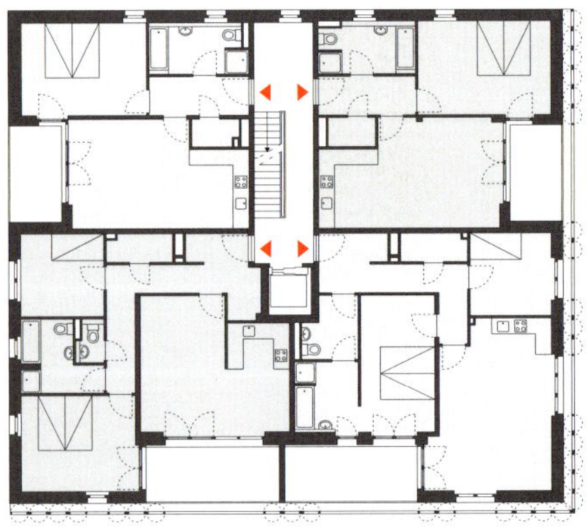

Eerste verdieping
First floor

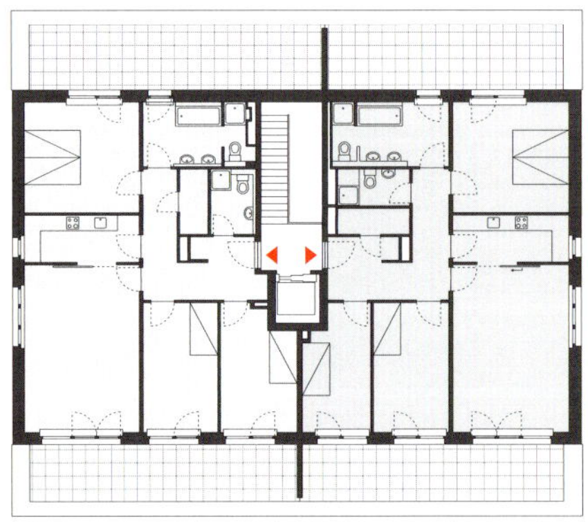

Vierde verdieping
Fourth floor

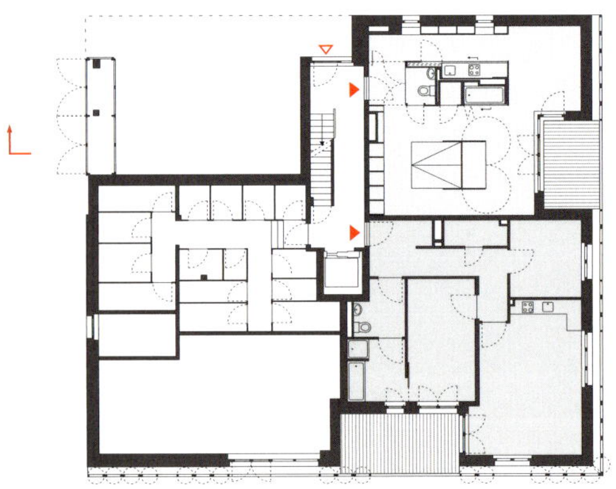

Begane grond
Ground floor

Derde verdieping
Third floor

Flexible interieurs maken het mogelijk de woningen naar eigen behoefte aan te passen
Flexible interiors make it possible to adapt the houses to fit one's specific needs

Zuidwestgevel van het *BIQ House*
Southwest façade of the *BIQ House*

Zuidoostgevel van het *BIQ House*
Southeast façade of the *BIQ House*

Algenreactor in de gevel van het *BIQ House*
Algae reactor in the façade of the *BIQ House*

Woodcube (Smart Material House)

Institut für urbanen Holzbau, Berlijn/Berlin
met/with Architekturagentur, Stuttgart

Het vijf verdiepingen hoge *Woodcube* is, op de betonnen kern en de beglazing na, volledig opgebouwd uit onbehandeld hout. De warmte-isolerende werking van het hout in combinatie met een geveldikte van 32 cm, betekent dat er geen isolatiemateriaal nodig is. Ook het gebruik van folies, lak of chemicaliën is achterwege gebleven. Doordat de gevels dragend zijn, zijn de vloervelden vrij indeelbaar, wat een grotere woningtypologische vrijheid tot gevolg heeft.

The five-storey *Woodcube* is built entirely of untreated wood, except for its concrete core and glass elements. The heat-insulating effect of the wood, combined with a façade thickness of 32 cm, means that no insulating material is needed. Likewise, the use of any films, paint or chemicals has been avoided. Because the façades are load bearing, the floor areas can be arranged at will, which results in more freedom in terms of house typology.

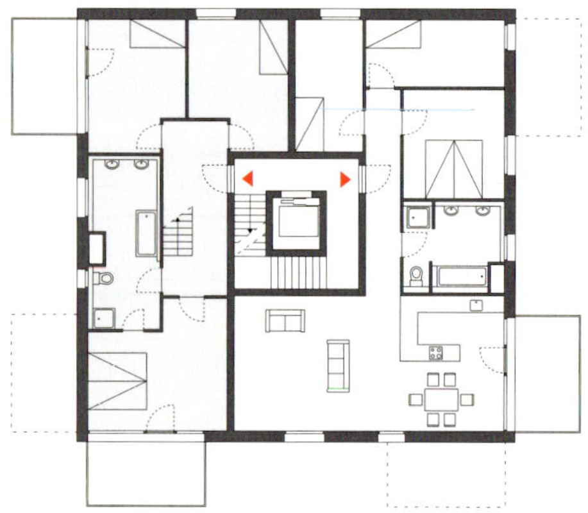

Tweede verdieping
Second floor

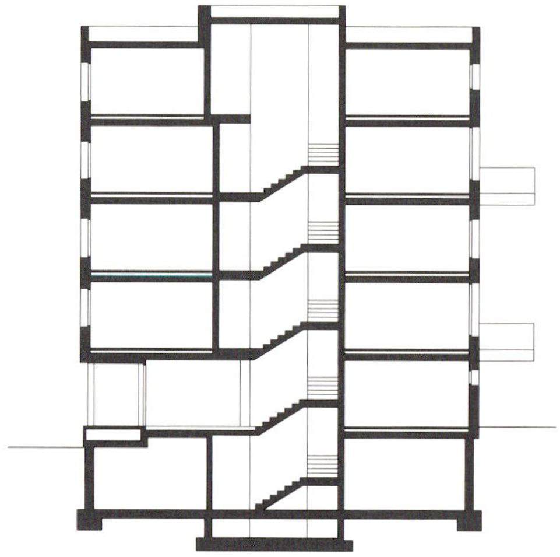

Doorsnede
Section

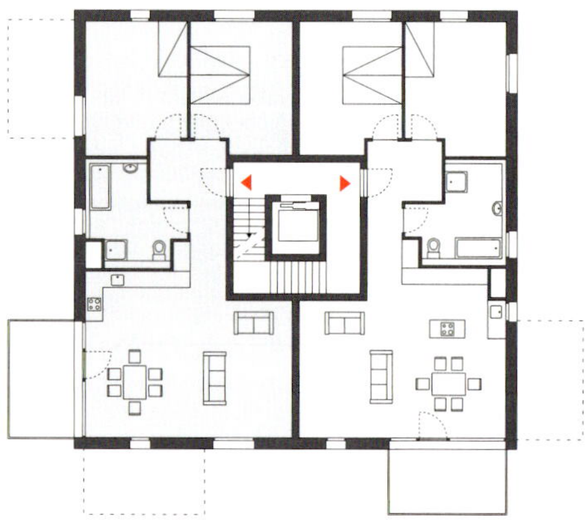

Eerste verdieping
First floor

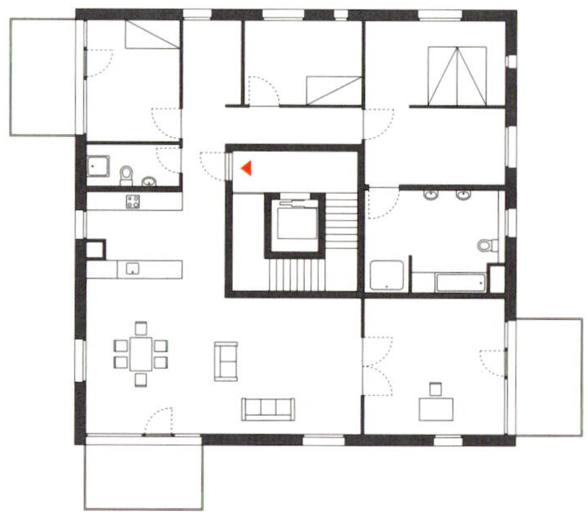

Vierde verdieping
Fourth floor

Begane grond
Ground floor

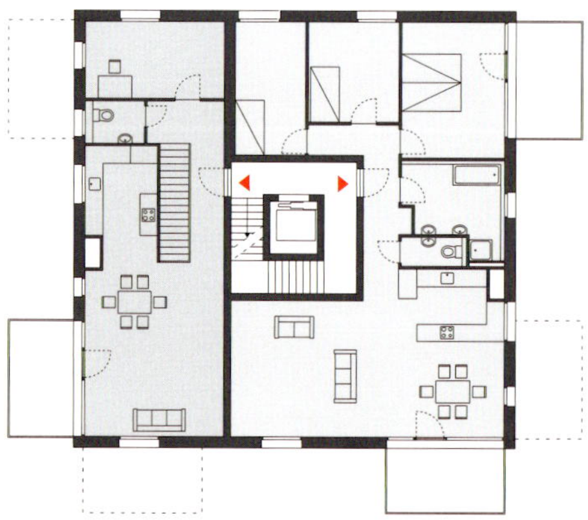

Derde verdieping
Third floor

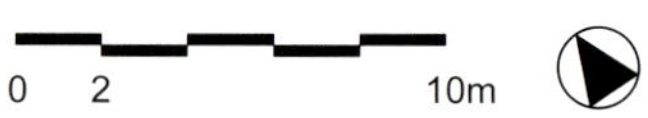

Interieur van één van de woningen
Interior of one of the houses

Woodcube **met op de achtergrond het** ***Hybrid House***
Wood Cube with in the back the *Hybrid House*

De ***Woodcube*** **met daarachter het project** ***Smart is Green*** **van Zillerplus Architekten und Stadtplaner**

The *Woodcube* with the *Smart is Green* project by Zillerplus Architekten und Stadtplaner in the background

Hybrid House

Brandlhuber + NiehüserS Architect /
Kleffel Papay Warncke Architects

De 14 woon-werkappartementen in *Hybrid House* tellen twee lange, smalle verdiepingen die 90 graden ten opzichte van elkaar zijn gedraaid: de ene verdieping is noord-zuid georiënteerd, de andere oost-west. Zo is elke lichtkwaliteit in de woon-werk-units aanwezig, iets wat normaal gesproken alleen vrijstaande woningen is voorbehouden. Door de wisselende positie van de trap ontstaan verschillende woning-indelingen. Ook biedt het ontwerp de mogelijkheid om een woning uit te breiden door er een extra beuk bij te trekken.

The 14 live/work apartments in the *Hybrid House* have two long, narrow floors that meet at a 90-degree angle: one floor is oriented north-south, the other east-west. This means that the live/work units enjoy every kind of light quality, something that is normally only reserved for detached houses. By changing the position of the stairs, various layouts become possible. The design also provides the opportunity for the home to be expanded by adding an extra nave.

Tweede verdieping
Second floor

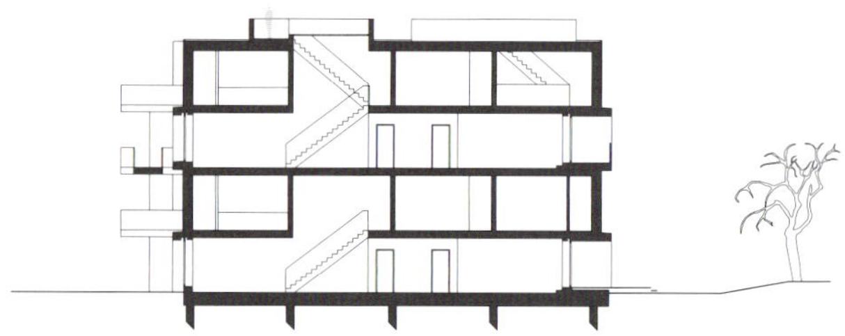

Doorsnede
Section

Eerste verdieping
First floor

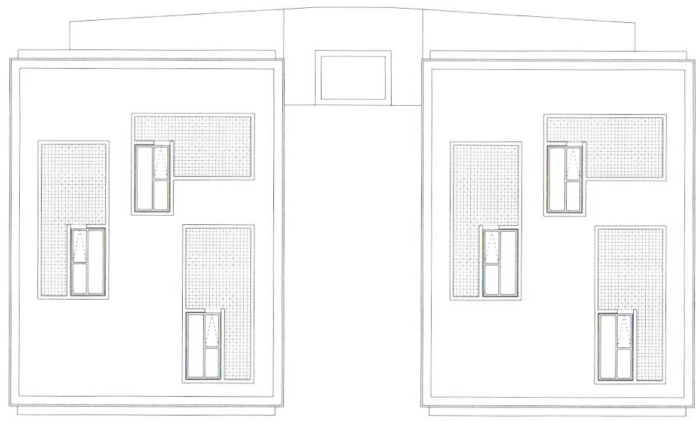

Dak
Roof

Begane grond
Ground floor

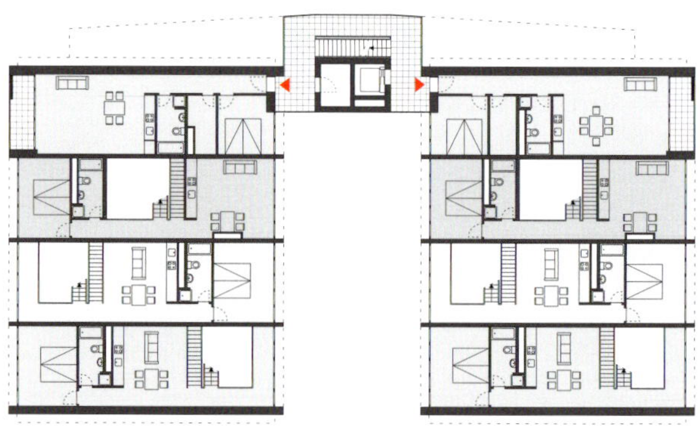

Derde verdieping
Third floor

Entrees van de woningen op de tweede verdieping
Entrances to the houses on the second floor

Zuid- en oostgevel
South and east façade

Westgevel van het *Hybrid House*
West façade of the *Hybrid House*

Interieur van één van de woningen
Interior of one of the houses

Frederique van Andel (1971) studeerde stedenbouwkunde en architectuur aan de TU Delft; ze werkte bij Mecanoo architecten en DP6 architectuurstudio in Delft. In 1999 woonde ze in Barcelona, waar ze werkte op het architectenbureau van Toni Gironés Saderra. Ze is redacteur van *DASH* en is sinds 2006 als onderzoeker verbonden aan de leerstoel Woningontwerp van de TU Delft. In 2010 publiceerde ze het *Zakboek parkeren voor de woonomgeving*. Momenteel doet zij onderzoek naar woningbouwtentoonstellingen.

Frederique van Andel (b. 1971) studied urban planning and architecture at Delft University of Technology and has worked for Mecanoo architecten and DP6 architectuurstudio in Delft. In 1999, she lived in Barcelona, where she worked for architect Toni Gironés Saderra. She is an editor of *DASH*, and since 2006 has been associated as a researcher with the Department of Architecture and Dwelling. In 2010, she published the Zakboek parkeren voor de woonomgeving (*The Pocket-book of Parking in Residential Areas*). She is currently doing research into housing exhibitions.

Javier Arpa-Fernandez (1972) is architect, maar is vooral actief als redacteur en curator. Hij behaalde zijn masterdiploma bouwkunde aan de TU Delft. Hij is medeauteur van *In Common, Strategy, Civilities, Hybrids* and *Density*, een serie over openbare voorzieningen, collectieve woonvormen en de openbare ruimte (uitgegeven door a+t architecture publishers), die overal ter wereld als naslagwerk over architectuur en de stad wordt gebruikt. Hij heeft aan een groot aantal universiteiten gedoceerd en geeft tegenwoordig les aan de École nationale supérieure d'architecture in Versailles. In het verleden werkte hij bij architectuurbureaus in Argentinië, Spanje en Frankrijk; in China leidde hij verscheidene stedenbouwkundige projecten.

Javier Arpa-Fernandez (b. 1972) is an architect and holds a Master of Science in Architecture from Delft University of Technology. He focuses his professional activity on managing editorial and curatorial projects. He is co-author of the *In Common, Strategy, Civilities, Hybrids* and *Density* series on public facilities, collective housing and the public realm (a+t architecture publishers). These publications are worldwide references about architecture and the city. He has lectured at numerous universities. Currently, he teaches at the Versailles School of Architecture. Previously, he worked for a number of architecture firms in Argentina, Spain and France and led several urban planning projects in China.

Lucy Creagh (1966) werkt als stedenbouwkundige voor de stad Sydney en is bezig met een promotieonderzoek aan de Graduate School of Architecture, Planning and Preservation van Columbia University. Van haar hand verschenen *Modern Swedish Design: Three Founding Texts* (2008), dat zij schreef en redigeerde samen met Helena Kåberg en Barbara Miller Lane; 'From *acceptera* to Vällingby: The Discourse on Individuality and Community in Sweden' (1931-54) in *Footprint* (nr. 9, 2011) en 'Accept the Reality that Exists: *acceptera*, its Reception and Afterlife' in het *Nordic Journal of Architecture* (winter, 2012).

Lucy Creagh (b. 1966) is an urban designer for the City of Sydney and a doctoral candidate at the Graduate School of Architecture, Planning and Preservation, Columbia University. Her recent publications include: *Modern Swedish Design: Three Founding Texts* (co-edited and co-authored with Helena Kåberg and Barbara Miller Lane) (New York: Museum of Modern Art, 2008); 'From *acceptera* to Vällingby: The Discourse on Individuality and Community in Sweden (1931-54)', *Footprint* (9, 2011); and 'Accept the Reality that Exists: *acceptera*, its Reception and Afterlife', *Nordic Journal of Architecture* (Winter, 2012).

Dick van Gameren (1962) is architect en hoogleraar Architectonisch ontwerpen aan de TU Delft. Van 1993-2005 was hij partner bij de Architectengroep in Amsterdam. In 2005 richtte hij het bureau Dick van Gameren Architecten op. Sinds 2012 is hij partner bij Mecanoo Architecten. Het werk van Van Gameren is veelvuldig gepubliceerd in nationale en internationale tijdschriften. In 2007 won Van Gameren samen met B. Mastenbroek de Aga Kahn Award voor het ontwerp van de Nederlandse ambassade in Ethiopië. Publicaties: *Prototype en Experiment* (2000, samen met B. Mastenbroek) en *Revisies van de Ruimte* (2005).

Dick van Gameren (b.1962) is an architect and professor of architecture at Delft University of Technology. From 1993 to 2005, he was a partner of 'de architectengroep' in Amsterdam. In 2005 he founded Dick van Gameren Architecten. In 2012 he became partner at Mecanoo Architecten. Van Gameren's work has been published frequently in national and international magazines. In 2007, Van Gameren and B. Mastenbroek won the Aga Kahn Award for the design of the Dutch Embassy in Ethiopia. Publications: *Prototype > Experiment* (2000, together with B. Mastenbroek); *Revisions of Space* (2005).

Annenies Kraaij (1964) studeerde stedenbouwkunde en volkshuisvesting aan de TU Delft. Na haar studie werkte zij voor verschillende opdrachtgevers aan ontwerpopgaven voor zowel binnenstedelijke als uitleglocaties. Sinds 1989 heeft zij als stedenbouwkundig ontwerper aan een aantal grote gebiedsontwikkelingsprojecten gewerkt in Amsterdam en Rotterdam. Daarnaast was zij als docent verbonden aan de Academie van Bouwkunst Amsterdam, en publiceerde zij in diverse vakbladen en boeken. Vele fotoreportages in DASH zijn van haar hand.

Annenies Kraaij (b.1964) studied urban design and public housing at Delft University of Technology. After graduation she worked for various clients on design commissions in inner-city as well as expansion areas. Since 1989 she has worked as an urban design project designer on a number of large-scale local development projects in Amsterdam and Rotterdam. In addition she has taught at the Amsterdam Academy of Architecture and published various journal articles and books. She makes many of the foto reportages for DASH.

Hans Teerds (1976) is architect en stedenbouwkundige. Hij is verbonden als onderzoeker aan de faculteit Bouwkunde van de TU Delft, waar hij schrijft aan een proefschrift dat architectuur en de publieke ruimte zal belichten aan de hand van het werk van de filosofe Hannah Arendt. Hij publiceert regelmatig over architectuur, stedenbouw en landschap in diverse media, en maakt deel uit van de redactie van de architectuurtijdschriften OASE en DASH. Hij is medesamensteller van de anthologie *Architectural Positions, Architecture, Modernity and the Public Sphere* (2009) en co-auteur van *Levend Landschap, Manifest voor stad en land* (2012).

Hans Teerds (b. 1976) is an independent architect and urban designer based in Amsterdam. He also is a researcher at the Faculty of Architecture of Delft University of Technology, where he is writing a dissertation on architecture and the public realm, understood through the writings of Hannah Arendt. He publishes frequently on architecture, urbanism and landscape, is member of the editorial boards of the architecture journals *OASE* and *DASH*, co-edited the anthology Architectural Positions: *Architecture, Modernity and the Public Sphere* (2009) and is co-author of Levend Landschap, *Manifest voor stad en land* (2012).

Noud de Vreeze (1948) studeerde bouwkunde aan de TU in Delft. Hij werkte voor diverse organisaties in de sociale woningbouw en de lokale stadsontwikkeling, zoals de ARS in Amsterdam, kwaliteitsteams in Amersfoort en Utrecht, en welstandsadviescommissies in Noord-Holland. In de jaren 1980 was hij redacteur van het tijdschrift *Archis* en bestuurslid van Europan. Hij gaf colleges aan de Academies van Bouwkunst in Rotterdam, Amsterdam en Tilburg en aan het PDI van de Universiteit van Amsterdam. In 1993 promoveerde hij op een onderzoek naar de kwalitatieve grondslagen van de sociale woningbouw. Van 2008-2012 was hij stadsarchitect in Amersfoort. Daarover schreef hij het boek *Lange lijnen in de stadsontwikkeling, Amersfoort 1945-2010* (2012), waarin de invloeden van landelijk beleid op lokale politieke besluitvorming worden geanalyseerd.

Noud de Vreeze (b.1948) studied architecture at Delft University of Technology. He has worked for various organizations in the field of social housing and local urban development, such as the ARS in Amsterdam, 'quality teams' in Amersfoort and Utrecht, and urban planning commissions in North Holland. In the 1980s, he was an editor of the magazine *Archis* and a board member of Europan. He has lectured at the Academies of Architecture in Rotterdam, Amsterdam and Tilburg, and at the PDI of the University of Amsterdam. In 1993, he obtained his doctorate with a thesis on the qualitative aspects of social housing. From 2008 to 2012, he was the municipal architect in Amersfoort. He wrote the book *Lange lijnen in de stadsontwikkeling, Amersfoort 1945-2010* (*Long Lines in Urban Development, Amersfoort 1945-2010*) (Bussum: Toth, 2012), which analyses the influences of national policy on local political decision-making.

Sandra Wagner-Conzelmann (1967) is kunst- en architectuurhistoricus. Ze studeerde kunstgeschiedenis, klassieke archeologie en italianistiek aan de universiteiten van Heidelberg en Pisa. Als wetenschappelijk medewerker bij de vakgroep Geschiedenis en theorie van de architectuur van de TU Darmstadt promoveerde ze met een proefschrift over de internationale architectuurtentoonstelling 'Interbau' (1957, Berlijn). Ze was initiatiefnemer en organisator van diverse tentoonstellingen over architectuur en stedenbouw van de twintigste eeuw en gastdocent aan de Universiteit Maastricht en de RWTH in Aken. Sinds 2009 leidt ze in samenwerking met de TU Darmstadt een door de Duitse organisatie voor zuiver wetenschappelijk onderzoek DFG gefinancierd onderzoek naar leven en werk van de architect Otto Bartning.

Sandra Wagner-Conzelmann (b. 1967) is a historian of art and architecture. She studied art history, classical archaeology and Italian Studies at the Universities of Heidelberg and Pisa. She obtained her doctorate as a research assistant at the Department of History and Theory of Architecture at TU Darmstadt, with a thesis on the international architecture exhibition Interbau, which was held in Berlin in 1957. She has been the initiator and organizer of several exhibitions on twentieth-century architecture and urbanism, and was a guest lecturer at Maastricht University and RWTH Aachen. Since 2009, in collaboration with TU Darmstadt, she has led a research project financed by DFG (the German Research Foundation) about the life and work of architect Otto Bartning.

Plandocumentatie/Plan Documentation

Tekst/Text
Frederique van Andel, Dick van Gameren, Paul Kuitenbrouwer, Nelson Mota, Pierijn van der Putt & Karin Theunissen

Tekenwerk/Drawings
Guido Greijdanus, Cederick Ingen-Housz, Carlyn Simoen, Wing Yung

Omslag/Cover
Josef Hoffmann, Wiener Werkbundsiedlung 1932

Omslagfoto/Cover photo
© ÖNB/ Wenen, Julius Scherb (423.013-D)

Dank voor het aanleveren van tekeningen en beeldmateriaal/We would like to thank the following firms for contributing drawings and images:
Nikolaus Heiss
Wissenschaftsstadt Darmstadt Vermessungsamt
Österreichischen Nationalbibliothek
Wien Museum
praschl-goodarzi architekten
Adsy Bernart
Margherita Spiluttini
Sebastiaan Kaal
Landesarchiv Berlin
Stadt Düsseldorf Vermessungs- und Liegenschaftsamt
Stefanie Schäfers
Stadtarchiv Düsseldorf
Archivio Fotografico La Triennale di Milano
Archivio Piero Bottoni, Dipartimento di Progettazione dell'Architettura Politechnica di Milano
Gemeente Renkum
Stadt Kassel Vermessung und Geoinformation
Moore Ruble Yudell Architects and Planners
SWECO Architects
Bjørn Larsen
Nils Petter Dahle
Internationale Bauausstellung IBA Hamburg GmbH
Thomas Rustemeyer
Grün Berlin GmbH
ESTO Images of Architecture and the Build Environment
Swedish Centre for Architecture and Design
Svensk Form Archive
Norrköping City Museum
Nederlands Fotomuseum
bpk - Bildagentur für Kunst, Kultur und Geschichte
Akedemie der Künste, Berlin
Stadsarchief Almere
Gert Schutte
Michiel Hofmeester - Aero Camera

De redactie bedankt de volgende personen voor hun bijdrage aan de totstandkoming van dit nummer/The editors are indebted to the following people for their contribution to the realization of this issue:
Betty Lengkeek, John Kuiken, Umberta Rossi, Loes Repelius (bewoners/ residents Park Internationaal, Doorwerth)

Frederique van Andel
p. 4 Wilhelm Lotz, 'Sonne, Luft und Haus für alle!', Die Form (1932), 185
p. 8 boven/top 'Die wachsende Wohnung', Die Form (1929), 387
p. 8 links/left © Weimar Classics Foundation
p. 8 rechts/right Hartmut Probst & Christian Schädlich, Walter Gropius Bd. 1. Der Architekt und Theoretiker - Werkverzeichnis Teil 1 (Berlijn/Berlin: Ernst Eulenburg, 1986), 95
p. 8 onder/bottom Ansichtskarte 1932, Dresdner Farbenfotografie Werkstätte Walther, Dresden
p. 11 links boven/top left Leberecht Migge, Die wachsende Siedlung (Stuttgart: Franckh'sche Verlagshandlung, 1932), 23
p. 11 rechts boven/top right Wilhelm Lotz, 'Sonne, Luft und Haus für alle!', Die Form (1932), 184-186
p. 11 onder/ bottom Martin Wagner, Das wachsende Haus (Berlijn/Berlin: Deutsches Verlaghaus Bong & Co, 1932), 145, 58
p. 13 links/left Burkhardt Rukschcio, Adolf Loos (Wenen/Vienna: Graphische Sammlung Albertina, 1989), 284
p. 13 rechts/right Leberecht Migge, Jedermann Selbstversorger! Eine Lösung der Siedlungsfrage durch neuen Gartenbau (Jena: Diederichs, 1918/1919)
p. 14 Max Eisler, 'Das wachsende Haus in Wien', Moderne Bauformen (1932), 294, 295, 290, 291
p. 16 boven/top © Elemental (www.mfa.fi)
p. 16 onder/bottom Forum, nr. 2 (1962), 74

Lucy Creagh
p. 18, Fig. 12, 18 foto's/photos: Karl Schultz, collectie van/collection of Swedish Centre for Architecture and Design
Fig. 1, 6-9, 11, 13, 15, 17 Katalog över bostadsavdelningen. Stockholmsutställningen 1930, 28-29, omslag/cover, 114-115, 109, 74, 98, 93, 131, 159
Fig. 2 Gunnar Sundbärg, 'Något om moderna principer för planering av bostadsområden', Katalog över bostadsavdelningen. Stockholmsutställningen 1930, 39
Fig. 3 Gunnar Asplund, 'Stockholmsutställningen 1930. Utställningshallarna', Byggmästaren nr./no. 8 (1930), 136-37 (Colour added by the present author)
Fig. 4, 16 Foto's/Photos: Gustav Cronquist, collectie van/collection of Swedish Centre for Architecture and Design
p. 26
Fig. 5 collectie van/ collection of the Swedish Centre for Architecture and Design
Fig. 10 Svensk Form Archive
Fig. 14 collectie van/ collection of Norrköping City Museum
Fig. 18 foto/photo: John Stjernström, collectie van/ collection of Swedish Centre for Architecture and Design

Sandra Wagner-Conzelmann
p. 36 foto/photo: Gert Schütz,
© Landesarchiv Berlin
F Rep. 290 (01) Nr.0053464
p. 39 links boven/top left Interbau Berlin 1957 (tentoonstellingsbrochure/exhibition catalogue)
p. 39 rechts boven/top right foto/photo: Horst Siegmann,
© Landesarchiv Berlin
F Rep. 290 (01) Nr.0052501
p.39 onder/bottom foto/photo: Karl-Heinz Schubert
© Landesarchiv Berlin
F Rep. 290 (02) Nr.0083467
p. 40 boven/top © Nico Jesse / Nederlands Fotomuseum
p. 40 links/left Bildarchiv Foto Marburg
p. 40 rechts/right © bpk - Bildagentur für Kunst, Kultur und Geschichte/Horst E. Schulze
p. 40 links onder/bottom left foto/photo: Horst Siegmann,
© Landesarchiv Berlin
F Rep. 290 (01) Nr.0055991
p. 40 rechts onder/bottom right Bildarchiv Foto Marburg
p. 43 links boven/top left Akademie der Künste, Berlin, Hans-Scharoun-Archiv, WV 200/o.Nr.
p. 43 recht boven/top right Otto Bartning-Archiv, Technische Universität Darmstadt
p. 43 onder/bottom Internationale Bauausstellung Berlin 1957 (red./ed.), Interbau Bilderdienst
p. 46 boven/top Karl Otto (red./ed.), 'die stadt von morgen', 1959
p. 46 rechts/right foto/photo: Hans Peter Piehl
p. 46 onder/bottom Arthur Köster, Akademie der Künste, Berlin, Karl-Otto-Archiv, Ott-20-133 F.4
p. 48 Interbau GmbH: 'die stadt von morgen', 1957
p. 51 foto/photo: Adolf Voigt
© Landesarchiv Berlin
F Rep. 290 (01) Nr.0055559

Noud de Vreeze
p. 52 © Gert Schutte, Stadsarchief Almere
p. 55 boven/top, p. 61 boven/top © Michel Hofmeester-Aero Camera, Stadsarchief Almere
p. 55 onder/bottom, p. 58, p. 61 onder/ bottom, p. 62 foto's/photos: Annenies Kraaij

Interview Barry Bergdoll
p. 66, p. 69 onder/bottom © Ezra Stoller/ Esto
p. 69 links boven/top left Marcel Breuer Digital Archive, Syracuse University Libraries
p. 69 rechts boven/top right 'House in the Museum Garden', New York Journal-American (17 juli/July 1949)
p. 69 links/left 'The House in the Museum Garden', The Museum of Modern Art Bulletin, jrg. 16 (1949), nr./no. 1, 10
p. 70 links boven/top left http://www.flickr.com/photos/redken/2700182454/sizes/m/in/photostream/
p. 70 rechts boven/top right © Richard Barnes/MoMA
p. 70 rechts/right LaN / Live architecture Network
p. 70 onder/bottom 'The House in the Museum Garden', The Museum of Modern Art Bulletin (1949/1950/1954)
p. 70 rechts onder/bottom right Barry Bergdoll & Peter Christensen, Home Delivery: Fabricating the Modern Dwelling (New York: Museum of Modern Art, 2008)

Interview Vanessa Miriam Carlow
p. 73, p.76 boven/top Thomas Rustemeyer
p. 75 Markus Bader, Vanessa Miriam Carlow et al., IBA Berlin zwanzig zwanzig Konzept (Berlijn/Berlin: primeline print GmbH, 2011), 17, 21, 22, 55
p. 76 onder/bottom © Holger Koppatsch, courtesy Grün Berlin GmbH
p. 80 © ÖNB/Wenen/Vienna, Albert Hilscher (OEGZ_H1136_1)
Ein Dokument Deutscher Kunst
p. 84, p. 89 onder/bottom, p. 90 onder/ bottom, p. 91 © Nikolaus Heiss, Darmstadt
p. 87 links boven/top left Ralf Beil & Regina Stephan, Joseph Maria Olbrich 1867-1908. Architekt und Gestalter der frühen Moderne (Ostfildern: Hatje Cantz, 2010), 447
p. 87 rechts boven/top right, p. 87 rechts onder/bottom right, p. 89 boven/top, p. 90 boven/top bron/source: Joseph Maria Olbrich, Architektur; vollständiger Nachdruck der drei Originalbände von 1901-1914 (Tübingen: Wasmuth, 1988), 53, 2, 3, 14, 6, 42
p. 87 midden/middle courtesy Jörg Spevacek, Philatelie und Ansichtskarten
p. 87 links onder/bottom right www.theviennasecession.com
p. 88 Kurt Breysig, 'Das Haus Peter Behrens', Deutsche Kunst und Dekoration (1901/1902), 164

Die Wohnung unserer Zeit
p. 92 © Landesarchiv Berlin, F Rep. 290 Nr.0219197
p. 95 links boven/top left Alexander Schwab, 'Anmerkungen zur Bauausstellung', Die Form (1931), 211
p. 95 links onder/bottom left, p. 97 boven, p. 97 links onder/bottom left, p. 100 boven/ top, p. 101 Herbert Hoffmann, '"Die Wohnung unserer Zeit" auf der deutschen Bauausstellung Berlin 1931', Moderne Bauformen (1931), 389, 332, 334, 337, 377, 378
p. 95 rechts onder/bottom right Amtlicher Katalog und Führer. Deutsche Bauausstellung Berlin 1931 (Berlijn/Berlin: Bauwelt-Verlag, 1931)
p. 97 rechts onder/bottom right, p. 99 boven/top Wilhelm Lotz, 'Kritik der Bauausstellung', Die Form (1931), 217
p. 98, p. 99 rechts/right, p. 99 onder/bottom Philip C. Johnson, Mies van der Rohe (Stuttgart: Gerd Hatje, 1947), 95, 92
p. 100 onder/bottom Marcel Breuer Digital Archive, Syracuse University Libraries
p. 101 links boven/top left Matthias Schirren, Hugo Häring-Architekt des Neuen Bauens (Ostfildern: Hatje Cantz Verlag, 2001), 201

p. 101 rechts boven/top right Peter Blundell Jones, Hugo Häring (Stuttgart/Londen/London: Edition Axel Menges, 1999), 125

Wiener Werkbundsiedlung
p. 102, 105, p. 106 onder/bottom, p. 108 boven/top, p. 109 links boven/top left © ÖNB/Wenen/Vienna, Albert Hilscher (OEGZ_H1136_7), (261.517-B), (116.726-C), Julius Scherb(423.013-D), Julius Scherb (423.055-D), Julius Scherb (423.018-D), Julius Scherb (423.017-D)
p. 105 midden/middle © Wien Museum/Martin Gerlach
p. 105 links onder/bottom left © Universität für angewandte Kunst Wien, Kunstsammlung und Archiv
p. 106 boven/top Sebastiaan Kaal
p. 107 boven/top, p. 109 onder/bottom foto's/photos: Sebastiaan Kaal
p. 107 links boven/top left © Wien Museum/Martin Gerlach
p. 107 onder/bottom, p. 109 rechts boven/top right © Margherita Spiluttini, 1985

Schaffendes Volk
p. 110, 115 foto's/photos: Annenies Kraaij
p. 113 links boven/top left Stadtarchiv Düsseldorf (StAD RW 229-43492)
p. 113 rechts boven/top right, p. 133 onder/bottom, p. 114 onder/bottom, p. 116 onder/bottom 'Schaffendes Volk, Die Düsseldorfer Ausstellung', Wasmuths Monatshefte für Baukunst (1937), 209, 210, 234
p. 113 midden links/middle left http://www.plakatkontor.de/images/drescher04115n.jpg
p. 113 midden rechts/middle right http://www.schaffendesvolk.sellerie.de/bilder/Plan.jpg
p. 114 boven/top, p. 117 boven/top Archiv Stefanie Schäfers
p. 116 boven/top, p. 117 onder/bottom Herbert Hoffmann, 'Schaffendes Volk – Reichsausstellung Düsseldorf', Moderne Bauformen (1937), 369, 359, 357

Quartiere Triennale 8
p. 118, 123, p. 125 onder/bottom foto's/photos: Dick van Gameren
p. 121, p. 125 rechts boven/top right Archivio Piero Bottoni, Dipartimento di Progettazione dell'Architettura, Politechnico di Milano
p. 121 rechts boven/top right, p. 123 onder/bottom courtesy Archivio Fotografico © La Triennale di Milano
p. 125 links boven/top left © Scott Budzynski, http://www.flickr.com/

Plan Internationaal
p. 126, 131, 133 foto's/photos: Frederique van Andel
p. 129 boven/top, p. 129 midden rechts/middle right, links onder/bottom left 'Plan Internationaal', in: Ons eigen huis, nr./no. 87 (1967), 15, omslag/cover, 17
p. 129 midden links/middle left 'Smakelijk en gezellig eten', in: Eigen Huis, nr./no. 2 (1968), 35
p. 129 rechts onder/bottom right Bouwfonds
p. 131 links boven/top left 'Huizen uit vele landen, in: Ons eigen huis, nr./no. 77 (1965), 2

Documenta Urbana
p. 134, p. 139, p. 141 foto's/photos: Annenies Kraaij
p. 137 links boven/top left, rechts onder/bottom right foto/photo: Monika Nikolić/Jens Freiberg,'Cassel-Documenta Urbana', L'Architecture d'Aujourd'hui (december/December 1986), 46, 53
p. 137 rechts boven/top right, links onder/bottom left 'Kassels Schöne Aussicht im Bau', in: Stadt. Monatshefte für Wohnungs- und Städtebau, 8 (1982), 17, 3, 45
p. 137 midden/middle Ulrich Conrads en Manfred Sack (red./ed.) Otto Steidle (Braunschweig/Wiesbaden: Vieweg, 1985), 36-37

IBA Berlijn
p. 142, p. 147, p. 149, p. 151 boven/top, p. 151 rechts onder/bottom right, p. 153 foto's/photos: Annenies Kraaij
p. 145 rechts boven/top right Johannes Cramer & Niels Gutschow, Bauausstellungen: eine Architekturgeschichte des 20. Jahrhunderts (Stuttgart: Kohlhammer, 1984), 242
p. 145 midden links/middle left Gabriele Basilico
p. 145 midden rechts/middle right Josef Kleihues, in: H. Bodenschatz, V.M. Lampugnani & W. Sonne (red./ed.), 25 Jahre Internationale Bauausstellung Berlin 1987, Ein Wendepunkt des europäischen Städtebaus (Sulgen: Niggli Verlag, 2012), 194
p. 145 links onder/bottom left Bauausstellung Berlin GmbH (red./ed.), Selbsthilfe in Kreuzberg SO36 (Berlijn, maart 1983), omslag
p. 145 rechts onder/bottom right P. Davey & Douglas Clelland, 'Berlin, origins to IBA', Architectural Review, 181 (april/April 1987) nr. /no. 1082, 22
p. 149 rechts boven/top right Internationale Bauausstellung Berlin 1987, Projektübersicht, Bauausstellung Berlin GmbH (1987), 99
p. 151 links onder/bottom left d.teil/www.flickr.com

Bo01 City of Tomorrow
p. 154, p. 157 boven/top, p.157 midden links/middle left, p. 159 rechts boven/top right, p. 160, p. 161boven/top, p.161 rechts onder/ bottom right foto's/photos: Annenies Kraaij
p. 157 midden rechts/middle right SWECO Architects AB
p. 157 rechts onder/bottom right http://www.turi.re.kr
p. 157 links onder/bottom left, p. 159 onder/bottom © Werner Huthmacher
p. 159 links boven/top left Moore Ruble Yudell Architects and Planners
p. 161 links onder/ bottom left © Nils Petter Dahle

IBA Hamburg
p. 162, p. 165 links onder/bottom left, p. 165 rechts onder/bottom right, p. 167 rechts boven/top right, p. 167 links onder/bottom left , p. 169, p. 171 boven/top foto's/photos: Annenies Kraaij
p. 165 boven/top, p. 171 onder/bottom IBA Hamburg GmbH/Bernadette Grimmenstein
p. 165 midden rechts/middle right, p. 167 rechts onder/bottom right IBA Hamburg GmbH/Johannes Artl
p. 167 links boven/top left Lars Uhlig, http://www.flickr.com/photos/83238921@N00/8590446702/

Onafhankelijk peer-reviewed architectuurtijdschrift, halfjaarlijks uitgegeven door nai010 uitgevers voor de afdeling Architectuur, leerstoel Woningbouw aan de faculteit Bouwkunde van de Technische Universiteit Delft
Independent peer-reviewed Journal for Architecture, published twice a year by nai010 publishers for the Chair of Architecture and Dwelling of Delft University of technology

TU Delft

DASH
Delft Architectural Studies on Housing
Leerstoel Architectuur en Woningontwerp
(Chair of Architecture and Dwelling)
Julianalaan 132-134
2628 BL Delft
Postbus 5043
2600 GA Delft

Tekstredactie/Copy editing
Gerda ten Cate, D'Laine Camp

Vertaling/Translation
Maria van Tol
Engels - Nederlands: interviews, tekst Creagh, project documentatie Milaan
Wouter Groothuis
Duits - Nederlands: tekst Wagner-Conzelmann
Christine Gardner
Dutch - English: text De Vreeze
Jeremy Gaines
German - English: text Wagner-Conzelmann
Douglas Heingartner
Dutch - English: editorial, text Van Andel, project documentation

Vormgeving/Design
Joseph Plateau, Amsterdam

Papier/Paper
Perigord 1.1, 150 gr/m2

Druk/Printing
Die Keure, Brugge/Bruges

Projectleiding/Production
Mehgan Bakhuizen, nai010 uitgevers/publishers

Uitgever/Publisher
Marcel Witvoet, nai010 uitgevers/publishers

nai010 uitgevers is een internationaal georiënteerde uitgever, gespecialiseerd in het ontwikkelen, produceren en distribueren van boeken over architectuur, beeldende kunst en verwante disciplines.
www.nai010.com

Voor informatie over verkoop en distributie in Nederland en België, stuur een e-mail naar sales@nai010.com
of kijk op www.nai010.com.

nai010 publishers is an internationally orientated publisher specialized in developing, producing and distributing books on architecture, visual arts and related disciplines.
www.nai010.com

nai010 books are available internationally at selected bookstores and from the following distribution partners:

North, South and Central America - Artbook | D.A.P., New York, USA, dap@dapinc.com

Germany, Austria, Italy, Spain, Portugal and Greece - Coen Sligting Bookimport, Alkmaar, the Netherlands, sligting@xs4all.nl

Rest of the world - Idea Books, Amsterdam, the Netherlands, idea@ideabooks.nl

For general questions, please contact nai010 publishers directly at sales@nai010.com or visit our website www.nai010.com for further information.

Printed and bound in Belgium

ISSN 1877-7007
ISBN 978-94-6208-098-0

Abonnementenadministratie/
Subscriptions and administration

Abonnementenland
P.O. Box 20
1910 AA Uitgeest
The Netherlands
Tel +31 (0)900 – ABOLAND
(0900-2265263 - € 0,10 p.m)
www.aboland.nl

Abonnementen/Subscriptions
DASH verschijnt twee keer per jaar. Recht op reductie hebben: studenten aan universiteiten en academies van bouwkunst, houders van CJP. Abonnementen worden stilzwijgend verlengd. Opzeggingen (uitsluitend schriftelijk) dienen 4 weken voor afloop van de abonnementsperiode in het bezit te zijn van de administratie. Prijswijzigingen voorbehouden.

DASH is published twice a year. For subscriptions please contact the administration. Subscriptions are renewed automatically. If you wish to cancel, please inform the administration in writing 4 weeks before the end of the subscription period. Prices are subject to change.

Abonnementen in Nederland en België
particulieren € 49,50
instellingen € 49,50
studenten€ 45,00

Abonnementen Europa/
Subscriptions in Europe
particulieren/individuals € 59,50
instellingen/organisations € 59,50
studenten/students € 52,50

Abonnementen buiten Europa/
Subscriptions outside Europe
particulieren/individuals € 59,50
instellingen/organisations € 59,50
studenten/students € 52,50

DASH#1

Nieuwe open ruimte in het woonensemble
New Open Space in the Housing Ensemble

Essays van/by **Willemijn Wilms Floet, Dick van Gameren & Olv Klijn, Karin Theunissen**
Interview met/with **Ton Schaap**

Plandocumentatie */ Plan Documentation*
Rapp + Rapp, De Grote Hof, Pijnacker- Nootdorp 2006
De Architecten Cie., Dick van Gameren, VMX, Block 23 **IJburg, Amsterdam 2005**
Meyer en Van Schooten, Claus en Kaan, ANA, Block 24 **IJburg, Amsterdam 2005**
Geurst & Schulze, Schuttersveld, Delft 2003
S333, Monnikhof, Groningen 2002
Soeters Van Eldonk, Zwanenwoud, Heerenveen 2002
Venhoeven CS, Rietlanden, Amsterdam 2001
Van Reeth AWG, Mariaplaats, Utrecht 1998
Bosch & Van Eyck, Het Pentagon, Amsterdam 1983
P. Blom, De Kasbah, Hengelo 1974
Eduard Cuypers, Veronesestraat, Amsterdam 1929
J.B. van Loghem, Tuinwijk-Zuid, Haarlem 1922

DASH#2

Het luxe stadsappartement
The Luxury City Apartment

Essays van/by **Olv Klijn & Pierijn van der Putt, Vincent Kompier, Paul Meurs, Dick van Gameren & Christoph Grafe, Monique Eleb**
Interviews met/with **Huub Smeets, Winka Dubbeldam**

Plandocumentatie */ Plan Documentation*
Neves & Slemenson, Parque Cidade Jardim, Sao Paulo, 2013
Herzog & de Meuron, 40 Bond Street, New York 2007
AWG Architecten, Detroit, Amsterdam 2005
Sáenz de Oíza, Torres Blancas, Madrid 1968
Schipporeit & Heinrich Associates, Lake Point Tower, Chicago 1968
L.M. van den Berg & J.J. Groenema, Duinwyck, Den Haag/ The Hague 1932
F.A. Warners, Westhove, Amsterdam 1923
Auguste & Gustave Perret, Avenue de Wagram, Parijs/ Paris 1902
R. N. Shaw, Albert Hall Mansions, Londen/London 1886

DASH#3

Het woonerf leeft
The 'Woonerf' Today

Essays van/by **Ivan Nio, Dick van Gameren & Harald Mooij, Nynke Jutten & Willemijn Lofvers, Tom Avermaete & Eva Storgaard, Pierijn van der Putt**
Interviews met/with **Alex van de Beld, Benno Stegeman**

Plandocumentatie*/Plan Documentation*
M. Välikangas, Puu Kapyla, Helsinki 1925
E. S. Persson, Friluftstaden, Malmo 1948
N. De Boer, Emmerhout, Emmen 1965
H. Klarenbeek, De Negen Nessen, Bergen (NH) 1968
Lyons & SPAN, Punch Croft, New Ash Green 1968
D. Zuiderhoek/H. Klunder, Park Rozendaal, Leusden 1971
B. Stegeman, Krekenbuurt, Zwolle 1975
Tegnestuen Vandkunsten, Fuglsangsparken, Farum 1983
Onix, Verandawoningen, Almere 2006
Tegnestuen Vandkunsten, Kvistgardhusene, Kvistgard 2008

DASH#4

De woningplattegrond
The Residential Floor Plan

Essays van/by **Dorine van Hoogstraten, Dirk van den Heuvel, Bart Goldhoorn**
Interviews met/with **Edwin Oostmeijer, Frits van Dongen**

Plandocumentatie*/Plan Documentation*
A. Rading, Wohnturmhaus, Wroclaw 1928-1929
Dranger & Helldén, Peterstorp 3, Malmo 1937-1938
W. van Tijen, Zuidpleinfl at, Rotterdam 1949
H. Scharoun, Zabel-Kruger-Damm, Berlijn/Berlin 1970
Van den Broek & Bakema, Elvirafl at, Delft 1964
K. Frampton/ D. Stephen & Partners, Corringham, Londen/London 1964
Buszko & Franta, Kukurydze, Katowice 1979
Apon, van den Berg, ter Braak, Tromp, Verdiweg, Amersfoort 1968
F. van Dongen/de Architekten Cie, Botania, Amsterdam 2002
Diener & Diener, Hofblok Hoogwerf, Amsterdam 2001

DASH#5

De stadsenclave
The Urban Enclave

Essays van/by **Dick van Gameren & Pierijn van der Putt, Christopher Woodward, Elain Harwood, Lara Schrijver, Dirk van den Heuvel**
Interview met/with **Rob Krier**

Plandocumentatie*/Plan Documentation*
Het Groot Begijnhof, Leuven ca. 1230
Robert, John, James & William Adam Adelphi complex, Londen/London 1768-72
A.J Kropholler Linnaeushof, Amsterdam 1924-28
Herman Aichinger & Heinrich Schmid Rabenhof, Wenen/Vienna, 1925-29
Fernand Pouillon Residence du Point-du-Jour, Boulogne-Billancourt, Parijs/Paris, 1957-63
Chamberlin, Powell & Bon Barbican, Londen/London **1955-82**
Piet Blom Oude Haven, Rotterdam 1978-84
Rob Krier Noorderhof, Amsterdam 1995-99
OMA e.a./a.o. Chasse Park, Breda 1997-07
Frits van Dongen (de Architekten Cie.) e.a./ a.o. Funenpark, Amsterdam 1998-2005

DASH#6

Wonen in een nieuw verleden
Living in a New Past

Essays van/by **Dick van Gameren, Wolfgang Voigt, Cor Wagenaar, Nelson Mota, Dirk Baalman**
Interview met/with **Peer, Thomas & Pieter Bedaux**

Plandocumentatie*/Plan Documentation*
M.H. Baillie Scott Waterlow Court, Londen/London, 1908-1910
Paul Schmitthenner Gartenstadt Staaken, Berlijn/ Berlin, 1914-1917
A.H. van Wamelen Frisia-woningen, Amersfoort, 1920-1922
J. H. Roggeveen Merelhof, Bergen (NH/North Holland), 1949-1950
Mario Ridolfi & Ludovico Quaroni Tiburtino, Rome, 1949-1954
François Spoerry Port Grimaud, Saint-Tropez, 1963-1974
Mecanoo Ringvaartplasbuurt, Rotterdam, 1989-1993
Leon Krier & Ken Morgan Poundbury, Dorchester, 1988-2024
Thomas Bedaux, Bedaux De Brouwer Bosrijk, Eindhoven, 2004-2007
West 8 & AWG Cronenburgh, Loenen aan de Vecht, 2001-2009

DASH#7

Het ecohuis
The Eco House

Essays van/by **Piet Vollaard, Daniel A. Barber, Jacques Vink, Machiel van Dorst, Steve Baer**
Interview met/with **Jean-Philippe Vassal**

Plan documentatie*/Plan Documentation*
Frank Lloyd Wright Jacobs House 2, Middleton, **Wisconsin, 1943-1948**
Ralph Erskine Villa Engstrom, Lison, Sodermanland, 1955-1956
Steve Baer Zome House, Corrales, New Mexico, 1971-2012
Otto Kolb Solarhaus, Wermatswil, 1980-1982
Frei Otto, Hermann Kendel et al. Baumhauser, Berlijn/ Berlin, 1987-1991
Lacaton & Vassal Maison Latapie, Floirac, 1993
DAAD Architecten & Eric de Leeuw Woon-werkhuis Hoogland, Groningen, 1997-2007
Carlos Weeber & CASArchitects Casa Weeber, St Willibrordus, Curacao, 2005-2006
KieranTimberlake Associates Loblolly House, Taylors Island, Maryland, 2004-2006
FAR Frohn & Rojas Casa Muro, Santiago de Chile, 2004-2007
2012Architecten Villa Welpeloo, Enschede, 2005-2009

DASH#8

Samen bouwen
Building Together

Essays van/by **Dick van Gameren, Pierijn van der Putt, Annet Ritsema & Vincent Kompier**
Interviews met/with **Frank van Beek & Frank Veen, Lingotto, Hein de Haan, CASA architecten**

Plan documentatie */ Plan Documentation*
J.C. van Epen (i.s.m. / *in collaboration with* M.J.E. Lippits) Harmoniehof, Amsterdam (NL), 1919-1922
Frank Lloyd Wright (en anderen/*and others*) Usonia, Pleasantville (NY, USA), 1947-1952
Atelier 5 Thalmatt 1, Herrenschwanden (CH), 1967-1974
Bayon, Aroca, Bisquert y Martin Calle de Arturo Soria, Madrid (ES), 1976-1978
Hans Ruijssenaars Egelwier, Leusden (NL), 1975-1982
Davidson, Yuen, Simpson architecture WindSong Cohousing, Langley (CA, USA), 1998
BKK-3 Miss Sargfabrik, Wenen/Vienna (AT), 1998-2000
Tegnestuen Vandkunsten Egebakken, Nodebo (DK), 2002-2004
CASA architecten Vrijburcht, Amsterdam (NL), 2005-2007
Zanderroth Architekten Zelterstrasse, Berlijn/Berlin (DE), 2008-2010
Bastiaan Jongerius architecten Elandshof, Amsterdam (NL), 2004-2012